改訂

相続税実務の "鉄則" に従ってはいけないケースと留意点

■著者

中島　孝一　　西野道之助
飯田　昭雄　　佐々木京子
高野　雅之　　若山　寿裕
佐久間美亜

清文社

改訂にあたって

　本書（旧版）が上梓されたのは令和元年12月であり、当時の相続税の課税割合は約８％であったが、令和４年分では約10％まで上昇している。

　団塊の世代の大部分が後期高齢者に達した現状から、相続税の課税割合は今後も上昇し続けるものと思われ、税理士実務のうち相続税の申告依頼の比率がさらに増すことが推測される。相続税の申告依頼が増せば、依頼者からの信頼を確保するため、相続税の仕組みを熟知している税理士事務所（税理士法人）であることが求められることになる。

　しかし、法人税実務に精通していても、相続税実務（贈与税を含む）に不慣れな税理士事務所（税理士法人）では、相続税の申告依頼の増加に苦慮することが想定され、そのような税理士事務所（税理士法人）向けとして本書が上梓されたことを旧版の「はじめに」に記したが、現在でも相続税実務に不慣れな税理士事務所（税理士法人）が一定数存在するようであり、旧版から現在までの税制改正等を反映させた改訂版の必要性が求められたことを端緒として、本書の改訂版を上梓することとなった。

　改訂版では、旧版を基に令和６年度までの税制改正等を反映させたうえで、相続税実務における基本姿勢である「鉄則」の存在を紹介し、その「鉄則」を前提とするとしても、「あえて鉄則から外れる」ことが相続税の申告依頼者の要請を達成することになるケースの具体例を紹介している。

　第１章「相続税申告編」では、相続税実務は民法（相続編）の基礎知識を前提とすることを示したうえで、相続税の課税価格の計算にお

ける実務上の「鉄則」と「あえて鉄則から外れる」ことの重要性について、具体例を掲げて紹介している。特に、相続税実務で最も適用頻度の高い小規模宅地等の減額特例については、税理士の判断誤りが多いことを質疑応答事例などにより紹介して、適正処理に貢献できるような具体例を掲げている。

第2章「相続対策編」では、生前贈与の実行について影響を及ぼすこととなった令和5年度税改正の項目である「相続時精算課税制度」と「暦年課税制度」について、その見直しをどのように活用すべきか、またその留意点について具体例により解説を行うとともに、令和6年1月1日以後における「分譲マンション」の評価の見直しについても、同様に具体例により対応策の検討を行っている。

本書（改訂版）が、法人税実務に精通している税理士事務所（税理士法人）などの方々にご活用いただければ幸いである。

令和6年10月

著者を代表して　中島　孝一

はじめに

　平成25年度税制改正により、資産再分配機能を回復させるため、遺産に係る基礎控除が従前と比較して4割引き下げられた。具体的には、その内訳である定額控除が5,000万円から3,000万円に引き下げられるとともに、法定相続人比例控除が1人当たり1,000万円から600万円に引き下げられ、平27年1月1日から施行されている。

　改正により、平成26年までは約4％であった相続税の課税割合（死亡者100人に対し相続税が課税される人数は約4人）が、平成27年から約8％（死亡者100人に対し相続税が課税される人数は約8人）に倍増した。

　そのような状況において、法人税実務に精通していても、相続税実務（贈与税も含め）は不慣れである税理士事務所（税理士法人）では、相続税の申告依頼者の増加に苦慮しているものと推測されることから、本書では、相続税実務に不慣れな税理士事務所（税理士法人）を対象として想定し、「鉄則」という文言をメルクマールとして、相続税実務の基本姿勢を事例ごとに示している。

　本書での「鉄則」とは、法令等で規定されているものではないが、相続税実務を処理する際の「基本姿勢」といえるものであり、その基本姿勢とは「相続税の申告依頼者の税額を最小にすることが使命」であることを指す。

　誤解を避けるため記述すると、「相続税の申告依頼者の税額を最小にする」としても、本来の趣旨を逸脱した税制の濫用は慎むべきであるということを念頭に置いたものであることも申し添えたい。

　繰り返しになるが、相続税実務では基本姿勢ともいうべき「鉄則」が存在し、具体的には、相続税法上の各種特例の適用を受けるために

は、その適用要件である「遺産は申告期限までに分割すること」など
である。

　しかし、一方で、相続税実務では、各相続人などの個別的な要請に
沿うため、「鉄則」が存在することを前提としつつ、「あえて鉄則から
外れる」ことがあり、「あえて鉄則から外れた」としても、各相続人
などが相続税法上のメリットも享受できることがあり得る。

　そのため、本書では、まず、相続税実務における基本姿勢である「鉄
則」の存在を紹介し、その「鉄則」を前提にするとしても、「あえて
鉄則から外れる」ことが相続税の申告依頼者の要請を達成することに
なり得る具体例を詳述している。

　本書が、法人税実務には精通している税理士・公認会計士などの方々
にご活用いただければ幸いである。

　最後になるが、本書の製作中の令和元年5月に編者である平川忠雄
が逝去した。生前には本書の完成を楽しみにしていたものの、完成を
見ることなく身罷った。本書を亡き平川忠雄に捧げたい。

令和元年11月

著 者 一 同

第1章 相続税申告 関係

Ⅰ 相続の承認・放棄等の相続法関連事項の判断

鉄則1 遺産は単純承認する ……………………………………………… 2
- ◆理由 …………………………………………………………………………… 2
- ◆"鉄則"に従ってはいけないケース ……………………………………… 3
  - 1 "鉄則"に従ってはいけない理由と効果 ………………………………… 4
  - 2 "鉄則"に従わない場合の留意点 ………………………………………… 7

鉄則2 債務超過であっても承継すべき財産があれば限定承認を行う ……………………………………………………… 11
- ◆理由 …………………………………………………………………………… 11
- ◆"鉄則"に従ってはいけないケース ……………………………………… 14
  - 1 "鉄則"に従ってはいけない理由と効果 ………………………………… 14
  - 2 "鉄則"に従わない場合の留意点 ………………………………………… 17

鉄則3 特別寄与者は特別寄与料を請求する ……………………………… 19
- ◆理由 …………………………………………………………………………… 19
- ◆"鉄則"に従ってはいけないケース ……………………………………… 21
  - 1 "鉄則"に従ってはいけない理由と効果 ………………………………… 21
  - 2 "鉄則"に従わない場合の留意点 ………………………………………… 24

Ⅱ 相続税の課税価格の計算上の対応

鉄則1 遺産（宅地）の共有は避ける 29
◆理由 29
◆"鉄則"に従ってはいけないケース 30
　1 "鉄則"に従ってはいけない理由と効果 30
　2 "鉄則"に従わない場合の留意点 35

鉄則2 預貯金は口座名義に従って申告する 39
◆理由 39
◆"鉄則"に従ってはいけないケース 39
　1 "鉄則"に従ってはいけない理由と効果 40
　2 "鉄則"に従わない場合の留意点 45

鉄則3 非上場株式数は株主名簿に従って申告する 52
◆理由 52
◆"鉄則"に従ってはいけないケース 52
　1 "鉄則"に従ってはいけない理由と効果 52
　2 "鉄則"に従わない場合の留意点 55

鉄則4 配偶者の税額軽減は限度額まで適用する 64
◆理由 64
◆"鉄則"に従ってはいけないケース 68
　1 "鉄則"に従ってはいけない理由と効果 68
　2 "鉄則"に従わない場合の留意点 71

鉄則5 配偶者居住権は設定する 74
◆理由 74
◆"鉄則"に従ってはいけないケース 80
　1 "鉄則"に従ってはいけない理由と効果 81
　2 "鉄則"に従わない場合の留意点 83

鉄則6 遺産は申告期限までに分割する 91
◆理由 91
◆"鉄則"に従ってはいけないケース 94
　1 "鉄則"に従ってはいけない理由と効果 95
　2 "鉄則"に従わない場合の留意点 102

鉄則7 相続税額の試算は課税価格と
基礎控除額との比較により行う ································ 107
- ◆理由 ·· 107
- ◆"鉄則"に従ってはいけないケース ·································· 108
  - 1 "鉄則"に従ってはいけない理由と効果 ·················· 108
  - 2 "鉄則"に従わない場合の留意点 ····························· 113

鉄則8 測量していない土地は公簿地積で評価する ············ 115
- ◆理由 ·· 115
- ◆"鉄則"に従ってはいけないケース ·································· 118
  - 1 "鉄則"に従ってはいけない理由と効果 ·················· 118
  - 2 "鉄則"に従わない場合の留意点 ····························· 122

Ⅲ 小規模宅地等の減額特例の適用

鉄則1 平米単価の高い宅地を優先して適用する ············· 126
- ◆理由 ·· 126
- ◆"鉄則"に従ってはいけないケース ·································· 130
  - 1 "鉄則"に従ってはいけない理由と効果 ·················· 130
  - 2 "鉄則"に従わない場合の留意点 ····························· 135

鉄則2 貸付事業用宅地等より特定居住用宅地等を
優先して適用する ·· 141
- ◆理由 ·· 141
- ◆"鉄則"に従ってはいけないケース ·································· 142
  - 1 "鉄則"に従ってはいけない理由と効果 ·················· 143
  - 2 "鉄則"に従わない場合の留意点 ····························· 145

鉄則3 適用対象宅地等は特定遺贈する ·························· 152
- ◆理由 ·· 152
- ◆"鉄則"に従ってはいけないケース ·································· 152
  - 1 "鉄則"に従ってはいけない理由と効果 ·················· 153
  - 2 "鉄則"に従わない場合の留意点 ····························· 159

Ⅳ 相続税等の納税猶予制度の適用

鉄則1 農地等の納税猶予制度は適用する ······················ 166
- ◆理由 ·· 166

◆"鉄則"に従ってはいけないケース ―――――――――――――― 170
   1 "鉄則"に従ってはいけない理由と効果 ――――――――――― 170
   2 "鉄則"に従わない場合の留意点 ―――――――――――――― 174

鉄則2 非上場株式等に係る納税猶予の特例は適用する ―――――― 180
◆理由 ――――――――――――――――――――――――――― 180
◆"鉄則"に従ってはいけないケース ―――――――――――――― 184
   1 "鉄則"に従ってはいけない理由と効果 ――――――――――― 184
   2 "鉄則"に従わない場合の留意点 ―――――――――――――― 189

鉄則3 個人版事業承継税制は適用する ――――――――――――― 193
◆理由 ――――――――――――――――――――――――――― 193
◆"鉄則"に従ってはいけないケース ―――――――――――――― 196
   1 "鉄則"に従ってはいけない理由と効果 ――――――――――― 196
   2 "鉄則"に従わない場合の留意点 ―――――――――――――― 202

第2章 相続対策 関係

Ⅰ 生前贈与の実行

鉄則1 相続より高税率となる暦年課税による生前贈与は避ける 208
◆理由 ――――――――――――――――――――――――――― 208
◆"鉄則"に従ってはいけないケース ―――――――――――――― 209
   1 "鉄則"に従ってはいけない理由と効果 ――――――――――― 209
   2 "鉄則"に従わない場合の留意点 ―――――――――――――― 216

鉄則2 孫養子縁組は積極的に実行する ――――――――――――― 221
◆理由 ――――――――――――――――――――――――――― 221
◆"鉄則"に従ってはいけないケース ―――――――――――――― 224
   1 "鉄則"に従ってはいけない理由と効果 ――――――――――― 225
   2 "鉄則"に従わない場合の留意点 ―――――――――――――― 228

鉄則3 相続開始前7年以内の贈与は避ける ―――――――――――― 231
◆理由 ――――――――――――――――――――――――――― 231
◆"鉄則"に従ってはいけないケース ―――――――――――――― 232
   1 "鉄則"に従ってはいけない理由と効果 ――――――――――― 232
   2 "鉄則"に従わない場合の留意点 ―――――――――――――― 235

Ⅱ 暦年課税・相続時精算課税、贈与税特例の活用

鉄則1 大型の贈与は相続時精算課税制度を選択する ········· 241
- ◆理由 ·· 241
- ◆"鉄則"に従ってはいけないケース ················· 243
  - 1 "鉄則"に従ってはいけない理由と効果 ·········· 244
  - 2 "鉄則"に従わない場合の留意点 ················ 254

鉄則2 長期間にわたる贈与は暦年課税を活用する ········· 262
- ◆理由 ·· 262
- ◆"鉄則"に従ってはいけないケース ················· 269
  - 1 "鉄則"に従ってはいけない理由と効果 ·········· 269
  - 2 "鉄則"に従わない場合の留意点 ················ 278

鉄則3 配偶者には居住用財産の贈与を実行する ············ 281
- ◆理由 ·· 281
- ◆"鉄則"に従ってはいけないケース ················· 282
  - 1 "鉄則"に従ってはいけない理由と効果 ·········· 282
  - 2 "鉄則"に従わない場合の留意点 ················ 288

鉄則4 住宅取得等資金の贈与は積極的に実行する ·········· 291
- ◆理由 ·· 291
- ◆"鉄則"に従ってはいけないケース ················· 292
  - 1 "鉄則"に従ってはいけない理由と効果 ·········· 292
  - 2 "鉄則"に従わない場合の留意点 ················ 298

鉄則5 子よりも孫を優先して教育資金の一括贈与を実行する ·· 302
- ◆理由 ·· 302
- ◆"鉄則"に従ってはいけないケース ················· 303
  - 1 "鉄則"に従ってはいけない理由と効果 ·········· 303
  - 2 "鉄則"に従わない場合の留意点 ················ 308

Ⅲ 相続税評価額の生前引下げ策

鉄則1 更地には貸家を建築する ·························· 310
- ◆理由 ·· 310
- ◆"鉄則"に従ってはいけないケース ················· 312
  - 1 "鉄則"に従ってはいけない理由と効果 ·········· 312

2 "鉄則" に従わない場合の留意点 ································ 314

鉄則2 同族会社オーナーには生前退職金を支給する ·············· 317
　◆理由 ·· 317
　◆"鉄則" に従ってはいけないケース ································· 320
　　1 "鉄則" に従ってはいけない理由と効果 ·················· 321
　　2 "鉄則" に従わない場合の留意点 ································ 325

鉄則3 個別通達が適用される分譲マンションの取得は、
節税効果が薄れたため避ける ··· 327
　◆理由 ·· 327
　◆"鉄則" に従ってはいけないケース ································· 335
　　1 "鉄則" に従ってはいけない理由と効果 ·················· 335
　　2 "鉄則" に従わない場合の留意点 ································ 341

Ⅳ 同族会社に対するアクション

鉄則1 同族会社への不動産の遺贈は避ける ·························· 345
　◆理由 ·· 345
　◆"鉄則" に従ってはいけないケース ································· 349
　　1 "鉄則" に従ってはいけない理由と効果 ·················· 350
　　2 "鉄則" に従わない場合の留意点 ································ 351

鉄則2 回収が危ぶまれる同族会社への
貸付金は相続開始前に放棄する ··· 356
　◆理由 ·· 356
　◆"鉄則" に従ってはいけないケース ································· 361
　　1 "鉄則" に従ってはいけない理由と効果 ·················· 361
　　2 "鉄則" に従わない場合の留意点 ································ 367

凡　例

　本書において、カッコ内における法令等については、次の略称を使用しています。

【法令名略称】

相法	相続税法
相令	相続税法施行令
相基通	相続税法基本通達
評基通	財産評価基本通達
措法	租税特別措置法
措令	租税特別措置法施行令
措通	租税特別措置相続税関係通達
通則法	国税通則法
通則令	国税通則法施行令
所法	所得税法
所令	所得税法施行令
使用貸借通達	使用貸借に係る土地についての相続税及び贈与税の取扱いについて

＜記載例＞

相法15②一：相続税法第15条第2項第1号

相令1の13①：相続税法施行令第1の13条第1項

相基通9－6－1：相続税法基本通達9－6－1

※本書の内容は、令和6年10月1日現在の法令等に依っている。

第1章

相続税申告 関係

I 相続の承認・放棄等の相続法関連事項の判断

遺産は単純承認する

税理士が受任する相続税の申告実務では単純承認のケースが大多数であるため

　相続税の申告実務においては、被相続人の財産が債務を上回り、相続税の申告が必要な状況が一般的である（債務超過に該当しない）ことから、相続人らが遺産を単純承継することになる。
　相続による被相続人の遺産の移転は、その相続人や受遺者にとっては、被相続人の事業や財産を承継する契機であり、相続税の申告実務では、単純承認により被相続人の遺産を相続するケースが通常である。
　なお、相続の方法としては、次のように区分される。

1　単純承認

　単純承認は、被相続人の権利や義務をすべて承継する方法である（民法920）。
　現金や不動産などの財産や借入金などの債務、保証債務を引継ぐことになり、一般的な相続では単純承認が多いが、債務の額が大きい場合は、次の限定承認や相続放棄を検討する必要がある。

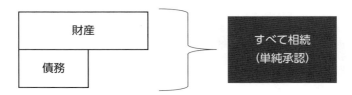

2 限定承認

限定承認は、被相続人の財産の範囲内で、債務を承継する方法である（民法922）。

相続開始後に多額の債務などが発見された場合において取り得る方法であり、次の3の相続放棄と比較して検討する必要がある。

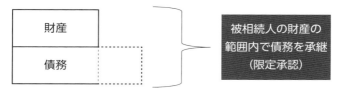

3 相続放棄

相続放棄は、被相続人の財産も債務もすべて承継しない場合の方法であり、相続放棄をした相続人は初めから相続人ではなかったものとされる（民法939）。

相続放棄は、原則として相続の開始があったことを知った時から3か月以内に家庭裁判所に対して申述する必要があり、その申述には一定の書類を用意しなければならず、手続が煩雑である。

相続放棄をすると被相続人の財産だけでなく、債務も承継することはない。

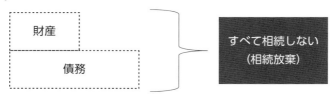

"鉄則"に従ってはいけないケース

次に該当する場合には、あえて相続放棄することも一考である。

Ⅰ　相続の承認・放棄等の相続法関連事項の判断

1　被相続人の債務が相続財産を上回る場合
2　承継したくない遺産がある場合
3　特定の者に遺産を承継させたくない場合

1　"鉄則"に従ってはいけない理由と効果

1　被相続人の債務が相続財産を上回る場合
(1) 主な債務

　相続放棄をする一般的なケースは、被相続人が債務超過（被相続人の財産に比べて、債務が大きい）である場合が想定されよう。だが、明らかに債務超過の場合は、通常は相続放棄が行われ、結果として相続税申告は不要となるため、税理士へ申告の依頼はない。

　相続放棄の主な要因は、次のものが挙げられる。
①　アパートローン・住宅ローン等の借入金
②　クレジットカードの利用代金
③　税金などの公租公課
④　被相続人が保証人となっていた場合のその地位

　相続放棄をすることで、上記の債務を承継することはなくなる。

　この中で、気を付けたいのが、④の保証人の地位の承継だ。相続後に新たに保証債務が発見された場合にも、保証人としての地位を引き継ぐことはない。この場合には、次項で解説する「限定承認」も併せて考慮する必要がある。

　また、④については、相続人が被相続人の保証人となっている場合は、相続放棄してもその地位は消滅しない。

(2) 相続放棄をしても生命保険金の受取りは可能
①　**生命保険金等の取扱い**

　契約者と被保険者が被相続人で保険受取人が相続人の場合、受け取る死亡保険金は被相続人の財産ではなく、相続人の固有の財産となり、

遺産分割協議の対象になる遺産には含まれないため、その相続人が相続放棄をしても保険金を受け取ることができる。

　例えば、契約者・被保険者が被相続人である父、死亡保険金受取人が相続人である長男の場合、長男が受け取った死亡保険金は長男の固有の財産となる。被相続人である父の遺産ではないため、長男は相続放棄をしても死亡保険金を受け取ることができる。

②　生命保険金等を相続した場合の相続税の計算

　次の設例のように死亡保険金は相続税法上「みなし相続財産」になるため、相続税の計算上相続財産に計上する必要がある。

　相続放棄をした者は、相続人とみなされないため、生命保険金等の非課税金額の適用を受けることができないが、非課税金額を計算する際の法定相続人の人数には、相続放棄した者を含めて計算する（相法12①五）。

　また、相続放棄をした場合でも、基礎控除額の計算や相続税の総額の計算には影響ない（相法15）。

設例

　次の相続人の構成で配偶者と長男が相続放棄をした場合の相続税額。
＜前提条件＞
・法定相続人……配偶者、長男
・受取保険金……2,000万円：長男が受取人
・その他の財産……1,000万円
・債務……5,000万円

---

(1)　生命保険金等の非課税の適用金額
　長男は死亡保険金を受け取ることはできるが、非課税の適用はない。
(2)　相続税の基礎控除額
　相続税の基礎控除額は「3,000万円 +600万円× 2 人＝4,200万円」となる。
(3)　相続税の計算
　相続税の課税価格は、みなし相続財産である受取保険金2,000万円が基礎控除額の範囲内であるため、相続税の負担は生じない。

> (参考) 保険金の受取人が複数で一部の者が相続放棄をしている場合
>   の計算例
>   下記の条件で配偶者のみが相続放棄をした場合。
> ・法定相続人……配偶者、長男
> ・受取保険金……配偶者：5,000万円
>   長男：800万円

(1) 生命保険金等の非課税の適用金額
  ・配偶者……相続放棄をしたため、適用なし
  ・長男……500万円 × 2人 ＝ 1,000万円
(2) 相続税の課税遺産総額
  ・配偶者……5,000万円
  ・長男……800万円 － 1,000万円 ＝ 0円
  ・相続税の課税遺産総額……5,000万円 － 4,200万円 ＝ 800万円

2 承継したくない遺産がある場合

　上記**1**とは異なり、多額の債務等がなく、被相続人の財産が債務を上回っている場合であっても相続放棄を行うケースがある。このケースは、相続税が発生することから、税理士は相談を受けることが多い。

　例えば、無道路地など瑕疵ある遺産や山林、債務超過となっている非上場会社の株式などのように、相続しても、その後に管理・処分をすることが困難となる遺産がある場合には、単純承認すれば相続人がその困難を引き受けることとなるため、それを避けるため、あえて相続放棄を選択することがある。

3 特定の者に遺産を承継させたくない場合

　特定の者に遺産を承継させたくない場合には、相続放棄を選択することも一考である。

　例えば、次ページのような親族関係の場合に、前妻と後妻の間にそれぞれ子がおり、後妻に相続が発生したと仮定する。

　後妻に多額の遺産があり、遺言が存在しない場合は、父と子Ｂが遺産を相続する。ついで、父がその遺産を承継した後に亡くなった場

合には、子A（前妻の子）が相続人に加わり、後妻の遺産の一部が後妻とは血縁のない者（子A）に相続されることになる。子Bはこうした事態を嫌うことが想定される。

これを避けるために、父が相続放棄を行うことによって、後妻（被相続人）の遺産をすべて子B（後妻の子）に承継させることが可能となる。

つまり、相続放棄を活用することが、遺産相続をコントロールするための有効策となる。

2 "鉄則"に従わない場合の留意点

1 被相続人の債務が相続財産を上回る場合
(1) 相続放棄後、債務は次順位の相続人が承継

債務が多額である場合は、相続放棄を選択することになるが、配偶者や子が相続放棄を行った場合は、兄弟などの次順位の相続人へ債務が引き継がれることになる。つまり、相続放棄をしたとしても、債務が消滅するわけではなく、次順位の相続人にその返済義務が引き継がれることには留意が必要である。

例えば、次ページの図の親族関係図のケースの場合は、母と子が相続放棄をすると、次順位の叔父が相続人となる。

母と子が叔父と疎遠であったり、叔父が債務を認識していない場合は、母と子が相続放棄をすることで、叔父が債務を引き継ぐことになり得るため、トラブルが生じる要因となる可能性がある。

こうしたトラブルを防止するためには、遺産のうちに多額の債務があるため母と子が相続放棄をした事実を叔父に通知し、必要であれば

Ⅰ　相続の承認・放棄等の相続法関連事項の判断

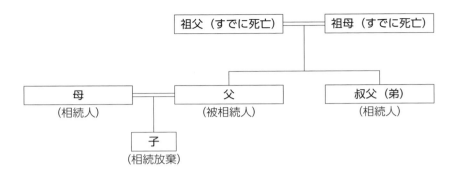

叔父も相続放棄をすべきとのアドバイスを行うべきである。

　なお、この留意点に関しては、「承継したくない遺産がある場合」に相続放棄を行ったケースでも同様となるため、次順位の相続人に配慮する必要がある。

(2) 相続放棄の手続上の留意点

　相続放棄は単独でも可能であるが、相続人全員で行われる場合が多い。相続人が遠方に住んでいる場合や、疎遠である場合は相続放棄の熟慮期間に注意を払い、相続放棄の手続を行う必要がある。

　なお、遺産が債務超過であることに伴い相続放棄を検討し得るケースであっても、相続人が承継すべき財産がある場合には、相続放棄ではなく限定承認を選択すべきということも考えられる。限定承認については、次項「債務超過であっても承継すべき財産があれば限定承認を行う」を参照されたい。

(3) 生命保険契約者に注意

　被保険者が被相続人以外の者となっている生命保険契約で、被相続人が保険料を負担しているものは、生命保険契約に関する権利として、解約返戻金相当額で評価される（評基通214）。

　この場合、保険契約者が被相続人であれば、その生命保険契約に関する権利は、被相続人固有の財産として相続放棄の対象となるが、保険契約者が被相続人以外の者である場合には、その者の固有の財産として相続放棄の対象とはならない（相続税法上の財産とはみなされる

（相法3））。

　例えば、被相続人が保険料を負担し、その相続人が契約者・被保険者である場合のように、契約者である相続人が保険料を負担していない場合は、この生命保険契約に関する権利は、その相続人の固有の財産となるため、相続放棄を行った場合でも、生命保険契約に関する権利を承継することができる。

　このように相続放棄をする場合であっても、その対象となるものとならないものがあるため、あらかじめその範囲を確認しておく必要はあろう。

❷　特定の者に遺産を承継させたくない場合

　先に、相続放棄により特定の者に財産を承継させない方法を取り上げたが、実務では相続放棄の手続は原則として3か月以内に行わなければならないことに留意する必要がある。

　また、法的な相続放棄によらず、特定の相続人が遺産を全く相続しないとする遺産分割協議を相続人間で成立させる実質的な相続放棄の方法もとられる。この場合には、遺産分割協議が不調に終わる可能性もあることには留意が必要であろう。遺産分割協議成立後に新たな財産が見つかった場合などの対応についても配慮が必要である。

　生前からの対策としては、特定の者に遺産を相続させる旨の遺言書を作成する方法や、信託の活用により最終的には特定の者に遺産を帰属させる方法も考えられよう。その場合には、特に他の相続人に対する遺留分について慎重な対応が求められる。

❸　相続税法との適用関係

　相続放棄を行った場合に、相続放棄者には次の規定が適用されないため、相続税の計算で不利になることがあることから、相続放棄を行う場合は慎重に判断をする必要がある。

①　生命保険金等の非課税（相法12①五）

②　死亡退職金の非課税（相法12①六）

③　債務控除（相法13）

④ 相次相続控除（相法20）

●相続放棄の手続
(1) 家庭裁判所への申述
　相続放棄を行う場合には、原則として、相続の開始があったことを知った時から3か月以内に家庭裁判所に対し、次の書面をもって相続放棄の申述をしなければならない（民法915、民法938）。
① 相続放棄の申述書
② 被相続人の死亡の記載のある戸籍謄本等
③ 被相続人の住民票除票等
④ 申述人の戸籍謄本
(2) 相続放棄の熟慮期間の伸長
　相続が発生したことを知った時から、3か月以内に手続を開始できない場合は、家庭裁判所に熟慮期間の伸長の申立てをすることができる（民法915）。
　相続放棄をすると原則として撤回できないため、相続財産を調査するのに時間を要する場合には、熟慮期間の伸長を検討すべきである。
　なお、伸長を認めるかどうかは、相続財産の構成や所在場所、相続人が居住している場所（遠隔地か海外等）などを考慮した上で、家庭裁判所が判断する。
　熟慮期間は一般的に、1～3か月ほどの期間延長が認められることが多い。
(3) みなし単純承認
　相続人が相続財産の全部又は一部を処分したときは、単純承認をしたものとみなされることがあることに留意しなければならない（民法921）。
　みなし単純承認の主なものとして、次の場合が該当する。
・不動産、動産、その他の財産権の譲渡をした場合
・家屋を取り壊した場合
・熟慮期間内に手続を行わなかった場合
・財産を隠匿した場合

I 相続の承認・放棄等の相続法関連事項の判断

鉄則 2 債務超過であっても承継すべき財産があれば限定承認を行う

理由 財産債務の状況が不明であったり、保証債務の存在の可能性がある場合、また債務超過の場合でも、必要な財産等を承継することが可能であるため

1 限定承認の概要

(1) 限定承認とは

　限定承認とは、相続によって得た財産の限度においてのみ被相続人の債務及び遺贈を弁済するものとして、相続の承認をすることをいう。この場合、財産の限度において債務を承認し、財産の限度を超える部分の債務は切り捨てられ、自己の固有財産で弁済する必要はない（民法922）。

(2) 共同相続人全員による限定承認

　相続人が限定承認をしようとするときは、共同相続人全員の合意により、相続開始を知った日の翌日から3月以内に「財産目録」を作成し「家事審判申立書」と被相続人・相続人全員の戸籍謄本を被相続人の住所地の家庭裁判所に提出することにより行う。

　相続人のうちに1人でも合意しない者がいれば限定承認を行うことはできない（民法923、924）。

(3) 相続を放棄する者がいる場合

　相続放棄の期限も、同様に3月以内である。相続人は、相続開始を知った日の翌日から3月以内に、単純承認・限定承認・相続放棄のいずれかを選択しなければならない。ただしこの期間（「熟慮期間」と

いう）にいずれか決定できない場合には、家庭裁判所に熟慮期間の伸長を申し立てることができる。

　共同相続人のうちに相続放棄をした者がいる場合、相続の放棄者は初めから相続人でなかったものとみなされるため、他の相続人全員が共同して限定承認をすることができる（民法923）。

(4) 財産の換価

　限定承認の場合、債務の弁済等に充てるために遺産を換価する必要があるときは、原則として競売に付さなければならない。

　ただし、自宅（土地・建物）や事業に必要な財産など、承継すべき財産がある場合、家庭裁判所の選任した鑑定人の評価額を支払うことで、競売を差し止め、相続人がその財産を取得することができる。これを先買権という（民法932）。

2 譲渡所得税の課税

(1) みなし譲渡所得課税の趣旨

　相続人が限定承認により得た財産のうちに、山林所得又は譲渡所得の基因となる資産があった場合には、相続開始の日にその時の時価により、被相続人から相続人へ資産の譲渡があったものとみなされ、譲渡所得税が課税される（所法59①一）。

　これは、限定承認により相続した財産に対して通常の相続と同様に財産の取得価額及び取得時期を引き継いだ場合、将来相続人が相続財産を譲渡した際に、被相続人が所有していた期間中に生じたキャピタルゲインに対する税負担を相続人の固有財産から負担することになり、限定承認の趣旨に反するためである。

(2) 譲渡所得税の準確定申告

　相続財産に土地等の譲渡所得の起因となる資産がある場合、被相続人に対して譲渡所得税の課税が行われるため、準確定申告により譲渡所得税の申告納付を行う。

　この譲渡所得税は被相続人の債務とされるため、他の債務と同様、限定承認の効果が及び、相続人が相続によって得た財産の限度におい

てのみ納付する義務がある（通則法5①）。

設例 1

被相続人の財産よりも債務が多い場合（債務超過）の課税関係。

【相続人・相続財産の構成】

区　分	総　額	配偶者	長　男
自宅（土地・建物）	7,000万円	7,000万円	0円
預貯金	2,000万円	0円	2,000万円
借入金	△1億円	△7,000万円	△3,000万円
譲渡所得税（下記②）	△766万円	△766万円	0円
課税価格	0円	0円	0円
相続税額	0円	0円	0円

・自宅を相続するため、配偶者及び長男は限定承認の手続を行っているものとする。
・自宅の相続開始時の時価は、8,000万円とする。
・自宅の取得費及び譲渡費用は、3,000万円とする。

設例 1 においては、債務超過で課税価格が0のため相続税の負担はないが、譲渡所得税の負担について検討する必要がある。

① 譲渡所得金額：8,000万円 － 3,000万円 ＝ 5,000万円
② 譲渡所得税額：① × 15.315% ≒ 766万円

みなし譲渡所得に係る所得税は、相続税の課税価格の計算上、債務控除の対象であり、かつ債務が相続により得た財産の価額を超えているため納税の義務はない。

(3) 居住用財産を譲渡したときの特例の適用除外

居住用財産を譲渡したときは、所有期間に関係なく譲渡所得から最高3,000万円まで控除できる特例がある。また、所有期間が10年超などの一定の要件を満たす場合には長期譲渡所得の税額を通常の場合よりも低い税率で計算する軽減税率の特例を受けることができる。

これらの特例は、譲渡する相手が配偶者・直系血族及び譲渡者と生計を一にしている親族の場合には適用除外となり、限定承認の場合には配偶者等への譲渡とみなされるため特例を受けることはできない（措法35、31③、措令23②、措令20③一）。

13

（4）相続人が限定承認により取得した土地・建物の取得費・取得時期

将来、相続人が限定承認により取得した土地・建物を譲渡した場合には、被相続人の所有期間中に生じたキャピタルゲインに対しては上記のとおり課税済みのため、相続人は取得費と取得時期の引継ぎは行わず、土地・建物を相続開始時にその時の時価により取得したものとみなされる（所法60②）。

"鉄則"に従ってはいけないケース

次に該当する場合には、債務超過でなくとも限定承認すべきことも一考である。

1 相続開始時に現に存する債務においては債務超過でないが、保証債務が存在する場合
2 どこで保証人になっているか予測がつかない場合

1 "鉄則"に従ってはいけない理由と効果

1 保証債務が存在する場合

保証債務が存在する場合、相続開始時に現に債務超過でないとしても、相続放棄・限定承認を検討するべきである。

保証人・連帯保証人の地位は、相続により法定相続分に応じて承継するが、これを避けるためには相続放棄をすることを検討することになる。しかし、相続放棄してしまうと自宅や事業用の財産などの相続すべき財産も相続することができなくなるため、限定承認を検討することが有効である。

 において、限定承認を行った場合の譲渡所得税の負担について解説したが、みなし譲渡所得税が算出されても債務控除の対象で

あり、現に債務超過であれば所得税の納税義務はなく、また、相続税の課税価額が0であれば通常相続税の負担もない。

　一方、保証債務を恐れた限定承認においては、相続開始の際現に債務超過とはならないため、みなし譲渡所得税及び相続税の納税が生ずる可能性がある。 設例 2 において、課税関係を確認する。

設例 2

＜前提条件＞

・法定相続人………3人（妻・子A：限定承認、子B：相続放棄）
・預金その他………3,000万円
・自宅……………… 土地：相続税評価額1,800万円　時価2,100万円
　　　　　　　　　　　取得費1,000万
　　　　　　　　　　建物：相続税評価額600万円　時価600万円
　　　　　　　　　　　取得費500万円
・自用地…………… 土地：相続税評価額2,500万円　時価4,000万円
　　　　　　　　　　　取得費200万円
・生命保険金…………2,000万円（配偶者1,000万円、子AB、各500万円）
・死亡退職金…………1,000万円（配偶者へ支給）

・債務………………1,100万円（内、譲渡所得税 約766万円（※））⎤
・葬式費用……………200万円（喪主たる配偶者が負担）　　　　　　｜
　　　　　　　　　　　　　　　　　　　　　　　　　　　1,300万円⎦
・基礎控除額…………3,000万円＋600万円×3人＝4,800万円
・小規模宅地等の減額特例…配偶者と子Aは自宅で同居し、引続き同
　　　　　　　　　　　　　居の見込みであるため、自宅土地150㎡
　　　　　　　　　　　　　（330㎡以内）について、特定居住用の小
　　　　　　　　　　　　　規模宅地等の減額特例による80％減額の
　　　　　　　　　　　　　適用がある。
　　　　　　　　　　自宅土地　1,800万円×1／2×80％＝720万円／人
・債務の状況…………相続開始時において債務超過ではないが、被相
　　　　　　　　　　　続人が経営する法人の事業資金1億円につい
　　　　　　　　　　　て、連帯保証人となっている。

・配偶者と子Aは限定承認し、子Bは相続を放棄している。

15

I　相続の承認・放棄等の相続法関連事項の判断

	合計	配偶者 限定承認	子A 限定承認	子B 相続放棄
財産・債務のあん分 （法定相続分による）	－	1／2	1／2	
宅地（自用地）	2,500万円	1,250万円	1,250万円	－
宅地（自宅）	1,800万円	900万円	900万円	－
小規模宅地等の減額特例	△1,440万円	△720万円	△720万円	
家屋（自宅）	600万円	300万円	300万円	
預金その他	3,000万円	1,500万円	1,500万円	
生命保険金・退職手当金	3,000万円	2,000万円	500万円	500万円
上記に係る非課税金額	△2,500万円	△2,000万円	△500万円	
債務・葬式費用	△1,300万円	△750万円	△550万円	
課税価格	5,660万円	2,480万円	2,680万円	500万円
基礎控除額	△4,800万円	－	－	－
課税遺産総額	860万円	－	－	－
相続税の総額	86万円	43万円	21.5万円	21.5万円
あん分割合	1.00	0.44	0.47	0.09
算出税額	86万円	38万円	40万円	8万円
配偶者の税額軽減額	△38万円	△38万円	－	
納付相続税額	48万円	0万円	40万円	8万円
譲渡所得税額（※）	766万円	383万円	383万円	0万円

（※）譲渡所得税の計算

譲渡収入金額（土地・家屋の時価）：2,100万円＋600万円＋4,000万円＝6,700万円

取得費の額：1,000万円＋500万円＋200万円＝1,700万円

譲渡所得金額：譲渡収入金額（時価）6,700万円－取得費1,700万円＝5,000万円

譲渡所得税：5,000万円×15.315％（所得税＋復興特別所得税）≒766万円

2　どこで保証人になっているか予測がつかない場合

　相続開始時に現に債務超過でなく、また知れたる保証債務が無い場合であっても、相続放棄・限定承認を検討するべき場合がある。

　「どこで保証人になっているかわからない」、「いつ取立てが来るかわからない」というおそれがある場合の限定承認においても、前記 **1** の 設例 **2** 同様、みなし譲渡所得税及び相続税の税負担を生ずることとなる。

2 "鉄則" に従わない場合の留意点

1 相続人が被相続人の連帯保証人であった場合

被相続人が保証人だった場合、相続人は保証債務を承継するが、相続放棄をすれば保証債務を免れることができる。

これに対し、被相続人が債務者で、相続人が保証人だった場合、相続人は相続放棄をしても保証債務を免れることはできないことに留意する。

債務が消滅した場合には保証債務も消滅するが、相続放棄によって債務が消滅するものではない。たとえ全ての相続人が相続放棄をした場合でも債務は存続し、保証債務は消滅しない。保証人としての地位は相続により承継したものではないため、返済を求められた場合にはこれに応じなければならない。

2 保証債務の時効

保証債務の消滅時効は、債権の消滅時効の規定に従う。

(1) 改正前

従来、債権の消滅時効は原則10年であり、商行為により生じた債権は5年、その他職業別に1年から3年の短期消滅時効が規定されていた（旧民法167、170～174、旧商法522）。

(2) 改正後

民法改正により、債権は債権者が権利を行使することができることを知った時から5年、権利を行使できる時から10年経過により消滅することとなり（民法166）、職業別の短期消滅時効は廃止された。

保証契約が令和2年4月1日以降に締結されている場合、時効期間は改正後のものが適用される。

3 相続人の譲渡所得の金額の計算

相続人が限定承認により取得した土地・建物を将来譲渡するとした場合には、土地・建物の取得費は、みなし譲渡の際の譲渡収入金額と

I　相続の承認・放棄等の相続法関連事項の判断

された金額（時価）による。

　前記 設例 2 で相続した自用地をその後5,000万円で譲渡する場合、譲渡所得の金額は以下のように計算する。また、当該自用地の取得時期は被相続人の取得時期を引き継がず、相続時が取得時期になる。

　　①　譲渡収入金額　　　　5,000万円

　　②　譲渡所得の金額の計算

　（譲渡対価）　　　（土地の取得費）
　5,000万円　－　4,000万円　＝　1,000万円

　　　　（注）　譲渡経費はないものとする。

４　相続税の課税価格の計算

　相続人が限定承認の手続を行った場合であっても、相続財産の評価は、相続開始時の時価ではなく、財産評価基本通達（相続税評価額）により算定された評価額による（相法22）。

　また、債務控除の対象となる金額には、被相続人の債務で相続開始時に現に存するもののほか、被相続人に係る所得税等が含まれる。一方、保証債務の額については、相続開始時に現に存する債務とはいえないため、債務控除の対象とならない（相法13、14）。

５　相続人の範囲

　例えば、被相続人の配偶者と子供たち全員が相続放棄をする、あるいは配偶者は限定承認し、子供たちが全員相続放棄しようとすると、被相続人に直系尊属や兄弟姉妹などがある場合には、それらの者が相続人となる。

　限定承認は相続人全員が共同で申述する必要があるため、これらの者に共同での申述を依頼するか、相続放棄の手続きを行うよう依頼することになる。

　設例 2 のように配偶者と子のうちの1名が限定承認、残る子は相続放棄の方針とすれば、相続人の範囲が広がるのを防止することができる。

Ⅰ 相続の承認・放棄等の相続法関連事項の判断

特別寄与者は特別寄与料を請求する

 民法（相続法）の改正により特別寄与料制度が創設されたため

　特別寄与料制度の創設に伴い、相続人以外の被相続人の親族が特別寄与料を請求できるようになったことから、相続人の親族が特別寄与料の請求が可能な状況であれば、対象となる親族は相続人に対して特別寄与料請求をすべきである。

1　特別寄与料制度の概要

　従前の制度（寄与分制度）では、相続人以外の者は相続に際し遺産分割協議の当事者とはなれず、生前に被相続人に対して特別の貢献があった場合でも、相続に際しては貢献に対する対価を受け取ることができなかった。

　これに対して、令和元年7月1日以後開始の相続では、相続人以外の被相続人の親族が無償で被相続人の療養看護等を行った場合に、一定要件の下で相続人に対して金銭の請求をすることができるようになった。

　これまでは、実子であれば被相続人の介護などを行っていなかったとしても遺産が取得できる一方、長男の妻などは被相続人の介護に尽くしても、相続人でないため遺産が配分されなかった。しかし、民法（相続法）の見直しに伴い本制度が創設されたことにより、被相続人の親族が、特別寄与料を受け取ることができるようになったことから、介護などの貢献に報いられることで、実質的な公平が図られるように

Ⅰ　相続の承認・放棄等の相続法関連事項の判断

なった。

　なお、特別寄与料の額は、被相続人が相続開始の時において有した財産の価額から遺贈の価額を控除した残額を超えない範囲で特別寄与者と相続人全員で合意された金額となる（民法1050）。

【従前の制度】

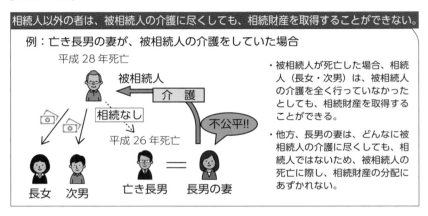

【改正後の制度】

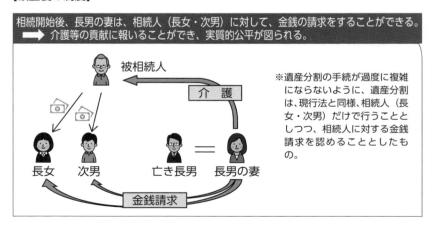

2　特別寄与料に係る課税関係

　特別寄与者が相続人から支払いを受けるべき特別寄与料の額が確定した場合には、その特別寄与者が、その特別寄与料の額に相当する金

額を被相続人から遺贈により取得したものとみなして、相続税が課税されることになった（相法4）。

一方、相続人が支払うべき特別寄与料の額は、その相続人に係る相続税の課税価格から控除されることになった（相法13）。

また、特別寄与者は特別寄与料の支払いを受ける等の事由が生じたため新たに相続税の申告義務が生じた者は、その事由が生じたことを知った日の翌日から10月以内に相続税の申告書を提出しなければならない（相法29）。

この規定における特別寄与者は、被相続人の一親等の血族及び配偶者以外の者であるため、相続税額に対し2割加算の対象になる（相法18）。

なお、本制度の創設に伴い、相続税における更正の請求の特則等の対象に特別寄与料の請求による事由が加えられている（相法32、35）。

"鉄則"に従ってはいけないケース

次の場合には、あえて特別寄与料の請求を行わないことも一考である。

 相続人間・親族間での協議が円満に合意されることを優先する場合

1 "鉄則"に従ってはいけない理由と効果

前ページの例示と異なり、次のように、相続人は長男（存命）と長女の2人で、長男の妻が被相続人に対し特別寄与料を請求すべき要件を満たす行為（療養看護）を行っていたことから、長男の妻は相続人である長男と長女に特別寄与料を請求すべき要件を満たしているもの

とする。

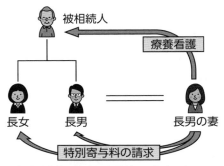

この場合、長男の妻は相続人である長男と長女に対し、特別寄与料の請求ができることになるが、次の理由からその請求を辞退することもあり得る。

> 1 特別寄与料の請求を端緒とした長女との確執を避けるため
> 2 長男に請求する額も相続税額の2割加算の対象になるため

1 特別寄与料の請求を端緒とした長女との確執を避けるため

特別寄与料の支払いについては、当事者間での協議が整わないときは、家庭裁判所へ協議に代わる処分を請求する仕組みになっている（民法1050②）。

特別寄与者である長男の妻（当事者の一方）は、まず相続人である長男及び長女（当事者の他方）と特別寄与料の支払いについて協議することになる。

その当事者間の協議の段階で、相続人である長女が長男の妻の療養看護に係る貢献を認めなかったり、その貢献を認めたとしても特別寄与料の額について合意に至らなかった場合には、家庭裁判所で特別寄与料の額が確定することになるが、その額が確定したとしても、長女の主張が採用されない場合には不満は残り、その不満を端緒とした確

執が特別寄与料の額が確定した後も続くことになる可能性が高い。

長男の妻と長女の親族関係は、相続後も継続することを考えれば、長男の妻としては長女との確執は避けるべきと考えることが常識的な判断になる。

したがって、長男の妻は、特別寄与料の請求をするための要件を満たしたとしても、その請求を辞退することがあり得る。

❷ 長男に請求する額も相続税額の2割加算の対象になるため

特別寄与料について、長男の妻は、相続人である長女だけでなく長男（夫）とも協議することになる。特別寄与料は、相続人が複数いる場合には、各相続人は法定相続分又は指定相続分に応じて負担することになる。

上記を踏まえて、特別寄与料の額が合意されれば、相続人である長男（夫）の負担分は長男の妻に支払われることになるが、長男の妻が取得した特別寄与料については、相続税額が2割加算されることになる（長女負担分も同様）（相法18①）。

相続人である長男（夫）の負担分は、長男の妻へ移転すると2割加算の対象となるが、負担を行わず長男にその負担分が留まれば、長男に対し相続税が課税されたとしても2割加算の対象外となる仕組みになっている。

したがって、長男の妻は、あえて相続税額が2割加算の対象となる（長女との確執も考慮）特別寄与料の請求は避けることになろう。

なお、従前からの寄与料は、相続人以外の者がした貢献（相続人である夫の妻が、被相続人の療養介護等をした場合）について、相続人（夫）自身の貢献とみなし、その相続人の寄与分と認められる余地があるとされていた。

創設された特別寄与料制度も、上記と同様の取扱いになるのかは今後の情報等を確認する必要がある。

I　相続の承認・放棄等の相続法関連事項の判断

2 “鉄則” に従わない場合の留意点

■1 特別寄与料の請求を端緒とした長女との確執を避けるため

　長男の妻の判断要素として、相続人である長女との確執を懸念することは重要な判断要素であるが、他の判断要素として、特別寄与料の適正額が貢献に見合った額として確立されていないこともある。

　特別寄与料制度は創設されたばかりであり、適正額は今後の取引事例の蓄積を待つことになるが、参考となる事例として、従前の寄与分における東京高裁の判示がある。

　平成22年9月13日東京高裁判決では、約13年にわたり被相続人の介護を行った相続人の妻（履行補助者）の「貢献の程度を金銭に換算すると200万円を下がることはない」と判示されたが、約13年にわたる介護（貢献）が上限200万円という額は、かなり低いものであり介護（貢献）が適正に反映された額とは考えにくい（詳細は後述の「参考(1)」を参照）。

　上記の東京高裁の判示を前提とすれば、特別寄与料の額も同様に、相当程度低い額となることが推測される。

■2 遺言により特別寄与料相当額を取得する場合

　特別寄与料制度を活用する以外に、あらかじめ遺言により特別寄与料相当額を遺贈することを盛り込むことで、相続開始後のトラブルを未然に防ぐことができる場合もある。

　療養看護等の対象であった被相続人から特別寄与者へ生前に遺言を作成してもらうことにより、療養看護等の対価相当額を遺贈により取得する方法も考えられる。

　その場合には、特別な寄与料の算定等の必要はなく、遺贈という形で財産を継承することができる。

　しかし、遺言書が法的に有効とされるには必要な記載事項が確実に記載されていなければならない。公正証書遺言であれば法律の専門家

である公証人の関与の下で作成されるので、書類の不備等の問題は発生しないが、一定の費用が必要となる。一方で自筆証書遺言は、いつでも自らの意思で作成することができ、手軽で自由度が高い制度であるが、記載に不備があった場合や遺言書自体の紛失等があった場合には無効となってしまうので注意が必要である。

(注) 自筆証書遺言については、全文の自書を要求している従前の方式を、自筆証書遺言に添付する財産目録については自書でなくてもよいものとするといった緩和措置が平成31年1月13日より施行されており、法務局における自筆証書遺言の保管制度も令和2年7月10日から施行されている（次の「参考(2)、(3)」参照）。

(1) 寄与分が認められた事例

特別寄与料に類似する制度として、寄与分がある。特別寄与者が、家庭裁判所に対して協議に代わる処分を請求する場合は、寄与分と同様の扱いとなることが想定されている。そのため、参考として寄与分が認められた事例を示す。

「被相続人Aは、相続人Bの妻であるCが嫁いで間もなく脳梗塞で倒れて入院し、付き添いに頼んだ家政婦がAの過大な要望に耐えられなかったため、Cは少なくとも3か月間はAの入浴中の世話をし、その退院後は右半身不随となったAの通院の付き添い、入浴の介助など日常的な介護に当たり、さらにAが死亡するまでの半年の間は、Aが毎日失禁する状態となったことから、その処理をするなどAの介護に多くの労力と時間を費やした。

Aが入院した期間のうち約2か月は家政婦にAの看護を依頼し、Aは、在宅期間中は入浴や食事を作ることを除けば、概ね独力で生活する機能を有していたことが認められるが、CによるAの入院期間中の看護、その死亡前約半年間の介護は、本来家政婦などを雇ってAの看護や介護に当たらせることを相当とする事情の下で行われたものであり、それ以外の期間についてもCによる入浴の世話や食事及び日常の細々とした介護が13年余りにわたる長期間にわたって継続して行われたものであるから、CによるAの介護は、同居の親族の扶養義務の範囲を超え、遺産の維持に貢献した側面があると評価することが相当である。

CによるAの介護は、Bの履行補助者として遺産の維持に貢献したものと評価でき、その貢献の程度を金銭に換算すると、200万円を下ることはないというべきであるから、この限度でBのこの点に関する寄与分の主張には理由がある。」

（東京高等裁判所平成22年9月13日決定。法制審議会民法（相続関係）部会の参考資料より引用）

(2) 特別寄与料の申立てを却下した事例

　特別寄与料の制度が施行されてから、特別の寄与の存在の判断としての参考となる特別寄与料が否定された裁判があるので、その事例を示す。

　本件は被相続人の弟（申立人）が、被相続人の前夫との間の子である長男と二男に対し、特別寄与料の支払いを申し立てた事例である。

　被相続人は平成5年に前夫と離婚し、そのころから長男と二男とは疎遠であり、申立人である弟はその長男と二男とは叔父や甥としての交流がある程度であった。被相続人は、令和2年3月19日に死亡。申立人は、同日、被相続人死亡の事実を知り、二男に死亡の事実を伝え、被相続人の葬儀を執り行った。申立人は遺産の3分の1を取得したいと申し出たところ、拒否されたため審判手続きとなった事例である。

　裁判所は、「被相続人が通院や入退院をするようになった平成8年6月から体調を崩した平成27年6月までの間は、申立人の妹が被相続人の身元引受人として主に被相続人に関与していたのであって、その間の申立人自身による関与は年に数回程度面会等に訪れるといった限定的なものにすぎない」として申立人の貢献について否定。同月以降の関与も、「仮に申立人の主張を前提としたとしても、月に数回程度入院先等を訪れて診察や入退院等に立ち会ったり、手続に必要な書類を作成したり、身元引受けをしたりといった程度にとどまり、専従的な療養看護等を行ったものではない、これをもっても、申立人が、その者の貢献に報いて特別寄与料を認めるのが相当なほどに顕著な貢献をしたとまではいえない」とし、「特別の寄与」の存在を認めることは困難であると判示した（静岡家判令3.7.26（確定））。

(3) 自筆証書遺言の方式緩和

　これまで自筆証書遺言をする場合には、遺言者が遺言書の全文、日付及び氏名を自書して、これに印を押さなければならなかったが、改正により自筆証書遺言であっても、例外的に、自筆証書に遺産の全部又は一部の目録（以下「財産目録」という）を添付するときは、その目録については自書しなくても、ワープロなどで作成してもよいこととなった。

改正前

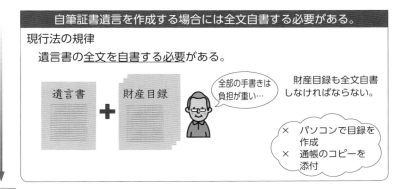

改正後

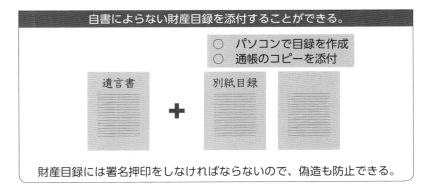

　ただし、自書によらない財産目録を添付する場合には、遺言者はその財産目録の各項に署名押印をしなければならないこととされている。
　この改正は平成31年1月13日より施行されている。
(4) 法務局における自筆証書遺言の保管制度の創設
　自筆証書遺言に係る遺言書は自宅で保管されることが多いが、問題点として次のような項目が挙げられている。
・遺言書が紛失・亡失するおそれがあること。
・相続人により遺言書の廃棄、隠匿、改ざんが行われるおそれがあること。
・これらの問題により相続をめぐる紛争が生じるおそれがあること。
　こうした問題点を解決するために、法務局で自筆遺言書を保管する制度

Ⅰ　相続の承認・放棄等の相続法関連事項の判断

が創設された。

　法務局で保管することの利点として、全国一律のサービスの提供が受けられること、プライバシーを確保できること、相続登記の促進につなげることが可能であるといったことが挙げられている。

　この改正は令和２年７月10日より施行されている。

【制度の概要】

　自筆証書遺言を作成した方は、法務大臣の指定する法務局に遺言書の保管を申請することができます。

※作成した本人が遺言書保管所に行って手続を行う必要があります。

　遺言者の死亡後に、相続人や受遺者らは、全国にある遺言書保管所において、遺言書が保管されているかどうかを調べること（「遺言書保管事実証明書」の交付請求）、遺言書の写しの交付を請求すること（「遺言書情報証明書」の交付請求）ができ、また、遺言書を保管している遺言書保管所において遺言書を閲覧することもできます。

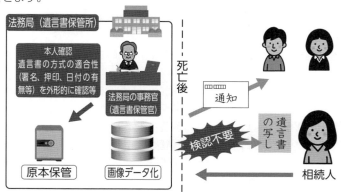

※遺言書保管所に保管されている遺言書については、家庭裁判所の検認が不要となります。
※遺言書の閲覧や遺言書情報証明書の交付がされると、遺言書保管官は、他の相続人等に対し、遺言書を保管している旨を通知します。

Ⅱ 相続税の課税価格の計算上の対応

 遺産（宅地）の共有は避ける

 遺産分割後の処分が困難になるため

　相続人間で遺産を分割する際に、その遺産のうちに宅地があり、相続人が例えば兄弟2人（長男と二男）である場合には、その宅地を兄弟間（同一世代間）で共有により相続することは避けるべきである。

　その理由は、相続後の次のような状況において、兄又は弟それぞれの単独判断により相続した宅地の維持・管理・処分などが行えないことにある。

(1) 毎年の固定資産税は、持分に応じて負担することになるが、その負担方法について常に事前の協議が必要になる。
　　なお、持分に応じた負担が行われないと、贈与税の課税が生じることもある。
(2) 相続による取得後、その宅地の維持・管理・利用方法などについて、常に兄弟間での合意が必要になる。
(3) 兄（又は弟）が資金調達のため、その宅地を譲渡しようと思っても、弟（又は兄）の同意がなければ譲渡が困難になる。
(4) 兄及び弟に相続が開始すると、その宅地の持分が兄及び弟の相続人に引き継がれることになり、宅地共有者の人数が増えたり所有関係が複雑化したりする。

Ⅱ　相続税の課税価格の計算上の対応

"鉄則"に従ってはいけないケース

次のいずれかに該当する場合には、あえて宅地を共有で相続することも一考である。

1　相続税の納税資金調達のため、遺産である宅地の譲渡を予定している場合
2　宅地の共有者が配偶者（母親）と長男など親子である場合
3　「地積規模の大きな宅地の評価」の適用を受ける場合

1　"鉄則"に従ってはいけない理由と効果

1　**相続税の納税資金調達のため、遺産である宅地の譲渡を予定している場合**

(1)　遺産の大部分が宅地である場合

相続が開始し、遺産の構成が のように大部分が宅地である場合には、納税資金調達のため遺産である宅地を申告期限前に譲渡することも選択肢となる。

設例 1

相続人の構成が、被相続人の配偶者（母親）と長男及び二男の3人で、主な遺産が宅地である場合の相続モデルを下記のように想定する。

【相続人・遺産の構成及び相続税額】

区　分	総　額	配偶者（母親）	長　男	二　男
A宅地	8,000万円	8,000万円	－	－
B宅地	(共有割合) 1億円	(持分1/2) 5,000万円	(持分1/2) 5,000万円	－

	（共有割合） 1億円	（持分1/2） 5,000万円	—	（持分1/2） 5,000万円
C宅地	（共有割合） 1億円	（持分1/2） 5,000万円	—	（持分1/2） 5,000万円
D宅地	（共有割合） 1億円	—	（持分1/2） 5,000万円	（持分1/2） 5,000万円
その他の財産	2,000万円	2,000万円	—	—
課税価格	4億円	2億円	1億円	1億円
相続税額 （概算）	—	0万円 （軽減特例適用）	2,300万円	2,300万円

　上記のとおり、通常、配偶者（母親）は税額軽減の特例（相法19の2）を適用することにより税負担は生じないが、長男と二男については税負担が生じるため、納税資金の調達方法の検討が必要になる。

(2) 遺産分割協議

　上記のような遺産構成で、法定相続分に応じた遺産取得を前提にすると、4筆の宅地をどのように分割すれば長男と二男の納税資金の調達が可能になるかという観点から遺産分割協議を行うことになる。

　その結果、長男と二男がD宅地を共有により相続した後にD宅地を譲渡し、長男と二男のそれぞれの譲渡対価から所得税等の税引き後の手取額を相続税の納税資金に充当することを前提に、D宅地を共有で相続することがある。

　（注）　B宅地とC宅地の共有については、次の**2**を参照されたい。

(3) 長男と二男の宅地の共有状況は譲渡により解消

　遺産であるD宅地を兄弟が共有により取得すると、兄又は弟それぞれが単独での判断により、相続した宅地の維持・管理・処分などが行えないという課題があるが、相続した宅地は10か月以内（相続税の申告期限）に譲渡を予定したものであれば、兄弟間のD宅地の共有状況は短期間のうちに解消するため、「遺産（宅地）の共有は避ける」という"鉄則"に従う必要はなくなる。

2　宅地の共有者が被相続人の配偶者（母親）と長男など親子である場合

　上記**1**のB宅地とC宅地も、配偶者（母親）と長男及び配偶者（母

親）と二男が共有により相続しているため、それぞれの宅地について、共有者の単独の判断により相続した土地の維持・管理・処分などが行えないという課題があるが、配偶者（母親）と長男との共有であれば、兄弟姉妹のような同一世代間による宅地の共有ではない。

世代の異なる配偶者（母親）と長男が共有する宅地であれば、それほど遠くない時期に母親の相続開始が想定され、相続が開始した時点で母親のB宅地の持分を長男が相続により取得すれば、共有状況が解消し、結果的に長男の単独所有となる（母親と二男が共有するC宅地も同様）。

したがって、母親と長男（又は母親と二男）の宅地の共有状況は、いずれ訪れる母親の相続開始により解消するため、「遺産（宅地）の共有は避ける」という"鉄則"に従う必要がなくなる。

さらに、当初の遺産分割協議の際、二次相続（母親の相続）を見据えて、母親と長男（又は母親と二男）により宅地を共有にすることにより、二次相続時に遺産分割協議を円滑に行いやすくなる効果も期待できる。

❸ 「地積規模の大きな宅地の評価」の適用を受ける場合

(1) 「地積規模の大きな宅地の評価」の新設

平成29年度税制改正により、相続税等の財産評価の適正化を図るため、「広大地の評価」について、従来の面積に比例的に減額する評価方法から、各土地の個性に応じて形状・面積に基づき評価する方法に見直すため、「地積規模の大きな宅地の評価」が新設され、その適用要件については、地区区分や都市計画法の区域区分等を基にすることにより明確化が図られた。なお、これに伴い「広大地の評価」は廃止された。

(2) 計算例による「広大地」と「地積規模の大きな宅地」の評価額の比較

平成29年12月31日をもって「広大地の評価」の取扱いは廃止され、平成30年1月1日以後は、「地積規模の大きな宅地の評価」が新設さ

れた。

設例 2 により、廃止された「広大地の評価」の評価額と、新設された「地積規模の大きな宅地の評価」による評価額を比較する。

設例 2

「広大地」と「地積規模の大きな宅地」の評価額の比較。
＜宅地の状況＞
・三大都市圏の普通住宅地区に所在する地積750㎡の宅地
・その他の地積規模の大きな宅地の評価（広大地の評価）の適用要件を満たす。

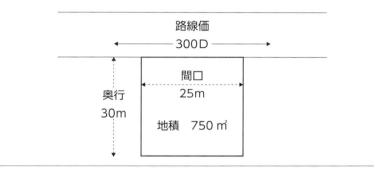

(1) 一般的な評価
  ① 正面路線価を基とした価額の計算
    300千円（路線価）× 0.95（奥行価格補正率）＝ 285,000円
  ② 評価額
    285,000円（①）× 750㎡（地積）＝ 213,750,000円
(2) 広大地の評価
  ① 正面路線価
    300千円
  ② 広大地補正率
    $0.6 - 0.05 \times \dfrac{750㎡}{1,000㎡} = 0.5625$
  ③ 評価額
    300千円（①）× 0.5625（②広大地補正率）× 750㎡（地積）
    ＝ 126,562,500円

Ⅱ　相続税の課税価格の計算上の対応

(3)　地積規模の大きな宅地の評価
　①　正面路線価を基とした価額の計算
　　300千円（路線価）× 0.95（奥行価格補正率）＝ 285,000円
　②　規模格差補正率

$$\frac{750㎡ Ⓐ × 0.95 Ⓑ + 25 Ⓒ}{750㎡ Ⓐ} × 0.8 = 0.7866… \quad → 0.78$$

　③　評価額
　　285,000円（①）× 0.78（②規模格差補正率）× 750㎡（地積）
　　＝ 166,725,000円

通常の評価額	広大地の評価額	地積規模の大きな宅地の評価額
213,750,000円 (100%)	126,562,500円 (59%) 評価減 ＝ 41%（100%－59%）	166,725,000円 (78%) 評価減 ＝ 22%（100%－78%）

※通常の評価額とは、広大地及び地積規模の大きな宅地のいずれにも該当しない宅地の評価額をいう。

　上記のケースでは、「広大地」に該当した場合の評価額は、通常の宅地の評価額と比較して41％評価減できたが、「地積規模の大きな宅地」に該当した場合の評価は通常の評価額と比較して22％の評価減となる。

　したがって、新設された「地積規模の大きな宅地」の評価は、廃止された「広大地」の評価と比較すると、評価減できる有利性が縮減（41%⇒22%）されたことになる。

　ただし、「地積規模の大きな宅地」に該当すれば、通常の宅地の評価額と比較して約20％評価減できる有利性は存在する。

(3)　共有地の場合の「地積規模の大きな宅地」の判定

　「地積規模の大きな宅地」は、三大都市圏に所在する宅地であれば500㎡以上であることが要件となっている。

　上記の500㎡以上の要件は、複数の相続人に共有された宅地であれば、共有者の持分に応じてあん分する前の共有地全体の地積により地積規模を判定することになる（評基通2、20-2）。

　具体的には、次の図のように相続人AとBに持分2分の1ずつで共

34

有されている三大都市圏に所在する地積800㎡の宅地については、AとBの持分に応じてあん分した地積は各400㎡となるが、持分に応じてあん分する前の共有地全体の地積は800㎡であることから、三大都市圏における500㎡以上という地積規模の要件を満たす宅地に該当することになる。

(4) 分筆して相続した場合

上記(3)の800㎡の宅地を相続人AとBが分筆して、それぞれ400㎡の宅地として相続したとすれば、三大都市圏における500㎡以上という地積規模の要件を満たさないことになり、通常の宅地の評価と比較して約20～30％程度の評価減が認められないことになる。

(5) 「地積規模の大きな宅地の評価」の適用を受けようとする場合

上記(3)の宅地について、「地積規模の大きな宅地の評価」の適用を受けようとする場合には、相続人AとBは上記(4)のような分筆は行わず、共有により取得する必要がある。

2　"鉄則"に従わない場合の留意点

1　相続税の納税資金調達のため、遺産である宅地の譲渡を予定している場合

共有により相続した宅地は、納税資金調達のため10か月以内（相続税の申告期限）に譲渡を予定したものであり、その期間内に譲渡すれば取得費加算の特例（措法39）の適用を受けることができることから、

その適用による所得税等の負担減少分は、相続税の納税資金に充当できる。

　取得費加算額は、例えば相続人2人が宅地を2分の1ずつ共有していても、それぞれの相続税額により異なってくるため、譲渡所得税額に差異が生じることを事前に説明することが必要といえよう。

❷　宅地の共有者が被相続人の配偶者（母親）と長男など親子である場合

　被相続人の配偶者（母親）と長男などが共有する宅地は、上記❶のような相続による取得後、短期間のうちに譲渡を予定していないとしても、相続開始後3年10か月以内に譲渡すれば、取得費加算の特例（措法39）の適用がある。

　また、被相続人の配偶者の相続が、近い将来と想定されない場合は譲渡が先となり取得費加算の特例が適用できない場合もあろう。

　しかし、譲渡が相続開始後3年10か月を経過した後であっても、居住用財産の3,000万円特別控除の適用は可能である（その敷地が居住用として使用されている場合に限られる）。

❸　「地積規模の大きな宅地の評価」の適用を受ける場合

(1) 宅地の評価減と共有の課題との比較検討

　遺産である宅地が前述のように地積800㎡であり、同一世代の相続人（兄と弟）であるAとBが共有で取得すれば「地積規模の大きな宅地の評価」における地積規模の要件を満たし約20％の評価減を受けられることになる。

　しかし、その反面、相続人AとBが共有により取得するとA・Bがそれぞれ単独での判断により、その宅地の維持・管理・処分などが行えないという課題がある。

　そのため、どちらを優先するか比較検討が必要になり、「地積規模の大きな宅地の評価」の適用を受けるための宅地の共有の判断は、その比較検討の結果、「地積規模の大きな宅地の評価」の適用を受けることを優先する決断が行われた後に実行されることになる。

(2) 相続による取得直後に譲渡を予定している場合

前述のように、800㎡の宅地を相続人ＡとＢが分筆して各400㎡の宅地として相続したとすれば、「地積規模の大きな宅地の評価」における地積規模の要件を満たさないことになる。

そのため、「地積規模の大きな宅地の評価」の適用を受けることを目的として、相続人ＡとＢは分筆を行わず共有により取得し、「地積規模の大きな宅地の評価」の適用を受けた直後に、その宅地を譲渡したとしても「地積規模の大きな宅地の評価」の適用が否認されることはないと考えてよいかという疑問がある。

なお、相続人が宅地を共有により相続した時点では、その宅地の譲渡を予定していなかったが、相続により宅地を取得した直後に後発的な事由により譲渡することになった場合には、「地積規模の大きな宅地の評価」の適用が否認されることはないであろう。

(3) 「地積規模の大きな宅地の評価」の適用が否認される可能性

平成30年12月14日に公表された与党（自民党・公明党）の平成31年度税制改正大綱では「基本的な考え方」の項目で、小規模宅地等の特例制度について、「本来の趣旨を逸脱した適用を防止」するため、平成31年度は「最小限の措置を講ずる」とともに、次年度以降も「引き続き検討を行っていく」と記述されている。

その記述から推測すると、共有により相続した宅地について、「地積規模の大きな宅地の評価」の適用を受けた直後に、その宅地を譲渡する事例が頻繁に行われるような事態になると、「地積規模の大きな宅地の評価」の適用について、規制措置が講じられる可能性も推測される（会計検査院からの指摘もあり得よう）。

> **＜平成31年度税制改正与党大綱(6頁)：基本的な考え方＞**
> 　……、現行の事業用の小規模宅地特例について、貸付事業用の小規模宅地特例の例にならい、節税を目的とした駆け込み的な適用など、本来の趣旨を逸脱した適用を防止するための最小限の措置を講ずる。

Ⅱ　相続税の課税価格の計算上の対応

その上で、本特例については、相続後短時間での資産売却が可能であること、債務控除の併用等による節税の余地があること、事業を承継する者以外の相続人の税額に効果が及ぶことなどの課題があることを踏まえ、事業承継の支援という制度趣旨を徹底し、制度の濫用を防止する観点から、同様の課題を有する貸付事業用の小規模宅地特例とあわせて、引き続き検討を行っていく。

(4)「地積規模の大きな宅地の評価」適用後に相続人間の共有状況を解消

　当初から上記(2)の譲渡を予定しない場合には、「地積規模の大きな宅地の評価」を適用した宅地について、相続税の申告後に共有状況であることを原因とした、各相続人が単独で自由に処分できないなどのデメリットを回避するため、共有する相続人の1人が他の相続人からその持分を買い取ることも検討すべきである。

　そのためには、その譲渡を織り込んだ遺産分割シミュレーションを作成することも考えられる。

Ⅱ 相続税の課税価格の計算上の対応

預貯金は口座名義に従って申告する

原則として、預貯金はその名義人が所有することから、被相続人名義の預貯金は遺産と認められるため

　相続税は、相続人が被相続人から相続等により取得した遺産を課税対象とすることから、相続開始時における被相続人名義の預貯金は全て遺産に含めなければならない。

　なお、相続税の課税対象となる遺産とは、金銭に見積もることができる経済的価値のあるすべてのものをいうこととされている（相基通11の2-1）。

　預貯金の名義は被相続人であっても、被相続人の親族など他の者が真の所有者の場合もあるが、原則的にはその名義に従って相続税の申告を行うことが"鉄則"となる。

"鉄則"に従ってはいけないケース

　次に該当する場合には、預貯金の名義にかかわらず、本来（真実）の所有者が被相続人であるか否かを確認し、その本来の所有者の名義に従い申告する必要がある。

Ⅱ　相続税の課税価格の計算上の対応

1　預貯金の名義が相続人であっても、被相続人からの資金が原資となっている場合
2　被相続人名義の預貯金であっても、相続人や親族からの預り金である場合

1　"鉄則"に従ってはいけない理由と効果

❶　名義上の所有者と真の所有者が異なる場合

　上記のケース1において、預貯金の名義が被相続人になっていなければ、"鉄則"に従って被相続人の遺産から除外して相続税の申告を行うことになる。しかし、後日、相続税の税務調査で、いわゆる「名義預金」に該当するものとされ、遺産の申告漏れであると調査官から指摘を受けたことにより、その預貯金を遺産に加えて修正申告を行う場合もある。

　なお、上記ケース2の場合には、"鉄則"に従って被相続人の遺産に加えて申告した後に真の所有者が被相続人以外の者であることが明らかになれば、その預貯金は、上記ケース1の預貯金とは逆に遺産からは除外され、期間制限に抵触しなければ更正の請求を行うことができる。

❷　名義預金とは

　名義預金とは、一般的に、預貯金の名義人以外の者の資金が原資となっている預貯金などのことをいう。

　相続税の申告に際し問題になる名義預金は、被相続人の親族名義等の預貯金で、その預貯金の原資は被相続人の資金であるような場合をいい、具体的には、上記ケース1などが該当する。

❸　名義預金に相続税が課税される理由

　相続税法基本通達には、次のような取扱いがある（相基通9-9）。

（財産の名義変更があった場合）

　不動産、株式等の名義の変更があった場合において対価の授受が行われていないとき又は他の者の名義で新たに不動産、株式等を取得した場合においては、これらの行為は、原則として贈与として取り扱うものとする。

　つまり、名義変更や他人名義での取得により贈与があったと認められるのは不動産や株式等に限られており、預貯金に関しては贈与とは認められないことになっている。

　これは、銀行等は名義変更の都度、税務署に通知することはないため、預貯金の名義変更時や他人名義での預入れ時に贈与が成立するとなると、課税庁による贈与税の課税が困難になるためであると推測される。

　また、民法上の贈与とは、当事者の一方がある財産を無償で相手方に与える意思を表示し、相手方が受諾をすることによってその効力を生ずる（民法549）とされているため、受贈者の受諾がなければ贈与は成立しない。

　したがって、例えば親が現金を一方的に子名義の預貯金口座に預け入れていた場合などは贈与が成立していないことになることから、その預貯金は依然として親の財産ということになり、相続が発生した場合には親の遺産として相続税が課税されることになる。

　また、贈与が成立していなければ、贈与税の納税義務の時効自体も適用されないため、妻や子名義で預金が行われてから何年経過していようとも遺産に計上されることとなる。

４　相続税の税務調査における申告漏れの状況

　国税庁が公表した「令和4事務年度における相続税の調査の状況について」（令和5年12月）によると、相続税の申告漏れ課税価格は2,589億円（令和3事務年度2,187億円）で、実地調査1件当たりでは3,209万円（令和3事務年度3,530万円）となっている。

Ⅱ　相続税の課税価格の計算上の対応

　申告漏れ遺産の金額の内訳は、現金・預貯金等815億円（令和3事務年度705億円）が最も多く、続いて土地・家屋403億円（令和3事務年度298億円）、有価証券309億円（令和3事務年度274億円）の順となる。

　申告漏れ財産の金額の構成比でみると、現金・預貯金等が31.5％（令和3事務年度32.2％）、続いて土地・家屋で15.6％（令和3事務年度13.7％）、有価証券は11.9％（令和3事務年度12.5％）となっている。

事務年度	現金・預貯金等	土地・家屋	有価証券	その他	合　計（構成比）
令和4年	815億円（31.5％）	403億円（15.6％）	309億円（11.9％）	1,062億円（41.0％）	2,589億円（100％）
令和3年	705億円（32.2％）	298億円（13.7％）	274億円（12.5％）	910億円（41.6％）	2,187億円（100％）

　このように、相続税の税務調査においては、現金・預貯金等の申告漏れを指摘される割合が非常に高くなっており、申告漏れと指摘された中には、名義預金に該当すると指摘を受けたケースが相当程度の割合で存在するものと想定される。

5　名義預金に該当する定型的な例示

(1)　長男名義の定期預金は被相続人の資金が原資となっている場合

①　前提となる経緯

　被相続人が過去に無記名割引債を解約し、その資金を原資として長男名義の定期預金とし、定期預金証書及び印鑑は被相続人が本人の貸金庫で保管していたとする。

②　鉄則に従い申告から除外した場合

　長男は上記①の経緯を承知しない状況で相続が開始した場合において、被相続人の貸金庫を調べると上記①の定期預金証書及び印鑑が発見されたとする。

　その定期預金証書の名義は長男であり、被相続人名義でないことから（相続税の申告を依頼した税理士に相談することなく）、被相続人の遺産から除外して申告し、後日の税務調査において上記①の経緯が

42

明らかになれば、その定期預金の原資が被相続人の資金であるため、税務調査で遺産の申告漏れと指摘されることになろう。

その場合には、申告漏れに相当する相続税（本税）だけでなく加算税・延滞税も納めることになる（次の(2)②の場合も同様）。

③　鉄則に従わず申告に含めた場合

長男は、被相続人の貸金庫から定期預金証書等を発見した際に、長男名義になっている定期預金は自身が資金を拠出していなかったことから、被相続人の遺産に含めるべきか否かの判断を相続税の申告を依頼した税理士に求めた。

税理士は、長男が資金を拠出したものでなく、被相続人が資金を拠出したものと見込まれるのであれば（無記名割引債の解約を承知していない前提）、真実の所有者は被相続人と推測されることから遺産に含めるべきとの指導を行い、長男は税理士の指導に従い被相続人の遺産にその定期預金を含めて申告したとすれば、後日の税務調査において、その処理が是認されることになろう。

なお、申告漏れの財産がなければ、追加の相続税（本税）や加算税・延滞税を納める必要もなくなる（次の(2)③の場合も同様）。

(2)　妻名義の普通預金は被相続人の資金が原資となっている場合

①　前提となる経緯

被相続人の妻名義の普通預金のうちＡ銀行の普通預金は、被相続人を含めた家族の生活費の支払いに充てるためのもので、半年に一度、被相続人の資金が振り込まれていたものとする。

②　鉄則に従い申告から除外した場合

被相続人に相続が開始して、妻は被相続人の財産・債務の確認にあたり、妻名義のＡ銀行の普通預金は被相続人の資金が振り込まれているが、その使途は家族全員の生活費に充てるためのものであることから、被相続人固有の財産ではないものと判断し（相続税の申告を依頼した税理士に相談することなく）、遺産に含めず相続税の申告を行ったものとする。

後日の税務調査において上記①の経緯が明らかになれば、妻名義の
A銀行の普通預金の使途は家族全員の生活費に充てるものであって
も、その資金は被相続人が拠出したものであることから、妻名義のA
銀行の普通預金は被相続人の遺産の申告漏れであることを税務調査で
調査官から指摘されることになろう。

なお、この場合において、A銀行の普通預金に妻の資金も混在して
いたとすれば、妻固有の資金であることが証明された部分は、その申
告漏れから除かれることになる。

③　鉄則に従わず申告に含めた場合

妻は、上記①の経緯を相続税の申告を依頼した税理士に説明し、被
相続人の遺産に含めるべきか否かの判断を求めた。

税理士は、妻が資金を拠出したものでなく、被相続人が資金を拠出
したものであれば、真実の所有者は被相続人となるため遺産に含める
べきとの指導を行い、妻は税理士の指導に従い被相続人の遺産に妻名
義のA銀行の普通預金を含めて申告したとすれば、後日の税務調査に
おいて、その処理が是認されることになろう。

(3)　被相続人名義の郵便貯金は弟からの預り金である場合

①　前提となる経緯

被相続人名義の郵便貯金は、弟から依頼を受け一時的に預かったも
のであり（弟の郵便貯金から送金されていることが明らかである）、
いずれ弟から要請があれば返還するものであることを、被相続人だけ
でなく妻も承知していたものとする。

②　鉄則に従い申告に含めた場合

被相続人に相続が開始して、被相続人の財産・債務の確認にあたり、
妻は上記①の郵便貯金について経緯は承知していたが被相続人の名義
であったことから（相続税の申告を依頼した税理士に相談することな
く）、名義に従い遺産に含めて相続税の申告を行ったものとする。

後日の税務調査において上記①の経緯から、郵便貯金の真実の所有
は弟であることが明らかになれば、当初の申告が過大であったことに

なり、郵便貯金に相当する相続税について更正の請求をすることができる。

③　鉄則に従わず申告から除外した場合

　妻は、上記①の経緯を相続税の申告を依頼した税理士に説明し、被相続人の遺産に含めるべきか否かの判断を求めた。

　税理士は、被相続人が資金を拠出したものでなく、弟が資金を拠出したものであれば、真実の所有者は弟となるため遺産に含める必要はないとの指導を行い、妻が税理士の指導に従い被相続人名義の郵便貯金を除外して申告したとしても、後日の税務調査において、その処理は是認されることになろう。

2 ┃ "鉄則" に従わない場合の留意点

　相続税の申告に際し、被相続人の財産のうち、被相続人名義又は被相続人の親族名義の預貯金が名義預金であるか否かは、次のような「贈与の事実の確認」を行った後に判断することになる。

■1　贈与の事実の確認

(1)　相続開始前の対応

　贈与の態様としては、主に①書面による贈与と、②口頭による贈与の２種類があるが、税務上は②の口頭による贈与を証明することは難しい。そのため、相続開始前から税理士が関与している場合には、贈与の事実を主張できるように、贈与契約書を作成させることが望ましい。

　また、あえて贈与税の基礎控除額（110万円）を超える贈与を行い、贈与税の申告書を提出することも有効な手段であり、贈与者の口座から受贈者の口座へ振込みの手続をすることで、通帳に証拠を残しておくことも重要である。

　しかし、贈与契約書も贈与税の申告書も、贈与の事実があったという決定的な証拠とはならないことに留意が必要である。贈与があった

かどうかは、あくまで民法上の視点から実質判断されるものであり、契約書や申告書の体裁が整っていたとしても、親が一方的に作成して贈与税を納付し、通帳も印鑑も親が管理していたような場合は贈与の事実は認められないであろう。

具体的には、次のような実態を整えることで、口座名義人がその預貯金を所有していることを示すことが望ましい。

---

① 贈与者（被相続人）と受贈者（相続人など）の印鑑は異なる印鑑を使用する。
② 預貯金の通帳や印鑑は口座名義人（通常は受贈者）が管理する。
③ 口座名義人（通常は受贈者）が預貯金を自由に使うことができること。

---

(2) 相続開始後の対応

相続開始後に相続税申告を依頼された場合には、被相続人と相続人の預貯金口座を集めて、相続人に対して実質的な所有者が名義どおりかの確認を行わなければならない。相続人の年齢や労働態様と比較して、預貯金額が多額と思われる場合には、被相続人からの贈与が疑われるため、当然ながら税務調査では疑義の対象となろう。

例えば、配偶者（妻）名義の預貯金が多額にのぼる場合には、妻に対して確認を行うことになるが、それが妻の親から得た遺産であった場合や妻が過去に働いていた際の所得の蓄積であった場合などには、真実に妻名義の預貯金と判断されることから被相続人の遺産とならない。この場合、そのヒアリングを基に事実を立証する資料を残しておく必要がある。妻の親の相続開始日や相続した財産の内容を記載した書類、妻が過去に働いていた勤務先の会社名や住所等を記載したその会社を特定できる書類を相続税の申告書に添付することも有効である。

また、被相続人名義の預貯金に対しては、相続人に対してその口座を日常的に管理していたのが被相続人か否かを確認することになる。

その際には、預貯金の通帳や印鑑の管理を誰が行っているかの事実

の確認を行い、実質的な所有者を特定する必要がある。

2 定期金給付契約に関する権利

(1) 「定期金給付契約に関する権利」に該当するか否かの判定

　相続税法24条に規定する「定期金給付契約に関する権利」とは、相続税法基本通達24-1《「定期金給付契約に関する権利」の意義》において、「契約によりある期間定期的に金銭その他の給付を受けることを目的とする債権」をいうこととされており、一定期間にわたり定期的に贈与を行うことが贈与者・受贈者間で契約されている場合には、その「**契約の時点**」で、定期金給付契約に関する権利の贈与として、贈与税の課税関係が生じることとなる。

　具体的には、贈与者（親）から受贈者（子）へ現金を毎年200万円5年間にわたり贈与（暦年贈与）する契約を締結すれば、5年間で合計1,000万円の現金が親から子へ移転することになる。

　毎年200万円の現金贈与が「定期金給付契約に関する権利」に該当すれば、一定期間（5年間）わたり定期的に贈与する契約が締結されている場合に該当して、「**契約の時点**」で1,000万円に対し贈与税（基礎控除110万円）が課税される。

「定期金給付契約に関する権利」に該当するか否か	定期的に贈与する契約か否か	暦年贈与は契約年のみの課税か否か
① 「定期金給付契約に関する権利」に該当する場合	X1年に、親から子へ5年間にわたり合計1,000万円の現金贈与を行う贈与契約を締結して、毎年200万円を定期的に支払う場合	子は、X1年に親から1,000万円の贈与を受けたものとして、1,000万円から基礎控除110万円を控除した差額890万円に対し贈与税が課税される。
② 上記①に該当しない場合	5年間(X1年からX5年)現金贈与の都度、親・子間において贈与の意思確認を行った上で、毎年200万円の贈与契約を締結	子は、X1年からX5年の5年間に親から毎年200万円の贈与を受けたものとして、毎年200万円から基礎控除110万円を控除した差額90万円に対し贈与税が課税される。

47

Ⅱ 相続税の課税価格の計算上の対応

しかし、毎年贈与の都度、贈与者・受贈者間において贈与の意思確認を行った上で、その双方合意による贈与契約の成立を証する贈与契約に基づいて現金の払出し・振込みが行われていれば「定期金給付契約に関する権利」に該当せず、毎年200万円の贈与（基礎控除110万円）が 5 年間継続したものとされる。

(2) 文書回答事例

金融機関が暦年贈与サポートサービスを利用した場合の相続税法24条（定期金給付契約に関する権利）の該当性に関する照会に対し、平成28年 3 月30日に次の文書回答事例（東京国税局審理課長）が公表されている。

文書回答事例における金融機関と同様の形式で暦年贈与を実行すれば、「定期金給付契約に関する権利」に該当しないことから、実務において有益な情報と思われるので抜粋して引用する。

暦年贈与サポートサービスを利用した場合の相続税法第24条の該当性について

① 事前照会の趣旨

当行は、当行に普通預金口座を有する個人を対象として、贈与者・受贈者間の贈与の意思及び贈与金額の確認を行い、双方合意が存する場合に限り、贈与者・受贈者間の贈与契約書の作成及び預金の振替による財産の移転をサポートするサービス（以下「本件サービス」という。）の提供を予定しています。

本件サービスにおいては、当行は、贈与の都度、贈与者・受贈者間の贈与の意思確認を行った上、双方合意を有する場合にのみサービス内容の提供を行うものですので、本件サービスに基づく贈与は、直ちに、相続税法第24条《定期金に関する権利の評価》に規定する「定期金給付契約に関する権利」の贈与には該当しないとの判断でよろしいか伺います。

② 事前照会に係る取引等の事実関係

《本件サービスの内容》

本件サービスの内容は以下のとおりです。

項　目	内　容
対象者 （贈与者）	当行に普通預金口座を有する個人（国内居住者）で１人１契約とする
受贈者	贈与をする人の３親等以内の親族で、以下の全てを満たす個人（複数指定可） ・国内に居住していること ・当行普通預金口座を有していること
贈与金額	10千円以上10千円単位（贈与契約書に基づいた金額）
契約期間	本件サービス申込日の属する年を含めて５年間※（自動更新はしない） ※　申込日が11月１日から12月31日までの場合は申込日の属する年の翌年から５年間とする。
手続の流れ	①　贈与をする人から「サービス申込書」及び「サービス重要事項説明書」を受領する（サービス開始時のみ。）。 ②　贈与者に贈与契約書（雛型）を渡す（２年目以降は毎年２月上旬に贈与者に郵送する。）。 ③　贈与者は受贈者と贈与契約※を締結する。 　※　当該贈与契約に係る贈与契約書（雛型）には、この贈与契約の締結に際し、あらかじめ定期的に贈与を行うことを約していないことを、甲（贈与者）及び乙（受贈者）は互いに確認した旨の記載がされている。 ④　締結された贈与契約書※を受領する（毎年10月末日締切とし、原則年１回とする。）。 　※　提出された贈与契約書（３部）は、２部は下記⑥で贈与者・受贈者に返却され、１部が当行に保存される。 ⑤　贈与金額を贈与契約書の提出を受けた日も含めて10営業日以内に贈与者の口座から受贈者の口座に振替える。 ⑥　預金の振替等の完了後、贈与契約書を贈与者及び受贈者に郵送※にて返却する。また、受贈者には贈与金の入金通知書を同封する。 　※　受贈者への郵送には郵便局の「本人限定受取郵便」を利用する。 ⑦　翌年２月に贈与者及び受贈者に「贈与報告書」を郵送する。 ⑧　契約終了案内通知を送付する（サービス終了時のみ。）。

③　事前照会者の求める見解となることの理由

　本件サービスは、その内容から、５年間の契約期間中に定期的な贈与が

行われることが想定されるため、本件サービスの利用開始時に、定期金給付契約に関する権利の贈与が行われたものとして贈与税の課税関係が生じるのではないかとの疑義が生じます。

　しかしながら、本件サービスでは、その申込みは贈与者が行い、当行は、贈与の都度、贈与者・受贈者間の贈与の意思確認を行った上で、その双方合意による贈与契約の成立を証する贈与契約書に基づいて贈与資金の払出し・振込（預金の振替）を行うこととしています。

（中略）

　本件サービスに基づき行われる贈与については、各年に締結される贈与契約の内容に基づき、各年の贈与として贈与税の課税が行われることとなるものと解するのが相当であり、あらかじめ定期的に贈与することについて贈与者・受贈者双方の合意がなされている場合でない限り、本件サービスを利用した贈与は、「定期金給付契約に関する権利」の贈与に該当するものではないと考えられます。

(3) 相続時精算課税を選択して贈与を実行する場合

　令和5年度税制改正により、相続時精算課税について、少額贈与に対する課税除外の見直し（措法70の3の2）が行われた（下図の「改正1」）。

　具体的には、相続時精算課税適用者が特定贈与者から贈与により取得した財産に係るその年分の贈与税については、暦年贈与の基礎控除とは別途、課税価格から基礎控除110万円を控除できることとするとともに、特定贈与者の死亡に係る相続税の課税価格に加算等をされる当該特定贈与者から贈与により取得した財産の価額は、上記の控除をした後の残額とすることとされ、令和6年1月1日以後に贈与により取得する財産に係る相続税又は贈与税について適用されている。

【相続時精算課税】

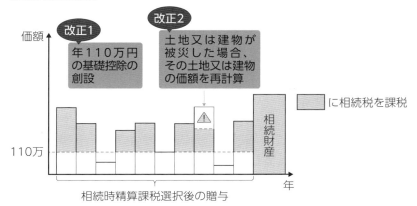

- ●贈与税　相続時精算課税を選択した受贈者は、特定贈与者ごとに、1年間に贈与により取得した財産の価額の合計額から、**基礎控除額（110万円（注））を控除**し、特別控除（最高2,500万円）の適用がある場合はその金額を控除した残額に、20％の税率を乗じて、贈与税額を算出します。

- ●相続税　相続時精算課税を選択した受贈者は、特定贈与者から取得した贈与財産の贈与時の価額（改正2 の適用がある場合には、改正2 の再計算後の価額）から、**基礎控除額を控除した残額**を、その特定贈与者の相続財産に加算します。

（出典）国税庁資料（一部加工）

　したがって、前記の文書回答事例における「定期金給付契約に関する権利」に該当するか否かの判定は、相続時精算課税における年110万円の基礎控除を毎年実行する場合においても当てはまることになった。

Ⅱ 相続税の課税価格の計算上の対応

非上場株式数は株主名簿に従って申告する

 原則として、株主名簿等に株主及び所有株式数が記載されているため

　遺産に非上場株式がある場合は、通常、株主名簿もしくは法人税申告書別表2「同族会社の判定に関する明細書」（以下「別表2」という）の株主名と所有株式数を確認して、相続で取得する株式数を確定し、申告することとなる。

◆ "鉄則"に従ってはいけないケース

　次に該当する場合には、株式名簿や別表2の記載に従って申告できないケースがある。

1　旧商法（平成2年改正前）時代に設立された株式会社で少数株主がいる場合
2　ワンマン経営者の親族が株主である場合

1 "鉄則"に従ってはいけない理由と効果

　相続税申告の基礎はすべての遺産を洗い出すことであるが、その際にその所有者名が形式的なものであって実質的な所有者とは異なることがある。この状況が多くみられる遺産が「非上場会社の株式」であ

り、前項の「預貯金」である。

そのため、遺産調査にあたって、次の要素が確認された場合には、株式名簿や別表2の名義どおりに申告を行うことができないケースがあるため、注意が必要である。

1 旧商法（平成2年改正前）時代に設立された株式会社で少数株主がいる場合

旧商法（平成2年改正前）では、株式会社を設立するには7人以上の発起人が必要とされていたため、知人から名義を借り、資金は創業者（経営者）が負担して株式会社を設立し、設立後に名義を戻すということが頻繁に行われていた。

旧商法（平成2年改正前）時代に設立された株式会社の株主で、株主名簿や別表2に少数株主の記載がある場合には、名義株ではないかを疑い、創業者や相続人等に確認が必要となる。

この名義株だが、名義借りした場合はその借りた実質的な所有者の遺産となり、一方の名義貸しした形式的な所有者については、その遺産より除外することになる。

2 ワンマン経営者の親族が株主である場合

上記 **1** の少数株主は、親族外を想定して説明しているが、実質的な所有者が親族という可能性もある。また、株主が親族の場合は上記 **1** 以外に、経営者が親族に無断で株式を移動させている場合もあるので注意が必要である。

経営者が同族株式を所有していると相続税の負担が大きいと聞き及び、株主名簿や別表2を安易に変えてしまうことがある。移動原因は贈与や譲渡が考えられるが、実際に贈与や譲渡があった場合には、次の書類等で証明が求められる。

(1) 贈与

贈与は、当事者の一方がある財産を無償で相手方に与える意思を表示し、相手方が受諾することによってその効果を生ずる（民法549）。つまり、経営者が同族株式を親族に贈与したと主張しても、その親族

が「もらっていない」というならば贈与は成立せず、その株式は名義株であるといえる。

よって、贈与があった場合には、双方の意思を表示するため贈与契約書を作成しておくべきである。また、非課税枠を超える贈与があった場合には贈与税の申告及び納税をしなければならない。それらが贈与の証拠ともなる。

また、譲渡制限が付されている同族株式の贈与があった場合には、次の手順を踏んで贈与が行われ、必要な書類を作成しなければならない。

【譲渡制限付株式の贈与・譲渡の手順】

手続	手続者	必要書類	説明
譲渡承認申請	株主	譲渡承認申請書	譲渡制限が付されている同族株式は、無断で贈与や譲渡することができず、会社に対して、他の者がその同族株式を取得することについて承認するか否かの決定を請求する。

| 株主総会又は取締役会開催 | 会社 | 株主総会議事録又は取締役会議事録 | 会社は、譲渡承認申請書の提出があった場合には、株主総会又は取締役会を開催し、その承認又は否認を決定する。また、議事録を作成し、保管する。 |

| 贈与又は譲渡 | 株主 | 贈与契約書又は譲渡契約書 | 譲渡承認がされたら、双方の意思を表示するため、贈与契約書や譲渡契約書を作成する。譲渡の場合は対価の支払いをする。 |

| 株主名簿及び別表2の変更 | 会社 | 株主名簿及び別表2 | 贈与や譲渡があった場合には、株主名簿や別表2の記載の変更をする。 |

| 贈与税申告又は譲渡所得税申告 | 株主 | 贈与税申告書又は確定申告書 | 贈与を受けた者や譲渡した者は、贈与又は譲渡があった年の翌年の3月15日までに贈与税の申告又は譲渡所得税の申告をしなければならない。 |

(2) 譲渡

　譲渡は、当事者の一方がある財産権を相手方に移転することを約し、相手方がこれに対してその代金を支払うことを約することによって、その効力を生ずる（民法555）。

　譲渡があった場合には、譲渡契約書の作成と譲渡所得税の申告及び納税をしなければならず、それらが譲渡の証拠ともなる。また、贈与と違い、対価の支払いが行われるため、通帳のコピーなどで支払いの確認を求められる。

　また、譲渡制限付株式を譲渡する場合には、贈与同様、上記❷の手順を踏んで行う。

2　"鉄則"に従わない場合の留意点

❶　実質的な株の所有者を特定する

　上記のような状況にあって名義株が疑われる場合には、実質所有者を特定するプロセスは、どうすればよいだろうか。

　設立時の状況を知り得るのは創業者のみということが多々あるので、可能であれば創業者の生存中に解決すべき事柄である。生前のヒアリングが可能な場合は、次の ステップ1 により、名義を実質的な所有者名に戻す作業を行うことがその後の相続税対策にもつながる。

　だが、相続開始後に関与する場合は、生前のヒアリングができないため、 ステップ2 の「名義株判定チェック一覧」を用いて実質的な株の所有者を特定することになる。

Ⅱ　相続税の課税価格の計算上の対応

ステップ1　創業者にヒアリングし、実質所有者を推測

　株主名簿等に少数株主がいる場合には、まず創業者に設立時の状況をヒアリングする。例えば、株主名簿等に記載されている株主は本当に株主自身が出資金を拠出したのか、拠出したとしたら一部か又は全部か、名義を借りている場合は「名義貸与承諾書」など証明できるものはあるか、少数株主各人の地位（役員、従業員、取引先、友人など）や会話のやりとり（名義を借りる代わり創業者も他社に名義を貸した、など発覚する可能性もある）など、創業者しか知りえない情報を入手しておく。

　なお、創業者が亡くなっている場合には、後継者が生前に創業者から聞いた話や出資時の払込状況が分かる資料などを参考に、実質所有者が誰であるか推測する。

　タイミングとしては、決算で別表2を作成する際に確認してみるとよい。創業者が「名義株だ（もしくは「名義株ではない」)」と主張しても、それだけでは証拠能力は低いため、　ステップ2　で掲げるような方法で所有状況を調査し、具体的な証拠を集めて実質所有者を特定しなくてはならない。

ステップ2　所有状況を調査し、実質所有者を特定

　所有状況の調査は次のような方法があるが、どれか一つが確認できればよいということではなく、総合的に勘案して実質所有者が誰であるか判断すべきである。

【名義株判定チェック一覧】

調査項目	具体例な証拠書類	確認すべきところ
①　出資金払込み時の資料を確認する	株主が会社に出資金を払い込んだことが分かる通帳のコピー	通帳に記載されている氏名を確認する。なお、出資者が複数人いる場合は、1名から払い込まれていることもある。
	払込証明書	会社の設立登記の際に法務局へ提出したものの控えがあれば確認する。
	定款、議事録等	各書類の署名や印影は各人ごとに一致しているか確認する。

② 少数株主に配当が支払われているか	配当の支払や支払額を決議した株主総会、取締役会等の議事録	少数株主に配当する（もしくはしない）旨の決議があるかを確認する。
	配当の支払先が分かる通帳のコピー	少数株主に配当を支払ったことがあるか確認する。一度でも支払ったことがある場合は、その少数株主が実質的所有者であるとされる可能性が高い。配当を支払っていなかった場合でも、実質所有者とされたケースもある。
	配当の支払調書・支払調書合計表の作成	少数株主に配当の支払いがあったことが書面となっているものとなり、これらが作成されている場合は少数株主が実質的所有者であるとされる可能性が高い。
	配当支払に係る源泉所得税の納付書の控え	少数株主への配当に係る源泉所得税を納付している場合も、実質的所有者であるとされる可能性が高い。
③ 議決権は行使されているか	株主総会議事録	少数株主の出席状況を確認する。また、議事録の印影は本人のものか（出席したことにして認印を勝手に押していないか）確認する。
	株主総会の招集通知の発送先住所録	株主に対し株主総会の招集通知を発送した時の発送先の住所録に少数株主は含まれているか確認する。
	書面投票用紙や委任状	実際に出席していなくても、書面投票や代理人による議決権行使がある場合がある。投票用紙や返信されてきた委任状などを確認する。
	お車代の支払先のメモや領収書	株主総会に出席した株主に対して、お車代を支払っている場合は、支払先のメモや領収書を確認し、少数株主が出席しているか確認する。

④　株券が発行されている場合は、誰が持っているか	株券台帳	株券台帳に少数株主の記載はあるか確認する。
	不発行会社に変更している場合には、株主への通知	株券不発行会社へ変更している場合には、株主に通知した通知書や通知先のメモなどを確認する。
	創業者の自宅金庫や銀行の貸金庫の中	創業者の自宅金庫や銀行の貸金庫の中に、株券がないか確認する。相続税の調査では必ず確認されると思ってよい。
⑤　本人の自覚はあるか	株主の権利を主張したことがあるか	株主総会における議案提出権（発行済株式の１％以上保有）、株主総会の招集や帳簿の閲覧権（発行済株式の３％以上保有）など、少数株主が株主の権利を主張したことがあれば、実質所有者は少数株主とされる可能性が高い。
	少数株主の遺産に含めているか	少数株主がすでに亡くなっている場合、遺産として相続税の申告をしているか確認する。 遺産に含めている場合は、株評価に必要な申告書や配当額など、資料の請求があった可能性がある。

❷　相続税の申告と株主対策

　前記❶で株主名簿等に記載されている株主が形式的な名義人であり、実質的な所有者が被相続人であることが特定できたならば、それに従って遺産に含めて続税の申告をしなければならない。

　また、その際には、❶で得た証拠資料を基に形式的な所有者である名義人と交渉し、相続人に事情を説明した上で名義を実質的な所有者に改めなくてはならない。その際には、名義株であることの確認書を書いてもらうとよい。申告にあたっては、名義株となった経緯を書いた書面（経緯書）と確認書を相続税の申告書に添付することが求められる。

　当然ながら、株主名簿や別表２の変更も必要となるが、別表２を書き換えた場合には前期とのつながりがなくなるため、税務署から問い

合わせがある可能性がある。法人税の申告のためにも経緯書と確認書の準備が求められる。

名義株に関する確認書

株式会社　ABC　御中

　私、○○○名義の貴社株式5株につきましては、創業者×××氏の依頼により名義を貸したもので、会社設立に当たり、私は出資金の拠出は一切しておりません。また、×××氏から貴社株式の贈与を受けたことや譲り受けたこともございません。
　よって、私、○○○名義の貴社株式5株の実質的所有者は×××氏であり、株主名簿の変更に応じることを確認いたします。

令和X年9月30日
（住所）東京都千代田区外神田△−△−△
（氏名）○○○

　前記❶の「名義株判定チェック一覧」で実質所有者が被相続人以外であると特定できたならば、遺産に含めずに相続税の申告をするため、相続税は少なくなる。
　また、前記❶で株主名簿に記載されている者がすべて実質的な所有者である場合は、"鉄則"どおりに申告を行えばよいわけであるが、いずれの場合も、少数株主リスクがあり対策が必要となる（後掲する参考「少数株主の権利とリスク」を参照）。

Ⅱ　相続税の課税価格の計算上の対応

【実質所有者を特定するプロセス】

```
┌─────────────────────────────────────────────┐
│ ①　旧商法（平成2年改正前）時代に設立された株式会社である │
│ 　　又は                                      │
│ ②　創業者（経営者）の支配力が強い会社である          │
└─────────────────────────────────────────────┘
```

```
┌─────────────────────────────────────────────┐
│ ①　少数株主がいる                              │
│ 　　又は                                      │
│ ②　創業者（経営者）の親族が株主である              │
└─────────────────────────────────────────────┘
```

```
┌─────────────────────────────────────────────┐
│ 　　　　　　　実質所有者を特定する                  │
│ ┌──────┐                                     │
│ │ステップ1│　創業者にヒアリングし、実質所有者を推測する │
│ └──────┘                                     │
│ ┌──────┐                                     │
│ │ステップ2│　所有状況を調査し、実質所有者を特定する    │
│ └──────┘                                     │
└─────────────────────────────────────────────┘
```

実質所有者＝被相続人	実質所有者＝少数株主
遺産に含める	遺産に含めない
名義を被相続人 （又は相続人）に戻す ・名義人との交渉 ・別表2の修正	少数株主の権利とリスク対策 （後掲「参考」参照）

60

3 他にも名義資産がないかを確認

株式だけでなく、前項で解説した預貯金のみならず、被相続人が購入（新築）した不動産で未登記のもの、公社債、貸付信託や証券投資信託の受益証券等で家族名義や無記名のものなども真の所有者を判定して相続税の申告に含める必要があるため、注意を払いたい。

(1) 少数株主の権利とリスク

少数株主の権利には次のようなものがある。少数株主に対する対策を怠ると、現在の少数株主のみならず、相続により株式が分散し、少数株主の相続人等がこれらの権利を主張するリスクがある。

なお、自益権とは会社のお金を受け取るなどその株主の個人的利益に関する権利をいい、共益権は会社の経営に参加する権利である。

区分			株主の権利	権利の内容
自益権			剰余金配当請求権	配当を受ける権利
			残余財産分配請求権	会社解散時おいて残余財産を受ける権利
共益権	単独株主権		株主総会参加権	株主総会に参加する権利
			株主総会議事録閲覧請求権	株主総会議事録を閲覧する権利
			株主総会決議取消請求権	株主総会の決議事項の取消しの訴えを提起する権利
			新株発行差止請求権	新株を発行するのを差止め請求する権利
			取締役違法行為差止請求権	取締役の違法行為を差止めする権利
			代表訴訟提起権	株主代表訴訟を提起する権利
	少数株主権	1％以上	議題提案権（1％又は300株以上）	議題を提案する権利 ※1人の株主につき10個まで
			議案通知請求書（1％又は300株以上）	株主総会で提出する予定の議案を、別の株主に通知するよう要求する権利
			株主総会招集手続検査役選任請求権	株主総会の招集手続について検査役を選任するよう求める権利

		業務執行に関する検査役選任請求権	会社の業務執行に関して検査役の選任を要求する権利
	3％以上	会計帳簿閲覧請求権	会社の会計帳簿を閲覧を要求する権利
		株主総会招集請求権	株主総会を招集するよう要求する権利
		役員解任提起権	会社の役員を解任する訴えを提起する権利
		解散の訴え提起権	会社の解散の訴えを提起する権利

　名義を借りただけなどと思って放っておくと、不意にこれらの権利を主張され、対応に悩まされる可能性がある。(2) に掲げる対策によって、少数株主の整理を検討すべきである。

(2) 少数株主対策

　少数株主対策には次のようなものがある。正統的のものから強引に感じられるものもあるが、実行する際には、相手方の性格も踏まえつつ、充分検討しなければならない。

行為	留意点
買取交渉	少数株主一人ひとりに買取交渉を行う。もっとも正統派で穏便な方法であるが、買取価格で折り合いが付かず、交渉が長引く可能性もある。友好的な関係の株主には有効である。
種類株式の発行	種類株式を発行することにより、少数株主の権利を制限したり、少数株主を排除したりする方法である。例えば次のものがある。 ①議決権制限株式 　全部又は一部事項の議決権をなくした種類株式を発行する。 ②全部取得条項付株式 　株主総会の特別決議により会社が全部を取得することができる株式を発行する。既存株式を全部取得条項付株式に転換し、強制的に取得する際に交付する新株の交付比率を調整して、少数株主が受け取る新株を1株未満とし、1株未満の株式は金銭を対価として精算する方法。 　　※特別決議…議決権の過半数を有する株主が出席し、出席した株主の議決権数の2/3以上をもって可決となる決議。
特別支配株主の株式等売渡請求	特別支配株主（議決権の90％を所有）がその同族会社の株主総会決議を経ることなく、少数株主の有する株式等の全部を、少数株主の個別の承諾なく、直接金銭を対価として取得する方法。

株式併合	株主総会の特別決議に基づき、数個の株式を併合し、少数株主の所有株式を1株未満の端数とした上で、その端数を金銭を対価として精算する方法。
現金株式交換	その同族会社を完全子会社とする株式交換を行う。少数株主に対しては、その親会社となる会社の株式ではなく金銭を交付する。
現金合併	その同族会社を合併消滅会社とする合併を行う。少数株主に対しては、その合併存続会社の株式ではなく、金銭を交付する。

(3) 贈与税申告の時効

相続税の調査で、過去に株主名簿等の記載が被相続人から子に変わっている場合に、贈与税等の申告もなく、贈与契約書などの疎明資料もないと、名義株ではないかと指摘を受ける可能性がある。

当事者間で贈与の認識があるなどで贈与である（名義株でない）ことが証明された場合に贈与税が課税されるのかであるが、贈与税の申告の時効期間は6年（偽りその他不正の行為による場合は7年）と定められており、この期間を経過した場合には、贈与税は課税されないこととなっている（相法37）。

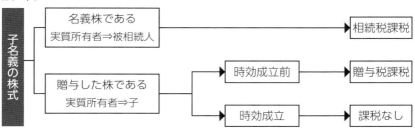

Ⅱ 相続税の課税価格の計算上の対応

配偶者の税額軽減は限度額まで適用する

 相続税の負担を大幅に減額するため

　配偶者が取得した遺産額のうち、法定相続分相当額又は１億6,000万円のいずれか多い金額までは相続税が非課税となるため、配偶者の税額軽減を最大限に活用し、相続税負担を軽減すべきである。

1　配偶者の税額軽減による相続税負担の軽減

　配偶者の税額軽減とは、被相続人の配偶者が遺産分割や遺贈により実際に取得した正味の遺産額が、法定相続分相当額又は１億6,000万円のいずれか多い金額までは配偶者に相続税が課税されないという制度であるため、設例のように遺産の総額が１億6,000万円以内である場合には、相続税負担を０円とすることも可能である。

設例 1

＜前提条件＞
　・遺産の総額…………１億6,000万円
　・相続人………………配偶者、子Ａ、子Ｂ
　・基礎控除額…………3,000万円＋600万円×３人＝4,800万円
上記の条件で、配偶者が遺産の全てを相続する場合と、相続人の全員が遺産を法定相続分で相続した場合の相続税負担を比較する。

(1)　配偶者が遺産の全てを相続する場合
　　配偶者が遺産の全てを相続した場合、配偶者の税額軽減を適用することで１億6,000万円の遺産に対する相続税を０円とすることができ

る。

(2)　相続人全員が遺産を法定相続分で相続した場合

	合計	配偶者 (1/2)	子A(1/4)	子B(1/4)
課税価格	1億6,000万円	8,000万円	4,000万円	4,000万円
基礎控除額	△4,800万円	－	－	－
課税遺産総額	1億1,200万円	5,600万円	2,800万円	2,800万円
相続税の総額	1,720万円	980万円	370万円	370万円
あん分割合	－	0.5	0.25	0.25
算出税額	1,720万円	860万円	430万円	430万円
配偶者の税額軽減額	－	△860万円	－	－
納付相続税額	**860万円**	0万円	430万円	430万円

2　制度の留意点

(1)　被相続人の法律上の配偶者であること

　配偶者は被相続人と婚姻届を出している妻（又は夫）であることが要件であり、事実婚や内縁関係の場合は適用されない（相法19の2、相基通19の2-2）。

(2)　相続税の申告書を提出すること

　遺産額が基礎控除額の範囲内で相続税が発生しなければ相続税の申告は不要だが、配偶者の税額軽減の適用を受ける場合には、相続税が発生しない場合であっても相続税の申告書を提出することが適用の要件である（相法19の2③）。

(3)　遺産分割が確定していること

　配偶者の税額軽減の適用には遺産分割の確定が必要であり、税額軽減額は、配偶者が遺産分割等で実際に取得した財産を基に計算される（相法19の2②）。

$$相続税の総額　\times　\frac{①又は②のいずれか少ない金額}{課税価格の合計額}$$

① 課税価格の合計額のうち配偶者の法定相続分相当額と1億6,000万円のいずれか多い金額

② 配偶者の課税価格

相続税の申告期限までに遺産分割が完了しない場合は、相続税の申告書等に「申告期限後3年以内の分割見込書」を添付した上で、3年以内に分割したときは、税額軽減の対象とすることができる（相法19の2②）。

また、3年以内に分割できないやむを得ない事情があり、税務署長の承認を受けた場合には、その事情がなくなった日の翌日から4か月以内に分割されたときも、税額軽減の対象となる（相法19の2②、相令4の2）。

3 生前贈与の検討

一次相続において配偶者の税額軽減を最大限に活用した場合、二次相続の相続税対策が必要となる場合もある。そのため、配偶者が一次相続で相続した財産、あるいは配偶者固有の財産を子や孫へ生前贈与することで二次相続の負担を軽減することを検討する。

(1) 子に対する相続時精算課税制度を利用した贈与

相続人又は受遺者に対して被相続人から相続開始前7年（※）以内に贈与された財産は相続税の課税価格に加算されるが、令和5年度税制改正により、令和6年1月1日以後の相続時精算課税による贈与については、暦年課税の基礎控除とは別に、贈与税の課税価格から基礎控除額110万円が控除されることとなった（措法70の3の2）。

この年間110万円の基礎控除は、累計2,500万円の相続時精算課税の特別控除額には含まれず、また相続開始の際の生前贈与加算の対象にもならない（相法21の12）。

(2) 孫に対する110万円の基礎控除を活用した暦年贈与

相続人又は受遺者に対して被相続人から相続開始前7年（※）以内に贈与された財産は相続税の課税価格に加算されるが、孫は一般的には相続人あるいは受遺者には該当しないため、相続が発生した際に生前贈与加算の対象とならない（相法19）。

したがって、相続時精算課税を選択しなくとも、暦年課税の基礎控除110万円以内の贈与を行うことで、贈与税及び相続税の負担をせず

に、孫世代へ財産を移すことができる。

（※）令和6年1月1日前の暦年課税に係る贈与により取得した財産については相続開始前3年以内

設例 1-2

＜前提条件＞

・配偶者が一次相続で相続した遺産の総額… 1億6,000万円
・相続人、孫等の数……………………………子2名、孫5名の計7人
・二次相続の遺産の総額は、一次相続と変更なく、かつ、孫は二次相続で遺産を取得しないものと仮定する。

(1) 生前贈与等の対策を実行しない場合の二次相続

	合計	子A（1/2）	子B（1/2）
課税価格	1億6,000万円	8,000万円	8,000万円
基礎控除額	△4,200万円	－	－
課税遺産総額	1億1,800万円	5,900万円	5,900万円
納付相続税額	**2,140万円**	1,070万円	1,070万円

	一次相続	二次相続	合計
設例 1 配偶者が全遺産を相続する場合	0円	2,140円	2,140円

1億6,000万円－4,200万円（基礎控除）＝1億1,800万円
1億1,800万円×1/2（法定相続人、子2名）＝5,900万円
∴ 適用される相続税の限界税率は30%となる。
5,900万円×30%－700万円＝1,070万円　1,070万円×2人＝2,140万円

(2) 子・孫とも基礎控除110万円/人の範囲内で贈与できる額

	年間贈与額	贈与税額
子2名　相続時精算課税制度	220万円	0万円
孫5名　暦年課税制度	550万円	0万円
計	770万円	0万円

　二次相続の開始まで、年間770万円ずつ贈与税の負担なく、また生前贈与加算の可能性もなく贈与することが可能である。

(3) 相続税より低率の贈与税率を活用する場合

上記 設例1-2 (1)より、生前贈与等の対策を実行しない場合の二次相続で適用される相続税の限界税率が30％と見積られたことから、暦年贈与を行う孫に対し、その相続税率に比して低率な範囲の贈与税率で生前贈与を実行することも検討すべきである。

一般贈与（18歳未満の孫へ）			特例贈与（18歳以上の孫へ）		
課税価額	税率	控除額	課税価額	税率	控除額
200万円以下	10％	—	200万円以下	10％	—
300万円以下	15％	10万円	400万円以下	15％	10万円
400万円以下	20％	25万円	600万円以下	20％	30万円
600万円以下	30％	65万円	1,000万円以下	30％	90万円

"鉄則"に従ってはいけないケース

次に該当する場合には、あえて配偶者の税額軽減を限度額まで適用しないことも一考である。

相続税の負担を一次・二次相続の総額で低く抑えたい場合

1 "鉄則"に従ってはいけない理由と効果

前述の 設例1 、設例1-2 のとおり、一次相続では配偶者の税額軽減を限度額まで適用することで、相続税額を0円とすることもできたが、二次相続において2,140万円の相続税額が発生する結果となった。

上記 設例1 を前提として、二次相続を踏まえた総額での税負担を軽減することを比較検討する。

1　一次相続で配偶者が遺産を法定相続分まで相続する場合

設例 2

＜前提条件＞
・配偶者が一次相続で相続した遺産の総額……8,000万円
・相続人……子 2 名
・二次相続の遺産の総額は、一次相続と変更ないものと仮定する。

(1)　一次相続…… **設例 1** (2) で試算のとおり、一次相続の相続税は
860万円である。

(2)　二次相続……一次相続で配偶者が相続した8,000万円

	合計	子A（1 / 2）	子B（1 / 2）
課税価格	8,000万円	4,000万円	4,000万円
基礎控除額	△4,200万円	－	－
課税遺産総額	3,800万円	1,900万円	1,900万円
納付相続税額	**470万円**	235万円	235万円

	一次相続	二次相続	合計
設例 2　配偶者が全遺産の 1 / 2 相続した場合	860万円	470万円	1,330万円

2　一次相続で配偶者が遺産を全く相続しない場合

設例 3

＜前提条件＞
・配偶者が一次相続で遺産を全く相続しなかったものとする。
・相続人…………子 2 名
・二次相続の遺産は 0 円となる (配偶者固有の財産はないものと仮定)。

(1)　一次相続

	合計	配偶者	子A(1 / 2)	子B(1 / 2)
課税価格	1 億6,000万円	0 万円	8,000万円	8,000万円
基礎控除額	△4,800万円	－	－	－
課税遺産総額	1 億1,200万円	5,600万円	2,800万円	2,800万円
相続税の総額	1,720万円	980万円	370万円	370万円

II　相続税の課税価格の計算上の対応

あん分割合	－	0	0.5	0.5
算出税額	1,720万円	0万円	860万円	860万円
配偶者の税額軽減額	－	0万円	－	－
納付相続税額	**1,720万円**	0万円	860万円	860万円

(2)　二次相続……一次相続で配偶者が相続した財産はないため、相続税額は発生しない。

	一次相続	二次相続	合計
設例 3　配偶者が相続しなかった場合	1,720万円	0万円	1,720万円

3　一次相続で配偶者が遺産の4割相当を相続した場合

設例 4

＜前提条件＞
・配偶者が一次相続で遺産の4割相当を相続するものとする
・相続人…………子2名

(1)　一次相続

	合計	配偶者 (0.4)	子A (0.3)	子B (0.3)
課税価格	1億6,000万円	6,400万円	4,800万円	4,800万円
基礎控除額	△4,800万円	－	－	－
課税遺産総額	1億1,200万円	5,600万円	2,800万円	2,800万円
相続税の総額	1,720万円	980万円	370万円	370万円
あん分割合	－	0.4	0.3	0.3
算出税額	1,720万円	688万円	516万円	516万円
配偶者の税額軽減額	－	△688万円	－	－
納付相続税額	**1,032万円**	0万円	516万円	516万円

(2)　二次相続……一次相続で配偶者が相続した6,400万円

	合計	子A (1/2)	子B (1/2)
課税価格	6,400万円	3,200万円	3,200万円
基礎控除額	△4,200万円	－	－
課税遺産総額	2,200万円	1,100万円	1,100万円
納付相続税額	**230万円**	115万円	115万円

	一次相続	二次相続	合計
設例 4 配偶者が遺産の4割を相続した場合	1,032万円	230万円	1,262万円

4 結論

設例 1 から 設例 4 の税負担額を比較すると下表のとおりである。

	一次相続	二次相続	合計
設例 1 配偶者が全遺産を相続	0万円	2,140万円	2,140万円
設例 2 配偶者が遺産の1/2を相続	860万円	470万円	1,330万円
設例 3 配偶者は遺産を相続しない	1,720万円	0万円	1,720万円
設例 4 配偶者が遺産の4割を相続	1,032万円	230万円	1,262万円 (最も少ない)

この結果から、一次相続だけでなく二次相続を踏まえた相続税の負担を考えた場合には、安易に配偶者の税額軽減を限度額まで適用すべきではないことが理解できる。

一次相続の税負担だけではなく、二次相続における税負担を考慮した上で、一次相続の遺産分割を検討することが、相続税の負担を軽減するポイントになる。

2 "鉄則" に従わない場合の留意点

1 配偶者固有の財産の確認

上記の設例のように、一次相続で配偶者の税額軽減を限度額まで適用を受けることにより、二次相続を考慮した場合の相続税の合計額で比較すると不利になってしまう場合があることが理解できる。ここで注意しなければならないのは、配偶者固有の財産を把握した上で二次相続までのシミュレーションをすることである。

上記の設例では配偶者固有の財産がない場合を前提としたが、配偶

Ⅱ　相続税の課税価格の計算上の対応

者固有の財産が5,000万円あるものとした場合の相続税額の計算をすると次のようになる。

	一次相続	二次相続	合計
設例 **1** 配偶者が全遺産を相続	0円	3,640万円	3,640万円
設例 **2** 配偶者が遺産の1／2を相続	860万円	1,360万円	2,220万円
設例 **3** 配偶者は遺産を相続しない	1,720万円	80万円	1,800万円 (最も少ない)
設例 **4** 配偶者が遺産の4割を相続	1,032万円	1,040万円	2,072万円

　配偶者固有の財産がない場合では、4割を相続した 設例 **4** の税負担が最も低かったが、配偶者固有の財産が5,000万円あるものとした場合では、一次相続において全く相続しない 設例 **3** の税負担が最も低い結果になった。

　このように、配偶者固有の財産の有無やその金額の多寡によってトータルの税負担が異なることとなるため、二次相続まで考慮して相続税の負担を抑えるためには、最適解を求めるシミュレーションを重ねる必要がある。

❷　収益物件は次世代である子が相続する

　相続の事案は様々なケースがあるが、一般的に夫婦は同一世代である。配偶者の税額軽減は、残された配偶者の生活保障のための制度であるため、一次相続では一定額まで相続税が課税されないようになっているが、二次相続までの期間が比較的短かく、その間に遺産が費消されずにそのまま二次相続に持ち越されれば、相続税の負担は大きくなる。

　また、短期間で価値の上昇が見込まれる財産や収益物件は、一次相続で配偶者ではなく子に相続させるなど、二次相続における配偶者の遺産の増加を抑える工夫も必要である。

　二次相続まで考慮したシミュレーション次第では、一次相続で配偶

者の相続する遺産を少なく抑え、税額軽減を限度額まで適用しない遺産分割も検討すべきである。

Ⅱ　相続税の課税価格の計算上の対応

配偶者居住権は設定する

配偶者居住権は配偶者の死亡により消滅し、二次相続では相続財産とならないことから節税効果が得られるため

　配偶者居住権は、例えば共同相続人が「後妻」と「先妻の子」のような場合を想定し、残された配偶者が自宅に住む権利を保護する目的で創設された制度である。

　配偶者を保護する制度として創設された配偶者居住権であるが、配偶者の死亡により消滅する権利（一身専属権）であることから、二次相続の際に相続財産を構成せず、結果的に相続税節税効果を生むこととなるため、配偶者居住権は積極的に活用すべきことといわれている。

(1) 配偶者居住権は、配偶者の死亡により消滅する（民法1035①）ため、二次相続では遺産を構成せず、相続税の課税対象にならない。
(2) 残された配偶者が配偶者居住権を取得しても、配偶者の税額軽減を適用することにより相続税の負担を抑えることができる。
(3) 小規模宅地等の減額特例は、配偶者居住権にも適用することができるが、他の相続人を優先して適用すべきである。

１　配偶者居住権とは

　配偶者居住権は、残された配偶者の生活に配慮する等の観点から、令和２年４月の民法改正により創設された。

　被相続人の配偶者が相続開始のときに居住していた建物（居住建物）について、終身又は一定期間、無償で使用・収益する権利をいい、次

のいずれかの方法により取得する（民法1028、1029）。

① 遺産分割によって配偶者居住権を取得するとき

② 被相続人の遺言又は生前の死因贈与契約により贈与されたとき

③ 家庭裁判所の審判により取得するとき

2 配偶者居住権の設定登記

(1) 登記件数の推移

配偶者居住権の設定登記は配偶者居住権の成立要件ではないが、第三者対抗要件は「登記」である。

登記件数は、令和2年4月の制度導入当初は毎月1桁という状況が続いていたが、令和3年の年間登記件数は880件、令和4年は892件、令和5年は911件と毎年少しずつ増加している。制度の認知度が進み、緩やかではあるが利用が進んでいるようである。

【配偶者居住権の登記件数の推移】　　　　　　　（単位：件）

	令和2年	令和3年	令和4年	令和5年	令和6年
1月		51	67	89	92
2月		49	72	60	69
3月		72	90	80	74
4月	0	50	62	68	53
5月	1	55	64	64	66
6月	5	76	77	73	56
7月	7	77	70	72	69
8月	8	84	88	78	
9月	14	87	71	72	
10月	14	98	68	84	
11月	29	91	76	84	
12月	51	90	87	87	
年間計	129	880	892	911	

（出典）総務省登記統計

https://www.e-stat.go.jp/dbview?sid=0003268964

(2) 登録免許税の税率

配偶者居住権の設定登記にあたっては、不動産取得税は課税されな

Ⅱ　相続税の課税価格の計算上の対応

いが、登録免許税の負担が必要になる。下表のとおり建物の相続登記の半分となっている。

項　目	課税標準	税　率
相続による所有権移転登記	建物の固定資産税評価額	1,000分の 4
配偶者居住権の設定登記	建物の固定資産税評価額	1,000分の 2

3　配偶者居住権の評価

配偶者居住権、居住建物（配偶者居住権の目的となっている建物をいう）、敷地利用権及びその敷地の相続税評価額は以下の算式により計算する（相法23の2）。

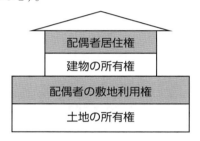

(1) 建物

① 配偶者居住権の価額

居住建物の相続税評価額 − 居住建物の相続税評価額 × $\dfrac{耐用年数 − 経過年数 − 存続年数}{耐用年数 − 経過年数}$ × 存続年数に応じた法定利率による複利現価率

・耐用年数……耐用年数省令に定める住宅用の耐用年数×1.5
・経過年数……新築時から配偶者居住権設定までの年数
・存続年数……「配偶者居住権が存続する年数として政令で定める年数」をいう（相法23の2①二イ）。具体的には、次のイ又はロに定める年数となる。
　イ　存続期間が終身とされている場合
　　配偶者居住権設定時における配偶者の平均余命*
　　＊　配偶者の平均余命は、配偶者居住権が設定された時の属する年の1月1日現在において公表されている最新の完全生命表(5年ごとに改訂)による（相基通23の2-5）。
　ロ　上記イ以外の場合
　　配偶者居住権が設定された時から配偶者居住権の存続期間満了の日までの年数（配偶者居住権が設定された時における配偶者の平均余命を上限とする）
・複利現価率……$1/(1+法定利率(現在3\%))^{n}$※
　　　　　　　※n＝配偶者居住権の存続期間

5　配偶者居住権は設定する

② 　所有権部分の価額

居住建物の相続税評価額　－　　①

(2) 土地

① 　敷地利用権の価額

土地の相続税評価額　－　土地の相続税評価額　×　存続年数に応じた法定利率(3%)による複利現価率

② 　所有権部分の価額

土地の相続税評価額　－　　①

4　配偶者居住権を設定すべき理由

　配偶者が死亡した場合、配偶者居住権は消滅する。

　この場合、居住建物の所有者はその居住建物について使用収益ができるようになるが、配偶者から居住建物の所有者に相続を原因として移転する財産はないため、相続税の課税関係は生じない。

　したがって、二次相続まで考えた場合には、配偶者が自宅所有権を取得するよりも配偶者居住権を取得する方が、一次相続と二次相続を合わせた相続税額の負担の軽減が図られることになる。

　以下の 設例 1 では、配偶者居住権を設定する、設定しないにかかわらず、配偶者の税額軽減の適用により配偶者の相続税額は0円となるため、通常は、配偶者が小規模宅地等の減額特例の適用を受ける必要はない。そのため、子が相続した賃貸不動産の敷地について小規模宅地等の減額特例を優先して適用することができる。

　配偶者居住権は配偶者保護の観点から創設された制度だが、相続税負担の軽減効果を考えると、積極的に活用を検討すべきである。

5　配偶者居住権設定の有無による相続税負担額の比較

設例 1

　＜前提条件＞

　・被相続人の遺産総額… 1億6,000万円

Ⅱ　相続税の課税価格の計算上の対応

内訳
　　・自宅不動産………5,000万円
　　　　　　　　　　（うち配偶者居住権の評価額2,000万円）
　　・賃貸不動産………5,000万円
　　　　　　　　　　（建物1,000万円、敷地4,000万円（200㎡））
　　・預金……………6,000万円
・相続人…………………配偶者と子の2人
・遺産分割………………①配偶者が配偶者所有権のみ取得するか、②
　　　　　　　　　　　　配偶者所有権を設定せず、自宅不動産を所有
　　　　　　　　　　　　権として取得するかケースに分け、相続税の
　　　　　　　　　　　　負担を比較する。
　　　　　　　　　　　　分割の割合は法定相続分を前提とし、1／2
　　　　　　　　　　　　ずつとなるよう預金の取得額により調整する。

配偶者居住権	①設定有り		②設定無し	
	配偶者	子	配偶者	子
配偶者居住権	2,000万円	－	－	－
自宅所有権	－	3,000万円	5,000万円	－
賃貸不動産※	－	5,000万円	－	5,000万円
預金	6,000万円	－	3,000万円	3,000万円
財産合計	8,000万円	8,000万円	8,000万円	8,000万円
小規模宅地等の減額特例※	－	△2,000万円	－	△2,000万円
課税価格	8,000万円	6,000万円	8,000万円	6,000万円
各人の相続税額	891万円	669万円	891万円	669万円
配偶者の税額軽減	△891万円	－	△891万円	－
納付税額	0円	669万円	0円	669万円

（1）一次相続
　　※小規模宅地等の減額特例
　　　……賃貸不動産の敷地　4,000万円×50％＝2,000万円
　配偶者居住権を設定することで、法定相続分1／2ずつの分割を実
現しつつ、配偶者は自宅での居住を継続しながら6,000万円の預金を取
得することができる。
　①、②において財産構成は異なるものの、課税価格は同額であり、

78

5 配偶者居住権は設定する

一次相続では相続税の負担額に差異は発生していない。

一次相続において 配偶者居住権の設定	①設定有り	②設定無し
配偶者居住権	－	－
自宅所有権	－	5,000万円
賃貸不動産※	－	－
預金	6,000万円	3,000万円
財産合計	6,000万円	8,000万円
納付税額	310万円	680万円

(2) 二次相続

　配偶者が一次相続で取得した財産を、そのまま相続人である子が取得し、かつ配偶者固有の財産がないものと仮定して、二次相続の相続税を比較する。

　配偶者居住権2,000万円は、配偶者の死亡により消滅するため、二次相続では遺産を構成しない。

　この設例のケースにおいては、一次相続で配偶者居住権を設定した①の方が、二次相続の財産合計額が2,000万円少なく、納付税額は370万円（680万円－310万円）軽減されることとなった。

6　小規模宅地等（特定居住用宅地等）の減額特例の適用

　配偶者が取得した配偶者居住権が設定された敷地利用権については、特定居住用宅地等として小規模宅地等の減額特例の適用を受けることができる。

　また、他の相続人が取得した敷地所有権についても、一定の要件を満たした場合には特例の適用を受けることができる。

　例えば、相続人である配偶者と子が同居しており、配偶者が配偶者居住権を取得して、子が建物所有権と敷地所有権を取得した場合には、その敷地利用権及び敷地所有権は特定居住用宅地等として最大330mまで80％の課税価格の減額が可能になる。

　なお、敷地利用権及び敷地所有権の面積の計算は、以下の算式のとおり、敷地利用権の価額と敷地所有権の価額の比で按分して計算する（措令40の2⑥、措通69の4－1の2）。

79

Ⅱ 相続税の課税価格の計算上の対応

(1) 敷地利用権の面積

$$宅地の面積 \times \frac{敷地利用権の価額}{敷地利用権の価額 + 敷地所有権の価額}$$

(2) 敷地所有権の面積

$$宅地の面積 \times \frac{敷地所有権の価額}{敷地利用権の価額 + 敷地所有権の価額}$$

7 物納における取扱い

配偶者居住権は譲渡が禁止されているため（民法1032）、相続税の物納において管理処分に不適格な財産に該当し、物納に充てることはできない（相法41、相令18）。

また、配偶者居住権が設定された建物及びその敷地の所有権は、「物納劣後財産」とされ、他に物納に充てるべき適当な財産がない場合に限り、物納に充てることができる（相令19五）。

【物納に充てることのできる財産の種類及び順位】

順位	物納に充てることのできる財産の種類
第1順位	① 不動産、船舶、国債、地方債、上場株式等
	② 不動産及び上場株式等のうち物納劣後財産に該当するもの（配偶者居住権の目的となっている建物及びその敷地）
第2順位	③ 非上場株式等
	④ 非上場株式等のうち物納劣後財産に該当するもの
第3順位	⑤ 動産

"鉄則"に従ってはいけないケース

次に該当する場合には、配偶者居住権を設定しないことも一考である。

ケース 自宅に住み続けない可能性がある場合

1 "鉄則"に従ってはいけない理由と効果

1 配偶者居住権は譲渡できない

配偶者居住権は譲渡が禁止されている（民法1032②）。

配偶者居住権はその配偶者に属人的に帰属する権利であるため、第三者への譲渡はできない。したがって、他の住宅へ転居、老人ホームへ入居などの資金とするために換金することが難しいと考えられる。

ただし、配偶者が配偶者居住権を放棄することや、居住建物の所有者との間で合意解除することは可能とされている。また、用法遵守義務違反等による配偶者居住権の消滅請求（民法1032④）によって配偶者居住権が消滅する場合もある。

このような場合には、配偶者居住権の存続期間の満了前に、配偶者居住権が消滅し、所有者に居住建物を使用・収益する権利が移転したことになるため、下記2(2)のとおり贈与税や譲渡所得税の課税関係が生ずることとなる。

2 配偶者居住権が消滅した場合の課税関係

配偶者居住権が消滅した場合の相続税や贈与税の取扱いは、その消滅事由により下記のとおり異なると考えられる。

(1) 存続期間の満了等による消滅

存続期間の満了又は配偶者の死亡により配偶者居住権とその敷地の利用権が消滅した場合、居住建物の所有者はその居住建物について使用・収益ができることになるが、配偶者から居住建物の所有者に相続又は贈与を原因として移転する財産がないので、居住建物の所有者に対し相続税又は贈与税は課税されない（相基通9-13の2（注））。

Ⅱ　相続税の課税価格の計算上の対応

(2) 存続期間満了前の消滅

　配偶者居住権を放棄又は合意解除したことにより配偶者居住権が消滅した場合には、配偶者から居住建物の所有者にその建物を使用・収益する権利が移転して、制限のない完全な所有権が回復することとなり、以下の課税関係が生ずる。

①　贈与税の課税

　配偶者居住権を放棄又は合意解除した場合において、対価を支払わなかったとき又は著しく低い価額の対価を支払ったときは、原則、その建物や土地の所有者が、その消滅直前に、その配偶者が有していた配偶者居住権の価額又はその配偶者居住権に基づき土地を使用する権利の価額に相当する利益の額（対価の支払いがあった場合には、その価額を控除した金額）を、その配偶者から贈与によって取得したものとして取り扱われる（相基通9−13の2）。

②　譲渡所得税の課税

　配偶者居住権は賃借権等に類似する権利と考えられ、その合意解除等による消滅につき対価を収受した場合の譲渡所得は、総合課税の譲渡所得の対象となる（所法33、所令82）。

【配偶者居住権の消滅事由とそれぞれの課税関係】

配偶者居住権の消滅事由		課税関係
存続期間の満了・配偶者の死亡		課税なし
居住建物の全部滅失		課税なし
存続期間の満了前の合意解除		
	対価なし又は低額な対価の支払	所有者に贈与税が課税
	対価の支払あり	配偶者居住権者に譲渡所得税が課税

3　自宅を譲渡する予定がある場合

　配偶者居住権の存続期間中に合意解除等を行うことによって、贈与税や譲渡所得税の課税が生じれば、当初予定していた節税のメリットが失われてしまう。自宅を譲渡する予定があれば、配偶者居住権は設定せず、自宅の所有権を相続することで、居住用財産の譲渡特例等を

5　配偶者居住権は設定する

適用することを検討するべきである。

設例 2

＜前提条件＞

　相続により、自宅を被相続人の配偶者と子が1／2ずつ相続したが、後日その自宅を譲渡することとなった。配偶者と子は当該自宅へ同居しており、居住用財産の譲渡に該当するものとする。
・自宅不動産の譲渡価額……………6,000万円
・取得費・譲渡費用の合計…………1,000万円

　配偶者と子が継続して当該自宅を居住の用に供している場合、「居住用財産を譲渡した場合の3,000万円の特別控除の特例」（措法35①）をそれぞれが適用することができる。

　したがって、この設例のケースでは、譲渡所得税は発生しない。

（譲渡価額）　　　　　　　　（取得費・譲渡費用）　　　　　　　　（譲渡所得）
6,000万円　×　1／2　－　1,000万円　×　1／2　＝　2,500万円

（譲渡所得）　　　（特別控除）
2,500万円　－　2,500万円　＝　0円

相続した自宅の譲渡に関しては、一定の要件を満たした場合には以下のような優遇規定の適用により、譲渡所得税を軽減することが考えられる。

● 居住用財産を譲渡した場合の長期譲渡所得の軽減税率の特例（措法31の3）

● 居住用財産を譲渡した場合の3,000万円の特別控除（措法35①）

● 特定の居住用財産の買換えの特例（措法36の2）

● 相続財産を譲渡した場合の取得費の特例（措法39）

---

2 "鉄則" に従わない場合の留意点

　配偶者居住権を設定するか、設定を見合わせるかの判断においては、配偶者居住権を途中で放棄等した場合の税負担の仕組みとその負担額、及び放棄の時期により負担額が変動する点などについて、相続人

83

の理解を得る必要がある。

1　配偶者居住権を放棄した場合の贈与税の課税対象額

相続により子が建物と土地を相続し、被相続人の配偶者が終身の配偶者居住権を取得した場合において、その後配偶者が老人ホームへ入居等して配偶者居住権を放棄し、対価の支払いなく配偶者居住権が消滅したときは、子が配偶者居住権及び敷地利用権の価額に相当する利益を贈与により取得したものとみなされる。

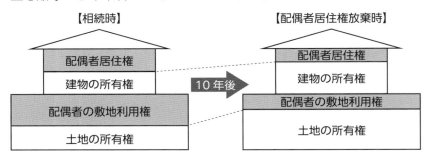

贈与税の課税時期は放棄による配偶者居住権の消滅時であるため、消滅時に配偶者居住権の設定があったものとして課税評価額を計算する。

設例 3

　子が建物と土地を相続し、被相続人の配偶者（女性：配偶者居住権設定時70歳）が配偶者居住権（存続期間：終身（平均余命年数：20年（厚生労働省・完全生命表）））を取得し、その10年後に、対価の支払いなく子と配偶者の合意により配偶者居住権が消滅した場合の、「消滅直前（相続開始から10年後）の各権利の価額」を算定する。
＜前提条件＞
・建物……経過年数：14年、耐用年数：33年
　　　　　相続税評価額：650万円
・土地……相続税評価額：9,000万円
・複利現価率：0.701（法定利率3％、12年間（80歳女性の平均余命年数（厚生労働省・完全生命表）））

（出典）国税庁資産課税課情報第17号（令和元年11月5日）

(1) 建物の配偶者居住権の価額

$$650万円 - 650万円 \times \frac{33年 - 14年 - 12年}{33年 - 14年} \times 0.701$$

(建物の相続税評価額) (耐用年数)(経過年数)(存続年数) (複利現価率)

≒ 482万円

※居住建物の所有権部分の価額 : 650万円 - 482万円 = 168万円

(2) 敷地利用権の価額

(土地の相続税評価額) (複利現価率)
9,000万円 - 9,000万円 × 0.701 = 2,691万円

※土地の所有権部分の価額:9,000万円 - 2,691万円 = 6,309万円

【建物の評価額(イメージ)】

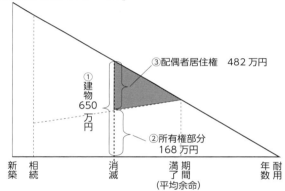

【土地の評価額(イメージ)】

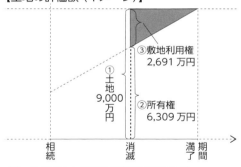

(3) 合意による消滅時の課税関係

　子が、配偶者居住権の価額及び敷地利用権の価額に相当する利益を、被相続人の配偶者から贈与により取得したものとみなされる。

　(1) + (2) = 3,173万円

2 配偶者居住権を合意解除し対価の授受があった場合の譲渡所得税の課税対象額

配偶者居住権を合意解除するにあたり適正な対価の授受があった場合には、子に贈与税の課税はなく、配偶者に譲渡所得税の課税がある。

配偶者居住権の譲渡は禁止されており市場価額は存在しないため、適正な対価の額は法定化された配偶者居住権の評価方法により算出する。

また、配偶者居住権の合意解除等による消滅につき対価を収受した場合の譲渡所得は、総合課税の譲渡所得の対象となるが（所法33、所令82）、長期譲渡か短期譲渡に該当するのかの判断は、配偶者居住権を取得した日ではなく、被相続人が配偶者居住権の目的となっている建物及び敷地を被相続人が取得した日以後5年を経過する日後に消滅したかどうかによる。

設例 4

下記の事実関係に基づき、配偶者居住権及び敷地利用権の消滅（合意解除）につき対価を取得した場合の課税関係

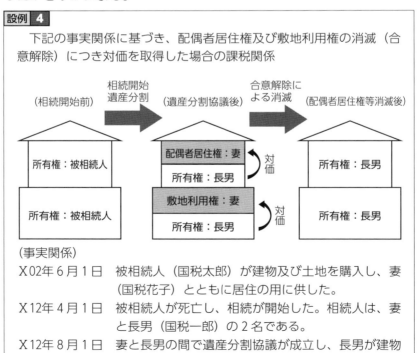

（事実関係）

X02年6月1日　被相続人（国税太郎）が建物及び土地を購入し、妻（国税花子）とともに居住の用に供した。

X12年4月1日　被相続人が死亡し、相続が開始した。相続人は、妻と長男（国税一郎）の2名である。

X12年8月1日　妻と長男の間で遺産分割協議が成立し、長男が建物

5　配偶者居住権は設定する

X15年10月 1 日	及び土地の所有権を取得するとともに妻は配偶者居住権を取得した。 妻と長男の間で配偶者居住権を消滅させる旨の合意が成立し、妻は長男からその消滅の対価を取得した。

	事実関係の詳細
X02年 6 月 1 日 （被相続人が取得）	取得した建物及び土地：木造住宅（新築）とその敷地の 　　　　　　　　　　　　用に供される土地 取得に要した金額：建物…25,000,000円 　　　　　　　　　　土地…45,000,000円 不動産の所在地番：○○市××町 1 丁目234－ 5 不動産の住居表示：○○市××町 1 丁目 2 － 3
X12年 4 月 1 日 （相続開始）	相続税評価額：配偶者居住権…7,976,870円、 　　　　　　　敷地利用権…11,960,000円 　　　　　　：建物…4,023,130円、土地…28,040,000円
X12年 8 月 1 日 （配偶者居住権設定）	妻の満年齢：80歳 配偶者居住権の存続期間：終身
X15年10月 1 日 （配偶者居住権消滅）	消滅の対価の額：配偶者居住権…9,000,000円 　　　　　　　　敷地利用権……12,000,000円

（出典）国税庁資産課税課情報第26号（令和 2 年12月16日）を加工

　配偶者居住権又は敷地利用権が消滅した場合における譲渡所得の金額の計算上控除する「配偶者居住権に係る取得費」は、次葉「配偶者居住権に関する譲渡所得に係る取得費の金額の計算明細書＜確定申告書付表＞」の 1 及び 2 を記載して算出し、確定申告書へ添付する。

Ⅱ　相続税の課税価格の計算上の対応

【設例 4 の配偶者居住権に関する譲渡所得に係る取得費の金額の計算明細書《確定申告書付表》の記載例】

【令和 X15 年分】

		名簿番号	

配偶者居住権に関する譲渡所得に係る取得費の金額の計算明細書《確定申告書付表》

住　所	○○市××町3丁目4-5		関　与
フリ ガナ　氏　名	コクゼイ ハナコ　国税　花子	電話番号　△△△-○○○-××××税理士	（電話　　　　　　　　　）税理士

○ この計算明細書は、申告書と一緒に提出してください。

「1」及び「2」の欄において、配偶者居住権又は敷地利用権が消滅した場合における配偶者居住権又は敷地利用権の取得費を計算します。

1　配偶者居住権又は敷地利用権を取得した時における建物又は土地の取得費の額のうち、配偶者居住権又は敷地利用権の価額に相当する金額に対応する部分の金額

		配偶者居住権	敷地利用権
被相続人の氏名及び相続開始年月日		（被相続人 国税 太郎 ）（ X12 年 4 月 1 日相続開始）	
配偶者居住権又は敷地利用権の取得年月日	①	X12 年 8 月 1 日	
①の時に建物又は土地を譲渡したとしたならば取得費の額として計算される金額	②	(B)－(C)　　　18,025,000 円	(A)　　　45,000,000 円
配偶者居住権又は敷地利用権の相続税評価額	③	7,976,870 円	11,960,000 円
配偶者居住権付建物又はその敷地の相続税評価額	④	4,023,130 円	28,040,000 円
取得の時における価額に相当する金額に対応する部分の金額（②×③／（③＋④））	⑤	（外）11,981,923 円	（外）13,455,000 円

②の金額の計算

購入　価額の内訳建築	購入（建築）先・支払先		購入建築　年月日	購入・建築代金
	住　所（所在地）	氏　名（名　称）		
土　地	○○市□□町2丁目2-3	（株）△△建設	X02・ 6・ 1	45,000,000 円
			・　・	円
			小　計 (A)	45,000,000 円
建　物	同　　　　上		X02・ 6・ 1	25,000,000 円
			・　・	円
建物の構造	☑木造 □木骨モルタル □（鉄骨）鉄筋 □金属造 □その他		小　計 (B)	25,000,000 円

※　土地や建物の取得の際に支払った仲介手数料や非業務用資産に係る登記費用などが含まれます。

《建物の償却費相当額の計算》

(B)の金額		償却率	経過年数	償却費相当額(C)
□ 標　準	25,000,000 円 ×　0.9	×　0.031	×　10	＝　6,975,000 円

※　建物の標準的な建築価額による建物の取得価額の計算をしたものは、「□標準」に☑してください。
※　非業務用建物（居住用）の(C)の額は、(B)の価額の95％を限度とします。

2　配偶者居住権又は敷地利用権が消滅した場合における配偶者居住権又は敷地利用権の取得費

		配偶者居住権	敷地利用権
消　滅　年　月　日	⑥	X15 年 10 月 1 日	
⑤ の 金 額 〔（外）欄の金額があるときは合計して記載します〕	⑦	11,981,923 円	13,455,000 円
①から⑥（取得から消滅）までの期間の年数	⑧	3 年	
配 偶 者 居 住 権 の 存 続 年 数	⑨	12 年 《平均余命・設定期間》	
取得費の計算上控除する金額（⑦×⑧／⑨）〔⑧／⑨の割合が1を超えるときは1として計算します。〕	⑩	2,995,480 円	3,363,750 円
取　得　費　（⑦ － ⑩）	⑪	Ⓐ 8,986,443 円	Ⓑ 10,091,250 円

配偶者居住権又は敷地利用権の消滅による譲渡所得の申告の場合は、⑪欄の金額を
譲渡所得の内訳書【確定申告書付表】【総合譲渡用】の②欄へ合計して転記します。

88

5　配偶者居住権は設定する

＜記載上の留意点＞

①欄 配偶者が配偶者居住権を取得した日を記載します。

遺産分割の場合　　：遺産分割が行われた時

遺贈の場合　　　　：相続開始の時

②欄 「②の金額の計算」欄の（B）−（C）の金額及び（A）の金額を記載します。

②の金額の計算欄 配偶者が配偶者居住権を取得した時に、配偶者居住権の目的となっている建物等を譲渡したと仮定した場合のその建物等の取得費の額として計算される金額を計算します。

相続により取得した建物等を譲渡した場合は、被相続人がその建物等を取得した購入年月日及び購入価額を引き継ぎますので、この事例では、被相続人の購入年月日と購入価額により、取得費の額を計算します。

この事例における「償却費相当額」の計算は、次の償却率等を前提にすると右の記載例のようになります。

償却率…木造（非業務用）☞0.031

経過年数…Ｘ02年６月〜Ｘ12年８月（配偶者居住権を取得した日）
　　　　　　10年２か月☞10年

（期間計算）

　　6か月以上の端数は１年とし、6か月未満の端数は切り捨てます。

③・④欄 配偶者居住権の設定に係る相続開始の時の相続税評価額を記載します。

⑤(外　　　　円)欄 配偶者居住権の設定に係る登記費用など、配偶者居住権等を取得するために支出した金額がある場合は、その金額を⑤欄の外書に記載します。

⑥欄 配偶者居住権等が消滅した日を記載します。

⑦欄 ⑤欄の外書に記載した金額がある場合には、外書の金額を加算した金額を記載します。

⑧欄 この事例では、次のとおりになります。

Ｘ12年８月（①）〜Ｘ15年10月（⑥）

３年２か月☞３年

（期間計算）

　　6か月以上の端数は１年とし、6か月未満の端数は切り捨てます。

⑨欄 配偶者居住権の存続年数が配偶者の終身の間とされている場合は、

89

Ⅱ　相続税の課税価格の計算上の対応

　　その配偶者居住権が設定された時におけるその配偶者の平均余命の
　年数を記載し、「平均余命」を○で囲みます。
　　遺産分割の協議若しくは審判又は遺言により配偶者居住権の存続
　年数が定められている場合は、その年数を記載し、「設定期間」を
　○で囲みます。ただし、その年数が配偶者居住権が設定された時に
　おける配偶者の平均余命を超える場合には、平均余命の年数を記載
　し、「平均余命」を○で囲みます。
　　なお、6か月以上の端数は1年とし、6か月未満の端数は切り捨
　てます。
　(注)「平均余命」とは、厚生労働省が作成する完全生命表（その配
　　　偶者居住権が設定された時の属する年の1月1日現在において
　　　公表されている最新のもの）に掲げる年齢及び性別に応じた平
　　　均余命をいいます。

⑩欄 ⑧／⑨の割合が1を超えるときは、1として計算します。

⑪欄 この⑪欄の金額を、「譲渡所得の内訳書（確定申告書付表）【総合譲
　渡用】」の②欄へ合計して転記します。
　この事例では、次の金額を転記することになります。
　　8,986,443円＋10,091,250円＝19,077,693円
　※　配偶者居住権等の消滅に係る譲渡所得の申告の場合、裏面の
　　「3」から「6」までを記載する必要はありません。

Ⅱ 相続税の課税価格の計算上の対応

鉄則 6 遺産は申告期限までに分割する

申告期限までの分割を要件としている優遇措置が適用できないため

　次の(1)から(5)の税制上の優遇措置は申告期限までに分割することを要件としているため、申告期限内に未分割の状態で申告した場合には適用できない。

---
(1) 配偶者の税額軽減の特例（※）
(2) 小規模宅地等の減額特例（※）
(3) 農地の納税猶予の特例
(4) 非上場株式等の納税猶予の特例
(5) 相続税の物納申請
※ 「申告期限後3年以内の分割見込書」を提出し、3年以内に分割が確定すれば適用は可能となる（2「"鉄則"に従わない場合の留意点」参照）。

　相続が開始すると、被相続人の遺産は、相続人全員の共有状態となる（民法898）。遺言書がない場合には、遺産を相続人各人が承継するため分割協議を行うことになるが、この分割協議を求める権利である「遺産分割請求権」には時効がないため、協議が調わず長期間共有状態となっていても民法上問題がない。
　しかし、相続税の申告期限は相続の開始があったことを知った日の翌日から10か月以内であるため（相法27）、未分割の状態であっても申告しなければならないが、その場合には、遺産分割が調っているこ

Ⅱ　相続税の課税価格の計算上の対応

とを適用要件としている次の優遇措置が適用できなくなる。

1　配偶者の税額軽減の特例

　配偶者の税額軽減の特例とは、被相続人の配偶者が遺産分割や遺贈により実際に取得した正味の遺産額が、次の①・②の金額のどちらか多い金額までは、配偶者に相続税が課税されないという特例である（相法19の2）。

①　1億6,000万円

②　配偶者の法定相続分相当額

　本特例は、配偶者が遺産分割などで実際に取得した財産を基に計算されることになっているため、相続税の申告期限までに分割されていない財産は税額軽減の対象とはならない。

　また、この税額軽減の適用を受けるためには、申告書に遺産分割協議諸書の写しと印鑑証明書の添付も必要となる。

2　小規模宅地等の減額特例

　小規模宅地等の減額特例は、個人が相続又は遺贈により取得した財産のうち、その相続の開始の直前において被相続人等の事業の用に供されていた宅地等又は被相続人等の居住の用に供されていた宅地等のうち、一定の選択をしたもので限度面積までの部分については、相続税の課税価格に算入すべき価額の計算上、一定の割合を減額するという特例である（措法69の4）。

　この小規模宅地等の減額特例も、各相続人が遺産分割などで実際に取得した財産を基に計算されることになっているため、相続税の申告期限までに分割されていない財産は減額の対象とはならない。

　また、この特例を受けるためには、申告書に遺産分割協議書の写しと印鑑証明書の添付も必要となる。

3　農地の納税猶予の特例

　農地の納税猶予の特例は、農業を営んでいた被相続人又は特定貸付けを行っていた被相続人から一定の相続人が一定の農地等を相続又は遺贈によって取得し、農業を営む場合又は特定貸付けを行う場合には、

92

一定の要件の下にその取得した農地等の価額のうち農業投資価格による価額を超える部分に対応する相続税額は、その取得した農地等について相続人が農業又は特定貸付けを行っている場合に限り、その納税が猶予される制度である。また、この農地等納税猶予税額は一定の事由に該当したときは免除される（措法70の6）。

農地の納税猶予の特例は、申告期限までに遺産分割された農地等が対象となるため、未分割の状態で申告する場合には適用はない。

4 非上場株式等の納税猶予の特例

非上場株式等の納税猶予の特例は、後継者である受贈者・相続人等が、円滑化法の認定を受けている非上場会社の株式等を贈与又は相続等により取得した場合において、その非上場株式等に係る贈与税・相続税について、一定の要件のもと、その納税を猶予し、後継者の死亡等により、納税が猶予されている贈与税・相続税の納付が免除される特例である（措法70の7の2、70の7の7他。詳細は180ページ参照）。

その相続に係る相続税の申告書の提出期限までに、共同相続人又は包括受遺者によってまだ分割されていない非上場株式等については、この特例を受けることができない。

また、令和元年度税制改正により創設された個人版事業承継税制（193ページ参照）についても、未分割の事業用資産については特例を受けることができない（措法70の6の8〜10）。

5 相続税の物納申請

相続税の物納申請を行う場合には、物納申請期限までに物納申請書に物納手続関係書類を添付して所轄税務署長に提出する必要がある（相法42）。

物納に充てることのできる財産については、管理処分不適格な財産でないこと、物納劣後財産に該当する場合は他に物納に充てるべき適当な財産がないこと、物納に充てることのできる順位によっていることなどの条件があり、財産ごとに物納手続関係書類を添付する必要がある。

遺産について協議分割が未了である場合などは、遺産の所有権の帰属が確定していない状況にあり、このような財産は管理処分不適格財産に該当するので、物納は認められない。

したがって、遺産の所有権の帰属が確定していない財産が物納申請された場合には、国の審査期間内において速やかに却下される。

平成18年度税制改正前の取扱いでは、物納申請財産に管理処分不適格となる事由が存する場合も、物納の許可までにその事由が解消できるときには、管理処分不適当財産に該当していないものとして物納の処理が進められていた。このため、協議分割が未了又は遺留分減殺請求中の財産が物納申請された場合には、補完整理事項として、その所有権の帰属の確定等を行うよう求める取扱いとしていた。

しかし、平成18年度税制改正に伴い、物納申請された財産が管理処分不適格財産に該当する場合には、国の審査期間内において速やかに却下を行うこととなった。

したがって、遺産全体の協議分割に期間を要すると見込まれる場合には、物納申請する財産について先行して協議分割（一部確定）を行うなど、相続人間で相続税の納付方法について協議を行うことが必要となる。

"鉄則"に従ってはいけないケース

次に該当する場合には、あえて未分割で申告することも一考である。

1　相続人の中に未成年者がいる場合
2　数次相続が想定される場合

1 "鉄則" に従ってはいけない理由と効果

1 相続人の中に未成年者がいる場合

　未成年者が法律行為を行う場合は法定代理人（親権者）の同意が必要となるが、相続人の中に未成年者とその未成年者の法定代理人である親権者がいる場合には、その未成年者と法定代理人は利益相反となるため、特別代理人を選出して遺産分割協議を行うことになる（民法5、826）。

　特別代理人を選出する際は家庭裁判所に遺産分割協議案を提出することになるが、その遺産分割協議案が、例えば未成年者の取得する財産が法定相続分未満など、未成年者に不利なものであった場合には、その特別代理人の選任が認められないことがある。

　結果、未成年者は法定相続分以上の財産を取得することになることから、親権者として未成年者である子が多額の財産を取得することを好まないなどの場合には、未分割の状態で相続税の申告をし、成人を迎えてから改めて分割を行うことも一つの方法となる。

　なお、未分割の状態で当初申告した際に「申告期限後3年以内の分割見込書」を提出していた場合、申告期限後3年を超えても分割がされない場合には「遺産が未分割であることについてやむを得ない事由がある旨の承認申請書」を所轄税務署長に提出する必要があるが、「相続人の一人が未だ成人していないため分割協議を行わない」という理由が、「やむを得ない事由がある」と認められるのは難しいであろう。

　よって、未成年者が成人になるまで3年以上ある場合には、当初申告であえて未分割で申告しても、3年以内に分割協議を行い、更正の請求もしくは修正申告を行う必要が生じてしまうので、この対策は未成年者があと3年以内に成人になる場合にのみ効果があるといえる。

　なお、民法における成年年齢が18歳と改正され、令和4年4月1日から施行されている。「年齢計算ニ関スル法律」により年齢は出生の

Ⅱ　相続税の課税価格の計算上の対応

日から計算するため、施行日以降は満18歳に達する日をもって成年と
なるため注意を要する。

❷　数次相続が想定される場合

　数次相続とは、相続人が相続をしたが、その相続による登記をしな
い間に、その相続人が亡くなり、第二の相続が開始した場合の登記実
務上の用語である。例えば、父の相続（一次相続）が発生し、遺産分
割中に母の相続（二次相続）が発生するなどの状態である。この場合
には、子などの他の相続人が、父の遺産についてだけではなく、母の
遺産についても遺産分割協議を行う必要がある。

　申告期限までに遺産を分割することは鉄則であるが、一次相続の申
告期限前に二次相続が発生した場合には、あえて一次相続を未分割の
状態で申告することで、一次相続及び二次相続を通しての税額を抑え
ることができたり、相続人間の取得資産の調整ができる場合がある。

(1)　一次相続の申告期限

　一次相続の申告期限前に二次相続が発生した場合には、死亡した二
次相続の被相続人についての一次相続の申告期限は、二次相続の相続
人が二次相続の開始を知った日の翌日から10か月以内となるため、相
続人間で申告期限が異なるので注意が必要である（次ページ「申告の
タイムスケジュール例」参照）。

(2)　一次相続と二次相続の相続税の合計額

　相続税の節税対策は、一次相続と二次相続のそれぞれの相続税の合
計額をいかに少なくするかが重要となる。だが、二次相続の申告期限
までに路線価の発表がないなど相続税の合計額を最も少なくする分割
割合を算出できない場合には、一次相続については未分割の状態で申
告をし、その後に路線価が発表されるなど一次相続と二次相続の相続
税の合計額を最も少なくする分割割合が算出されてから分割協議を行
い、更正の請求又は修正申告をすることも一考である。

6 遺産は申告期限までに分割する

【申告のタイムスケジュール例】

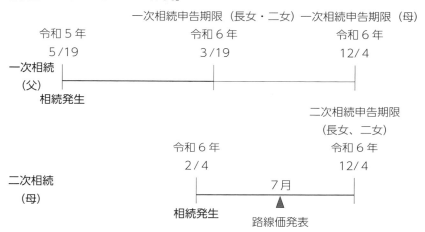

設例 1

一次相続及び二次相続の相続税の合計額を、(1) 一次相続時の相続税評価額で試算した相続税額と、(2) 二次相続時の相続税評価額で確定した相続税額の比較。

＜前提条件＞
① 一次相続
　・被相続人……父
　・相続人……母、長女、二女
　・相続開始日……令和5年5月19日
　・申告期限……母：令和6年3月19日
　　　　　　　　⇒ 二次相続開始により令和6年12月4日
　　　　　　　　長女、二女：令和6年3月19日
② 二次相続
　・被相続人……母
　・相続人……長女、二女
　・相続開始日……令和6年2月4日
　・申告期限……長女、二女：令和6年12月4日
　・母の固有財産……なし

Ⅱ　相続税の課税価格の計算上の対応

【父の遺産の相続税評価額】

区分	一次相続時の相続税評価額	二次相続時の相続税評価額
現預金	5,000万円	5,000万円
宅地	3億5,000万円	4億5,000万円
上場株式	1億円	2億円
合計	5億円	7億円

③　一次相続における配偶者の分割割合
・一次相続の時点で、一次相続の相続税額と二次相続の相続税の予測額の合計額が最も低くなる配偶者の分割割合は29％であった。二次相続の相続税の予測額は、一次相続時の相続税評価額を使用して試算したもので、資産の評価額の上昇及び下降については考慮していない。
・二次相続の時点で、一次相続及び二次相続の相続税の合計額が最も低くなる配偶者の分割割合は15％であった。
④　その他
・配偶者以外の相続人は、一次相続、二次相続ともに均等に相続するものとする。
・配偶者は軽減特例を適用するものとする。

　上記の条件により、一次相続と二次相続の相続税額を比較すると、下表のようになる。

【一次相続と二次相続の相続税額比較】

配偶者の分割割合	相続発生	(1) 一次相続時の相続税評価額で試算した税額	(2) 二次相続時の相続税評価額で確定した税額
29%	一次相続	9,308万円	9,308万円
	二次相続	1,690万円	3,430万円
	合計	1億0,998万円	1億2,738万円
15%	一次相続	1億1,143万円	1億1,143万円
	二次相続	395万円	860万円
	合計	1億1,538万円	1億2,003万円
差額		−	△735万円

98

一次相続時の相続税評価額で一次相続及び二次相続の相続税の合計額を試算したときは、配偶者の分割割合が29％のときが最も低く1億998万円であったが、二次相続時では遺産が値上がりしており1億2,738万円となった。遺産の値上がりにより、予測よりも1,740万円税額が増加しているが、通常の相続であれば許容範囲といえる。

しかし、数次相続のように二次相続がすでに発生しているのであれば、一次相続をあえて未分割の状態で申告し、その後確定した相続税評価額を使って一次相続及び二次相続の相続税の合計額を最も少なくする一次相続の配偶者の分割割合を求めることができる。

この設例では、二次相続時では、一次相続と二次相続の相続税の合計額が最も少なくなる配偶者の一次相続の分割割合は15％、相続税の合計額は1億2,003万円であり、分割割合29％で申告した場合との差額は735万円となる。

(3) 短期的に時価の変動が見込まれる財産がある場合

遺産の中に短期的に時価の変動が見込まれる財産が含まれている場合には、二次相続の分割時の時価を考慮せずに分割をしてしまうと相続人間に不公平が生じ、ひいては争いに発展しかねない。短期的に時価の変動が見込まれる状況のときは、一次相続は未分割の状態で申告をすることで、時価の変動を考慮して分割することができる。

設例 **2**

(1) 一次相続の相続税評価額で分割した場合と、(2) 二次相続の分割時の時価を考慮して分割した場合の相続税額の比較。
＜前提条件＞
・一次相続、二次相続の前提条件は 設例 **1** と同じとする。

【父の遺産の相続税評価額及び時価】

区　分	一次相続時の相続税評価額	二次相続時の相続税評価額	二次相続分割時の時価
現預金	5,000万円	5,000万円	5,000万円
宅地A	1億円	1億1,000万円	1億3,750万円
宅地B	6,000万円	9,000万円	1億1,250万円

Ⅱ　相続税の課税価格の計算上の対応

宅地C	8,000万円	8,800万円	1億1,000万円
上場株式	2,000万円	2,200万円	5,000万円
その他の資産	4,000万円	4,000万円	4,000万円
合計	3億5,000万円	4億円	5億円

・一次相続での母の遺産分割割合は25％とする。
・二次相続において相続人は均等に相続するものとする。

(1)　一次相続の相続税評価額で遺産分割した場合

　一次相続の相続税評価額で分割をした場合には、長女と二女は相続税評価額では均等に取得し、同額の相続税を納めたにもかかわらず、時価の差額が2,250万円発生している。この設例では、各相続人の相続税の納税額が3,356万円のところ、現預金の相続は2,500万円であり不足の856万円を遺産の譲渡代金からまかなうことを考えているならば、時価の差額に不満が出る可能性がある。また、その資産は換金性が高いか低いかも考慮して分割すべきであろう。

	区分	総額	配偶者	長女	二女
一次相続	現預金	5,000万円	750万円	2,125万円	2,125万円
	宅地A	1億円	－	1億円	－
	宅地B	6,000万円	6,000万円	－	－
	宅地C	8,000万円	－	－	8,000万円
	上場株式	2,000万円	－	－	2,000万円
	その他の資産	4,000万円	2,000万円	1,000万円	1,000万円
	合計	3億5,000万円	8,750万円	1億3,125万円	1億3,125万円
	相続税額	5,602万円	0円 (軽減特例適用)	2,801万円	2,801万円
	分割割合		25％	37.5％	37.5％
	区分	総額		長女	二女
二次相続	現預金	750万円		375万円	375万円
	宅地B	9,000万円		4,500万円	4,500万円
	その他の資産	2,000万円	－	1,000万円	1,000万円
	合計	1億1,750万円		5,875万円	5,875万円
	相続税額	1,110万円		555万円	555万円
	分割割合			50.0％	50.0％
相続税額合計		6,712万円		3,356万円	3,356万円

区分		総額	長女	二女
時価	現預金	5,000万円	2,500万円	2,500万円
	宅地A	1億3,750万円	1億3,750万円	−
	宅地B	1億1,250万円	5,625万円	5,625万円
	宅地C	1億1,000万円	−	1億1,000万円
	上場株式	5,000万円	−	5,000万円
	その他の資産	4,000万円	2,000万円	2,000万円
	合計	5億円	2億3,875万円	2億6,125万円
分割割合			47.75%	52.25%

差額 2,250万円

（2）二次相続の分割時の時価を考慮して分割した場合

　二次相続の分割時の時価を考慮し分割した場合には、各人の取得資産の時価は同額となり、不満がでることはないだろう。また、宅地や上場株式といった納税資金のために譲渡が検討されそうな資産は、換金性が考えられて分割されている。

　なお、値上がりが見込まれる資産は、一次相続で配偶者ではなく長女や二女など次の世代へ分割した方が相続税は低く抑えられる。（1）と比較した場合、一次相続の配偶者の分割割合は同じ25％であるが、取得する資産を変えるだけで、一次相続と二次相続の相続税の合計額は528万円低くなっている。

区分		総額	配偶者	長女	二女
一次相続	現預金	5,000万円	750万円	1,625万円	2,625万円
	宅地A	1億円	−	1億円	−
	宅地B	6,000万円	−	−	6,000万円
	宅地C	8,000万円	8,000万円	−	−
	上場株式	2,000万円	−	1,500万円	500万円
	その他の資産	4,000万円	−	−	4,000万円
	合計	3億5,000万円	8,750万円	1億3,125万円	1億3,125万円
	相続税額	5,602万円	0円（軽減特例適用）	2,801万円	2,801万円
分割割合			25%	37.5%	37.5%

Ⅱ　相続税の課税価格の計算上の対応

	区分	総額		長女	二女
二次相続	現預金	750万円		375万円	375万円
	宅地C	8,000万円	─	4,400万円	4,400万円
	合計	8,750万円		4,775万円	4,775万円
	相続税額	582万円		291万円	291万円
	分割割合			50.0%	50.0%
相続税額合計		6,184万円		3,092万円	3,092万円

	区分	総額	長女	二女	
時価	現預金	5,000万円	2,000万円	3,000万円	
	宅地A	1億3,750万円	1億3,750万円	─	
	宅地B	1億1,250万円	─	1億1,250万円	
	宅地C	1億1,000万円	5,500万円	5,500万円	
	上場株式	5,000万円	3,750万円	1,250万円	
	その他の資産	4,000万円	─	4,000万円	
	合計	5億円	2億5,000万円	2億5,000万円	差額なし
	分割割合		50.0%	50.0%	

2　"鉄則"に従わない場合の留意点

■1 「申告期限後3年以内の分割見込書」の提出

　配偶者の税額軽減の特例や小規模宅地等の減額特例については、当初申告までに遺産分割が調わなかった場合でも、相続税の申告書の提出期限までに「申告期限後3年以内の分割見込書」を提出し、3年以内に分割した場合は適用を受けることができる。

　また、「申告期限後3年以内の分割見込書」を提出した場合で、申告期限から3年経過する日において相続等に関する訴えが提起されているなど一定のやむを得ない事情があるなど遺産分割が確定しないときは、申告期限後3年を経過する日の翌日から2か月を経過する日までに「遺産が未分割であることについてやむを得ない事由がある旨の承認申請書」を税務署へ提出し承認を受けることで、判決確定の日な

どの翌日から4か月以内に分割が確定すれば適用することができる。この場合も、分割が行われた日の翌日から4か月以内に「更正の請求」を行う必要がある。

2　相続人間の調整や交渉は非弁行為に該当

遺産分割協議は法律行為であるため、相続人間の調整や交渉は弁護士法7条において弁護士でない者が行うことは禁止されている（非弁行為）。税理士は顧客の依頼により、相続人間で協議した分割案に対し、税額を試算するという立場となるので留意する。

3　事前の相続対策が有用

被相続人が健康である時から財産の洗い出しを行い、財産目録を作成して遺産分割案を検討しておくなど、相続対策を行うことにより、相続開始後における新たな財産の発見や分割協議の長期化を避けることができる。

(1)　相次相続控除

相次相続控除とは、二次相続開始前10年以内に被相続人が相続、遺贈や相続時精算課税に係る贈与によって財産を取得し相続税が課されていた場合には、二次相続の被相続人から相続、遺贈や相続時精算課税に係る贈与によって財産を取得した人の相続税額から一定の金額を控除する相続税法上の制度である（相法20）。

一次相続と二次相続の開始が近い場合には当然に検討されるべき制度であるが、一次相続において、配偶者が配偶者の税額軽減を適用し納付税額がなかった場合には、この制度は適用できないこととなっている。

二次相続の発生は予期できない場合がほとんどであるので、配偶者がいる場合には、配偶者の税額軽減を適用するのが一般的であるが、一次相続で配偶者の税額軽減を適用せずに相続税を納付し、二次相続で相次相続控除を適用した方が、一次相続及び二次相続の相続税の合計額が少なくなる場合がある。

なお、相次相続は数次相続とほぼ同義であるが、数次相続は一次相続と二次相続との期間が限定されないのに対し、相次相続は相続税法上にその

Ⅱ　相続税の課税価格の計算上の対応

期間が10年以内と定められている。

　上記 **1** **2** で説明したような数次相続（一次相続の申告期限前に二次相続が発生した場合）においては、一次相続において配偶者の税額軽減を適用せずに相続税を納付し、二次相続で相次相続控除を適用することを検討する必要がある。

設例

　＜前提条件＞
　(1)　一次相続
　　・被相続人……父
　　・相続人……母、長女、二女
　　・相続開始日……令和 6 年 7 月19日
　　・遺産の合計…… 8 億円
　(2)　二次相続
　　・被相続人……母
　　・相続人……長女、二女
　　・相続開始日……令和 9 年10月10日
　　・母固有の財産…… 3 億円
　　・一次相続で取得した財産に増減はない。
　(3)　遺産分割
　　・一次相続、二次相続ともに法定相続分

---

①　一次相続
　イ　相続税総額
　　a　（ 8 億円 － 4,800万円）× 1 / 2 × 50％ － 4,200万円 ＝ 1 億4,600万円
　　b　{（ 8 億円 － 4,800万円）× 1 / 2 × 1 / 2 × 40％ － 1,700万円}
　　　　× 2 人 ＝ 1 億1,640万円
　　c　（合計）a ＋ b ＝ 2 億6,240万円
　ロ　配偶者の税額軽減を適用した場合の納付税額
　　a　配偶者の税額軽減
　　　　2 億6,240万円 ×（ 8 億円 × 1 / 2 ）／ 8 億円 ＝ 1 億3,120万円
　　b　納付税額　イ c － a ＝ 1 億3,120万円
　ハ　配偶者の税額軽減を適用しない場合の納付税額
　　2 億6,240万円

104

（うち配偶者の納付税額　2億6,240万円 × （8億円 × 1／2）／8億円 = 1億3,120万円）

② 二次相続

イ　一次相続で配偶者の税額軽減を適用した場合

・相続税総額

4億円 + 3億円 = 7億円

{（7億円 − 4,200万円）× 1／2 × 50％ − 4,200万円｝× 2人 = 2億4,500万円

ロ　一次相続で配偶者の税額軽減を適用せず、相似相続控除を適用する場合

a　相続税総額

4億円 − 1億3,120万円 + 3億円 = 5億6,880万円

{（5億6,880万円 − 4,200万円）× 1／2 × 45％ − 2,700万円｝× 2人 = 1億8,306万円

b　相似相続控除

1億3,120万円 × ｛5億6,880万円／（4億円 − 1億3,120万円）｝× ｛5億6,880万円 × 1／2 ／ 5億6,880万円｝×（10 − 3）／10 = 4,592万円

4,592万円 × 2人 = 9,184万円

c　納付税額　a − b = 9,122万円

【まとめ】

相続発生	一次相続で配偶者の税額軽減を適用	一次相続で配偶者の税額軽減を適用せず、二次相続で相似相続控除を適用	差額
一次相続	1億3,120万円	2億6,240万円	1億3,120万円
二次相続	2億4,500万円	9,122万円	△1億5,378万円
合計	3億7,620万円	3億5,362万円	△2,258万円

上記のように、一次相続で配偶者の税額軽減を適用せず、二次相続で相次相続控除を適用した方が、一次相続及び二次相続の相続税の合計額は2,258万円少なくなる。

なお、相次相続控除は、一次相続開始から二次相続開始までの期間が短いほど控除額が大きくなる仕組みとなっているため、ケースによっては、

この設例ほどの効果が得られない場合があるので注意が必要である。
(2) 相続登記の登録免許税の免税措置
　登記名義人となっている被相続人AからB相続人Bが相続により土地の所有権を取得した場合において、その相続登記をしないまま相続人Bが亡くなったときは、相続人Bをその土地の登記名義人とするための相続登記については、登録免許税が免税となる（措法84の2の3①）。つまり、相続登記に係る登録免許税は、被相続人AからBの相続人Cへ所有権を移転するときの1回のみ課税される（中間省略登記）。
　相続登記の登録免許税の免税措置の適用を受けるためには、免税の根拠となる法令の条項を登記申請書に記載する必要がある。記載がない場合には免税措置は適用できないため、登記を担当する司法書士等への情報提供が必要となる。
　なお、数次相続による登記では、中間の相続人が1人である場合や中間の相続人が数人であったが、遺産分割によりその中の1人が相続した場合などにこの中間省略登記が認められている。
【免税措置のイメージ】

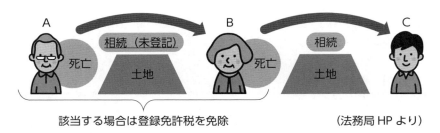

（法務局HPより）

II 相続税の課税価格の計算上の対応

相続税額の試算は課税価格と基礎控除額との比較により行う

相続税額の試算を、遺産分割の確定前に求められることがあるため

依頼者である遺族から、概算で差し支えないので「相続税の納税額」を早めに知りたいとの要望が多い。その場合、遺産の評価を簡便に行い課税価格を算定するが、相続税の試算を要請されるタイミングは、相続開始前後であり、遺産分割が行われておらず、また遺言書の有無も明らかとなっていないケースが多い。そのため、相続税の試算は、法定相続分を基として行わざるを得ないこととなる。

例えば、下表のモデルケースであれば、財産・債務の総額について、各相続人が法定相続分により取得したものと仮定して課税価格を計算しているため、相続税額は算出されないことになる。

【モデルケース】

財産・債務	総額
財　産	3億5,000万円 (宅地：2億円、預貯金：1億5,000万円)
債　務	△3億2,000万円 (宅地購入に係る借入金：2億2,000万円、その他の債務：1億円)
課税価格	3,000万円
基礎控除	4,200万円 (3,000万円 + 600万円 × 2人（相続人甲及び乙）)
相続税額	0万円

Ⅱ　相続税の課税価格の計算上の対応

"鉄則"に従ってはいけないケース

次に該当する場合には、"鉄則"による相続税額の試算は変更される可能性があるため、試算算出時に相続人に注意を促す必要がある。

遺言書や遺産分割協議書で財産を超える債務を承継する相続人がいる場合

1　"鉄則"に従ってはいけない理由と効果

　遺産分割協議書や遺言書に従った場合において、財産を超える債務を承継する相続人がいるときは、当初のモデルケースの試算と異なる相続税額が算出されることがあるため、その旨を事前に相続人へ伝える必要がある。
　その説明に用いるために、前記モデルケースを用いたシミュレーションを作成する。

1　遺言書が存在した場合の試算

　相続開始後、被相続人が生前に作成した遺言書が発見された場合には、原則的にそれに従うことになる。例えば次ページの表のように被相続人の遺産について相続人甲・乙に相続させる遺言書が発見された場合に、それに従えば相続人乙に80万円の相続税が課税されることになってしまう。
　これは、相続人甲は財産を超える債務を承継したことから債務超過となり（財産（宅地）2億円－債務（銀行借入金）2億2,000万円＝△2,000万円）、甲の課税価格はゼロであることから相続税の負担はない。
　しかし、甲の債務超過額2,000万円は、相続人乙の課税価格から控

108

除することはできないため、相続人乙に相続税の負担が生じることになる。

つまり、当初の試算（107ページのモデルケースの試算）とは異なり、80万円の相続税が発生することになる。

【遺言書に基づく試算】

財産・債務	総額	相続人甲	相続人乙
財産	3億5,000万円	2億円（宅地）	1億5,000万円（預貯金）
債務	△3億2,000万円	△2億2,000万円（借入金）	△1億円（その他の債務）
課税価格	5,000万円	0万円（△2,000万円）	5,000万円 ※相続人甲の債務超過額は通算不可
基礎控除	4,200万円	—	4,200万円
相続税額	800万円	—	800万円（(800万円 × 1/2 × 税率（10%）× 2人) ＝80万円（相続税））

上表のように、遺産分割前には税負担が生じない試算であったものが、分割後に税負担が生じてしまう理由として、相続税は相続人ごと（各人別）に相続税の課税価格を計算することになっていることによる（相法11の2①）。

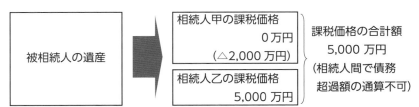

2 遺言書に従わず、相続税の負担が生じないように遺産分割協議書を作成した場合の試算

上表のようなケースを回避するためには、遺産分割協議を行う前に被相続人の財産の額及び債務の額の総額を把握して、その把握した結果に基づき各相続人が財産の額の範囲内において債務の額を承継する

II 相続税の課税価格の計算上の対応

ようにすれば、相続人甲だけでなく相続人乙も相続税の負担が生じないことになる。

具体的には、遺言書を前提としつつ、預貯金800万円は相続人乙ではなく相続人甲が取得することについて、相続人甲と相続人乙で合意ができれば、下表のとおり遺産分割協議書を作成することによって両者に相続税の負担が生じないことになる。

【遺産分割協議書に基づく試算】

財産・債務	総額	相続人甲	相続人乙
財産	3億5,000万円	2億円（宅地） 800万円（預貯金）	1億4,200万円 （預貯金）
債務	△3億2,000万円	△2億2,000万円 （借入金）	△1億円 （その他の債務）
課税価格	4,200万円	0万円 （△1,200万円）	4,200万円
基礎控除	4,200万円	－	4,200万円
課税遺産額	0万円	－	0万円

3 上記試算の問題点

上記1と2の試算の結果を相続人に提示した際に、次のような問題点があることを説明すべきである。

(1) 相続人甲の手取額の比較

相続人甲は、遺言書に基づく遺産分割でも、遺産分割協議書に基づく遺産分割であっても課税価格はゼロになることから、いずれによる遺産分割であっても相続税の負担はない。

(2) 相続人乙の手取額の比較

一方、相続人乙は、遺言に基づく遺産分割を行えば、相続税を負担することになり、相続税負担後の手取額は4,920万円（5,000万円（課税価格）－80万円（相続税））になる。一方、遺産分割協議書に基づく遺産分割を行うと相続税の負担は生じないが、手取額は4,200万円（課税価格）になってしまう。

前記のそれぞれの分割を相続人乙の手取額で比較すると、相続税を

110

負担することになっても、遺言に基づき遺産を取得した方が遺産分割協議書に基づく遺産の取得より手取額が720万円多くなる。

4,920万円（遺言書）－ 4,200万円（遺産分割協議書）= 720万円

(3) 遺産分割協議の難航

相続人甲は、前記(1)から手取額が多くなる遺産分割協議に基づく遺産分割を要請されよう。一方、相続人乙も、前記(2)から、相続人甲と同様に手取額が多くなる遺言に基づく遺産分割を主張するものと推測される。

そのため、遺産分割協議に基づく遺産分割が合意に至らず、結果的に、遺言書に基づく遺産分割を行うことになる可能性が高い。

ただし、次の(4)の場合には、あえて遺産分割協議書を作成する必要はなくなることを相続人に説明するべきである。

(4) 前記(1)の状況で相続人甲が借入金を返済するため宅地を譲渡する予定の場合

相続により取得した宅地の相続税評価額と、譲渡対価に一定の開差があれば（通常は20％程度の開差があることになっているが、本事例では立地に恵まれた場所であることから約30％の開差があるものとする）、相続税の負担なしに取得した宅地を譲渡することにより、譲渡所得税の負担があっても譲渡対価の一部が手元に残る場合もある。

次の①及び②により、譲渡対価のうち、どの程度の額が手元に残るか確認を行う。

① 譲渡する宅地の取得費が２億6,000万円の場合（短期保有土地に該当）

相続により取得した宅地の譲渡対価は２億8,000万円とし、取得費は被相続人が相続開始の数年前に２億6,000万円で購入したものと仮定し、仲介料以外の譲渡経費はないものとすれば、譲渡所得金額は1,160万円となる。そのため、譲渡所得税は460万円になり、借入金２

億2,000万円を返済しても、手元に4,700万円が残ることになる（下記
参照）。

宅地の相続税評価額：2億円
宅地の譲渡対価：2億8,000万円、取得費：2億6,000万円、仲介料：3％・
　　840万円

（譲渡所得金額）　（譲渡対価）　　　　（取得費）　　　（仲介料）
　1,160万円 ＝ 2億8,000万円 －（2億6,000万円 ＋ 840万円）

（譲渡所得金額）　（税率：所得税等・住民税）　（譲渡所得税）
　1,160万円　×　　　39.63％　　　≒　460万円

（手取額）　　　（譲渡対価）　　　　　（借入金）　　　（仲介料）　（譲渡所得税）
4,700万円 ≒ 2億8,000万円 －（2億2,000万円 ＋ 840万円 ＋ 460万円）

　上記のように、相続により取得した宅地を譲渡し、その譲渡対価（譲渡経費及び譲渡所得税控除後）により承継した借入金を返済しても、手元に4,700万円の資金が残ることになれば、相続人乙が遺言に基づき取得する預貯金4,920万円（承継債務及び相続税控除後）とほぼ同額になる。

　したがって、相続人甲は相続人乙に対し、あえて遺産分割協議書に基づく遺産分割を要請する必要がなくなる。

②　譲渡する宅地の取得費が不明の場合（長期保有土地に該当）

　相続により取得した宅地の譲渡対価は、上記①と同様に2億8,000万円と仮定するが、取得費は不明であることから概算取得費（5％）を採用するとともに、仲介料以外の譲渡経費はないものとすれば、譲渡所得金額は2億5,760万円となる。そのため、譲渡所得税は5,233万円になり、借入金2億2,000万円を返済するためには、資金が73万円不足することになる（下記参照）。

　なお、甲の借入金は、宅地購入以外に係る借入金とする。

> 宅地の相続税評価額：2億円
> 宅地の譲渡対価：2億8,000万円、取得費：5％・1,400万円、仲介料：3％・
> 　　　　　　　840万円
>
> 　（譲渡所得金額）　　　（譲渡対価）　　　　（取得費）　　　（仲介料）
> 　2億5,760万円 ＝ 2億8,000万円 － （1,400万円 ＋ 840万円）
>
> 　（譲渡所得金額）　　（税率：所得税等・住民税）　　（譲渡所得税）
> 　2億5,760万円 ×　　　　20.315%　　　　≒ 5,233万円
>
> 　（手取額）　　　（譲渡対価）　　　　（借入金）　　　（仲介料）　　（譲渡所得税）
> 　△73万円 ≒ 2億8,000万円 － （2億2,000万円 ＋ 840万円 ＋ 5,233万円）

　上記のように、相続により取得した宅地を譲渡し、その譲渡対価（譲渡経費及び譲渡所得税控除後）により承継した借入金を返済しようとすると、73万円の資金が不足することになる。

　したがって、相続人甲が不足資金を調達するためには、相続人乙に対して、遺言書に基づく遺産分割ではなく、遺産分割協議書に基づく遺産分割を要請する必要がある。

　しかし、不足資金が73万円であることから、相続人甲が少額であると認識し自己負担する心積もりであれば、相続人乙に対し、あえて遺産分割協議書に基づく遺産分割を要請しないという選択肢もあり得る。

2　"鉄則"に従わない場合の留意点

■　事前説明の重要性

　前記の事例のとおり、遺産分割前の状況に基づいた状況で依頼者に報告した相続税額と、遺産分割協議書作成後や遺言書に応じて遺産分割後に計算した各相続人の相続税額の総額とが異なる場合には、その理由として相続税計算の仕組みを説明しても、理解してもらうことはなかなか困難であり、信頼関係が揺らぐこともあり得る。

　そのような状況を回避するためには、依頼者に「概算による相続税の納税額」を報告する際に、前記のような具体例を示した上で「遺産

Ⅱ　相続税の課税価格の計算上の対応

分割の仕方いかんで、相続税額が変化すること」や「相続税の課税価格は相続人ごとに計算するため、遺産分割前の計算と異なること」、「税法には多様な特例が用意されており、適用できれば税額が少なること」などを説明することが重要である。

　そのため、当初のシミュレーションは「あくまでも概算」であり、実際には遺産分割協議書や遺言書に従うことにより「誤差が生じ得る」ということを強調しておかなければならない。

Ⅱ 相続税の課税価格の計算上の対応

測量していない土地は公簿地積で評価する

 土地評価では必ずしも「実測」を要求していないため

　土地を評価する際の地積は課税時期における「実際の地積」によることとされているが、すべての土地について「実測」を要求しているものではない。実際の地積が判明していない場合は台帳地積で土地の評価額を計算して差し支えない。

　土地の地積を「実際の地積」によることとしているのは、台帳地積と実際地積とが異なるものについて、実際地積によることとする基本的考え方を打ち出したものである（国税庁「質疑応答事例」より）。

　したがって、土地については、次のような理由により実測を要求しているものではない。

---

(1) 特に縄伸びの多い山林等について、立木に関する実地調査の実施、航空写真による地積の測定、その地域における平均的な縄伸び割合の適用等の方法により、実際地積を把握しているため。
(2) 測量費用が高額になるため、土地を多く所有する者の費用負担を考慮。
(3) 台帳地積によることが他の土地との評価の均衡を著しく失すると認められるものについてのみ、実測を行うこととしている。
(4) 取得の際の資料を参考とするなど、何らかの方法で適正な申告がなされればよいと考えられているため、実際地積の分かる資料がなければ台帳地積によるしかない。

Ⅱ　相続税の課税価格の計算上の対応

　前記(4)の「何らかの方法」については、次に掲げるような場合には、実測により地積が容易に確認できることとなるので、実際の地積は実測による地積となる。

---
① 　分筆をしたことがある土地（残地である場合を除く）
② 　実測精算により取得した土地
③ 　資産額の確定や隣地との境界確認のため測量をした土地
④ 　相続等による取得後、実測精算により譲渡した土地
⑤ 　相続税の納付のために物納をした土地

【実際の面積の位置付け】
　●台帳面積（固定資産税課税台帳地積）　　　　　実際の面積が分かっている場合は
　　　　　　　　（登記簿地積）　　　　　　　　　　　　　　　　↓
　●実際の面積（測量面積）　　　　　　　　　　　実際の面積で評価するという意味

【各地積の意義】

地積名	意義
公簿地積	土地登記簿の表題部に記載されている地積
固定資産税課税台帳地積	固定資産税の台帳に登録されている地積のことをいい、原則として、土地登記簿に登録されて地積によるものとされている（固定資産評価基準1章1節（地積の認定））
測量地積	対象地について個別に測量を行ったもの

　なお、登記簿地積が採用された裁決、また実際の面積として地積測量図・現況測量図・参考図が採用された次のような裁判例等があるので確認しておきたい。

(1) 平成13年8月13日裁決（TAINS F 0 - 3 -130)

　財産評価基本通達8（地積）は、地積は課税時期における実際の地積による旨定めるところ、すべての土地について実測を要求するものではなく、原則として、課税時期において実際の地積が実測等により明らかなものについては実際の地積により、また、実際の地積が明らかでないものについては台帳地積によると解される。

よって、本件宅地のうち実測が行われた部分については実測の地積により、実測の行われていない部分は台帳地積によることが相当とされた事例　➡　登記簿地積

(2)　熊本地裁平成6年4月25日判決（TAINS Z201-7329）

本件土地の地積は納税者が主張する登記簿上の134.62㎡ではなく、過去に土地家屋調査士により作成された地積測量図の地積347.19㎡であるとされた事例　➡　地積測量図

(3)　平成23年6月6日裁決（TAINS 収録なし）

「確定測量図」ならぬ「現況測量図」が存在する場合、その現況測量面積をもって申告すべきなのか、もしくは登記面積をもってすべきなのかが争点となった。

納税者は、隣接地所有者の立会いがないこと等を理由に、登記面積を採用すべき旨主張したが、審判所は現況測量図を採用すべきとした事例　➡　現況測量図

(4)　平成23年9月5日裁決（福裁（諸）平23第3号）(TAINS Ｆ0－3－373)

本件「参考図」は請求人が平成13年頃に本件Ｂ土地の一部の売却を検討していたことから、地積の確認のために実際に測量を実施したものである。請求人は、本件「参考図」は隣接する私有地の境界点がないため妥当ではないことから、本件Ｂ土地の面積は公簿面積のとおりであると主張した。審判所において本件Ｂ土地を実際に検分し、本件「参考図」における測点を確認したところ、本件「参考図」における測点と同じ場所に隣接する土地との境界杭又は測量標が確認され、その測点の位置からすると土地の形状もほぼ本件「参考図」の形状に一致した。よってＢ土地の実際の面積は、課税時期に最も近い時点の実測面積である本件「参考図」の測量が正しかったと推認されるとされた事例　➡　参考図

Ⅱ　相続税の課税価格の計算上の対応

◆ "鉄則"に従ってはいけないケース

次に該当する場合には、あえて費用をかけてでも測量を行い、実測による地積で土地の評価をすることも一考である。

1　明らかに実測地積が台帳地積より小さくなると思われる場合
2　縄伸びにより「地積規模の大きな宅地の評価」の適用が可能になる場合

1　"鉄則"に従ってはいけない理由と効果

1　明らかに実測地積が台帳地積より小さくなると思われる場合
(1)　評価通達による考え方

財産評価基本通達 8 では、「地積は課税時期における実際の面積による」としており、実測の地積で土地を評価することになる。

ここで税務上問題になるのは、実際の地積が公簿地積よりも広い「縄伸び」の場合である。縄伸びの場合、土地の相続税評価額も当然大きくなり、相続税も増加することになる。

一方、「縄縮み」の場合には相続税評価額が低くなり、相続税の負担も少なくなることから、納税者自らが積極的に縄縮みであることを主張し、申告することが必要になる。

【縄縮み】実際の測量地積＜公簿地積　　【縄伸び】実際の測量地積＞公簿地積

118

8 測量していない土地は公簿地積で評価する

> **設例 1**
> 　台帳地積490㎡の宅地（普通住宅地区）がある。公図上におけるその間口は20m、奥行は25mであった。現地調査をし、間口距離、奥行距離等の現地測量を行った結果、間口18㎡、奥行23mであったため、測量士に簡易測量を依頼したところ、その実測地積は414㎡であった。
> 　この場合のそれぞれの評価額を比較してみると次のような差額が生じる。

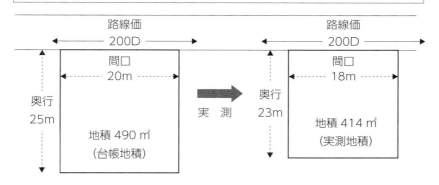

台帳地積による評価額 （地積490㎡）	実測地積による評価額 （地積414㎡）	差　額 （地積▲76㎡）
9,506万円	8,280万円（87％）	▲1,226万円（13％）

　設例 1 では、実測地積が公簿地積より76㎡（15.5％）小さかったため、結果1,226万円（13％）評価額が圧縮された。実務上、現地調査の際に間口・奥行をメジャー等で簡易測量することにより、縄縮みの可能性を確認することができる。簡易測量の結果、公図や地籍図による測定値よりも明らかに短いことが判明した場合については、現況測量を測量士に依頼する価値があるかもしれない。
　境界確認等までする必要はないが、測量士とも相談しながら、なるべく簡便的ではあるが、かなり高い精度の数値が算出できる方法を依頼する。
　一般的に簡便的な方法は測量費用も安価で済むものと思われ、平米数が減ったことのメリットは設例のように少なからずあるものと思われる。
　相続税評価額が圧縮されたことによる、納税額の減少分と測量費用を比較して、判断することになる。
　なお、上記のそれぞれの宅地の評価額は、次のように計算する。

(1) 台帳地積による計算
　① 正面路線価を基とした価格の計算
　　200千円（路線価）× 0.97（奥行価格補正率）＝ 194,000円
　② 評価額
　　194,000円（①）× 490㎡（地積）＝ <u>9,506万円</u>
(2) 実測地積による評価額
　① 正面路線価を基とした価格の計算
　　200千円（路線価）× 1.00（奥行価格補正率）＝ 200,000円
　② 評価額
　　200,000円（①）× 414㎡（地積）＝ <u>8,280万円</u>

(2) 縄伸びや縄縮みの可能性の検討

① **測量図の有無を確認**

　測量図があれば、実測地積が判明しているため証拠能力としては最も高い。

② **建物の床面積と土地地積とのバランスからのアプローチ**

　土地と建物の公簿地積のバランスを考えた場合、下図のように建物1階部分の床面積が土地地積よりも大きい場合は、実測地積が間違っているのではないかという疑問が生じる。

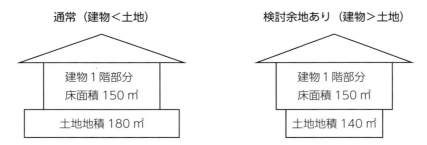

③ **現地測量による間口や奥行の距離を確認する**

　設例 1 のように現地測量で間口や奥行距離をメジャー等により測量することにより、縄縮みの可能性を確認することができる。公図上での間口・奥行と実際にメジャーによって計測した値とを比較して明らかに短いような場合は、公簿地積から縄縮みをしている可能性が高

いと判断できる。

2 縄伸びにより「地積規模の大きな宅地の評価」の適用が可能になる場合

台帳地積では、あと数平米の不足で「地積規模の大きな宅地の評価」が適用できない土地であったが、実測することによりわずかでも所定の地積を超える場合「地積規模の大きな宅地の評価」が適用できる土地になる。

すなわち、通常の土地評価額より大幅な評価額の減額が期待できる。

例えば、次の 設例 2 のような宅地については、「通常の評価」と「地積規模の大きな宅地の評価」により計算すると、下表のような差が生じる。

設例 2

＜宅地の状況＞
・三大都市圏以外の普通住宅地区に所在する宅地
　台帳地積：990㎡
　実測地積：1,020㎡の宅地
・その他の地積規模の大きな宅地の評価の適用要件を充足

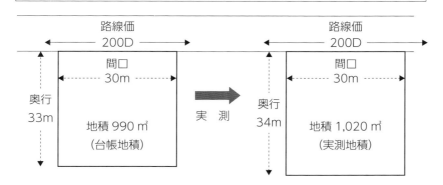

(1) 路線価200千円の場合

通常の評価額 (地積990㎡)	地積規模の大きな宅地の評価 (地積1,020㎡)	差　額 (地積 ＋ 30㎡)
184,140,000円	149,878,800円（81％）	▲34,261,200円（19％）

Ⅱ　相続税の課税価格の計算上の対応

(2)　仮に路線価50千円の場合

通常の評価額 （地積990㎡）	地積規模の大きな宅地の評価 （地積1,020㎡）	差　額 （地積 ＋ 30㎡）
46,035,000円	37,469,700円（81%）	▲8,565,300円（19%）

※　通常の評価額とは、地積規模の大きな宅地のいずれにも該当しない宅地の評価額をいう。

　前記(1)のケースでは、台帳面積による通常の宅地の評価額と、実測に伴い「地積規模の大きな宅地の評価」に該当したことによる評価額はおよそ3,400万円の圧縮につながった。

　「地積規模の大きな宅地の評価」を検討する余地は、測量費用がある程度かかったとしても大きいといえる。

　ただし、上記(2)のケースのように地価の低い地域（路線価50千円）である場合の評価減は856万円と、測量費用との兼ね合いも十分考慮した方がよさそうである。

　なお、上記のそれぞれの宅地の評価額は、第1章Ⅱ「鉄則1　宅地の共有は避ける」の計算方法を参照のこと。

2　"鉄則"に従わない場合の留意点

1　明らかに実測地積が台帳地積より小さくなると思われる場合

(1)　単価が低い場合

　坪単価が数万円などであれば、多少の誤差によって生まれる金額よりも、むしろ確定測量に要する費用と時間の方が高くつくという場合もあるため慎重に判断しなければならない。

(2)　自ら実測可能な整形地の場合

　整形地の場合、測量士に測量を依頼しなくても、現地調査により可能な限り間口・奥行等をメジャーによって計測し、台帳地積と比較して、どの程度誤差がありそうなのか目安をつけることが可能となり、場合によっては公図にメジャーによる実測を記入し、実測地積とすることが認められる場合もあり得る。

(3)　課税庁への証明

　実測地積が公簿地積より小さい場合、実測地積で申告することが公

122

簿地積で申告する場合と比べて、評価額が減少することになるため、実測地積で計算したことの合理性について、納税者自らが課税庁を説得させるだけの資料を準備し証明しなければならない。

　例えば、次のような資料等が考えられる。

【モデルケース】

疎明資料	留意点
① 確定測量図	土地の境界を隣接所有者と現地立会いの上確定した図面で、土地の分筆や売買の際に用いられる図面
② 地積測量図	土地の登記の際、土地家屋調査士等の専門家が作成し、登記所へ提出するもの
③ 現況測量図、実測図、求積図、参考図	上記②地積測量図の場合と異なり、隣地との境界確定は行わず、土地面積や形状などの現況を測量した図面
④ 固定資産税の納税通知	固定資産税の納税通知書に記載される面積は基本的には登記簿謄本の面積と連動しているため、登記簿謄本の面積と一致する。 ただし、役所によっては固定資産税課の職員が独自に現地調査を行い、その結果得られた面積を「現況面積」という項目で記載している自治体もあるようなので、実際の面積を証明するための資料となり得るかもしれない。登記面積と現況面積が一致していない場合は、役所に問い合わせてみることも必要である。
⑤ 建築確認申請の資料	土地の上に建物が建っている場合、通常、役所等に建築確認申請を行っているはずである。建築確認申請の書類には、建物の敷地面積、道路との位置関係等が記載されているので、実測面積の参考になる。
⑥ 土地の賃貸借契約書	土地の賃貸借契約を締結している場合、もしかしたら公簿面積ではなく、実測面積が記載されていることもあるので確認すべきである。
⑦ 土地の売買契約書	過去に購入した土地である場合、測量して面積を確定しているはずであるため、購入時の売買契約書を確認すべきである。 ただし、公簿面積にて売買契約が締結されている場合もあるので、この限りではない。

Ⅱ　相続税の課税価格の計算上の対応

(4) 物納する予定の土地

　物納申請には境界確定測量が必要であり、申告期限（相続開始を知った日の翌日から10か月以内）までに境界確認書、測量図、登記事項証明書などの必要書類を提出しなければならない。

　「現地」＝「測量図」＝「登記簿」となることが、土地を物納するための要件となる。「境界確定測量」をするためには、かなり長い時間を必要とするため、実際は被相続人の生前に測量に着手するくらいでないと、申告期限に間に合わないこともあるため注意を要する。

❷　縄伸びにより「地積規模の大きな宅地の評価」の適用が可能になる場合

　土地が広大であるため、当然に測量費用も高くなる可能性がある。多少の誤差があってもメリット額よりも、測量にかかる費用と時間の方が高くつく可能性がある。

　土地が広大であるがゆえに、税理士等がメジャー等で測量するだけではその測量の信憑性が疑問視されてしまう可能性が高いため、広い土地の場合には、専門家に依頼し、簡易測量によってでも測量図を備えておくべきである。

❸　実際地積と台帳地積とが異なる土地を倍率方式で評価する場合

　国税庁ホームページの質疑応答事例「倍率方式によって評価する土地の実際の面積が台帳地積と異なる場合の取扱い」（https://www.nta.go.jp/law/shitsugi/hyoka/04/29.htm）では、下記のような取扱いが示されているので参考にしていただきたい。

---

　(1) 照会要旨
　　固定資産課税台帳に登録されている地積が実際の面積と異なる土地を倍率方式で評価する場合には、具体的にはどのように計算するのでしょうか。

（2）回答要旨

　　土地の価額は、課税時期における実際の面積に基づいて評価します。
ところで、固定資産課税台帳に登録されている地積は、原則として、
登記簿地積とされていますから、実際の面積と異なる場合があります。
このような土地を倍率方式により評価する場合には、土地の実際の面
積に対応する固定資産税評価額を仮に求め、その金額に倍率を乗じて
計算した価額で評価する必要があります。

　　この場合、仮に求める固定資産税評価額は、特に支障のない限り次
の算式で計算して差し支えありません。

その土地の固定資産税評価額 $\times \dfrac{実際の面積}{固定資産税台帳に登録されている地積}$

　よって、この金額に倍率を乗じて相続税評価額を求めることになる。

Ⅲ 小規模宅地等の減額特例の適用

平米単価の高い宅地を優先して適用する

 減額される金額が最も大きくなるため

　小規模宅地等の減額特例は、相続税の総額を考えた場合、その減額が最も大きくなる平米単価が一番高い宅地を優先して適用すべきである。小規模宅地等の減額特例の計算において、平米単価が最も高い宅地を優先し適用することは相続財産の圧縮につながり、相続税の総額を少なくすることに直接影響してくる。

　小規模宅地等の減額特例の適用について、基本的な考え方は次のとおりである。

(1) 平米単価の高い宅地を優先して適用することが、相続税の総額を考えた場合には最も納税者にとって有利となるケースが多い。
(2) 適用可能者が複数いる場合は、全員の同意が必要であるため、平米単価の高い宅地を選択し、全体の相続税を少なくした方が遺産分割がまとまりやすい。
(3) 限度面積と減額割合を考慮し、最も減額金額が大きい組合せで適用する。

1　平米単価の高い宅地を優先して適用する

　平成27年1月1日以後の相続から、適用される限度面積は次表のようになった。

用　途	区　分	限度面積	減額割合
事業用	特定事業用宅地等	400㎡	80%
貸付事業用	特定同族会社事業用宅地等	400㎡	80%
	貸付事業用宅地等	200㎡	50%
居住用	特定居住用宅地等	330㎡	80%

　特定事業用等宅地等及び特定居住用宅地等のみを特例の対象として選択する場合については、限度面積の調整は行われず、それぞれの限度面積（特定事業用宅地等400㎡、特定居住用宅地等330㎡）まで完全併用の適用が可能であり、最大730㎡までが特例の対象となる。

　ただし、貸付事業用宅地等を選択する場合は、下記の算式のとおり調整を行うこととされている。

（算式）

$$A \times \frac{200}{400} + B \times \frac{200}{330} + C \leqq 200㎡$$

　　A：特定事業用宅地等又は特定同族会社事業用宅地等の面積の合計
　　B：特定居住用宅地等の面積の合計
　　C：貸付事業用宅地等の面積の合計

　上記のように、その宅地の種類によって、限度面積や減額割合が異なることから、特例対象宅地が複数ある場合には、最も有利になるように選択すべきである。

　最も減額金額の大きな選択方法について、設例により検証する。

設例 1

　被相続人が所有していた小規模宅地等の減額特例の適用要件を満たしている宅地は、次のとおりである。最も減額金額の大きな併用パターンは、どのような組合せになるか。

区　分	面　積	相続税評価額	㎡あたり単価
① 特定事業用等宅地等	300㎡	4,500万円	150,000円
② 特定居住用宅地等	200㎡	4,000万円	200,000円
③ 貸付事業用宅地等	500㎡	5億円	1,000,000円

127

Ⅲ　小規模宅地等の減額特例の適用

> ①と②は限度面積までは完全併用が認められている。
> ①と③の組合せ、②と③の組合せは調整計算が必要である。

　結果は、次のとおり（4）の貸付事業用宅地等の500㎡のうち、200㎡を優先して選択した場合に最も減額金額が大きいことが分かる。

【併用パターンの比較】

選択方法	選択面積	減額金額
(1) ①と②の併用	①300㎡、②200㎡	▲6,800万円
(2) ①を優先し、残りを③で適用	①300㎡、③50㎡	▲6,100万円
(3) ②を優先し、残りを③で適用	②200㎡、③79㎡	▲7,150万円
(4) ③を優先して適用	③200㎡	▲1億円

　それぞれの計算方法は次のとおりである。

（1）①と②の組合せ

　特定事業用等宅地等と特定居住用宅地等を選択した場合、限度面積まで完全併用が認められている。

　また、

$$300㎡ \times \frac{200}{400} + 200㎡ \times \frac{200}{330} > 200㎡$$

であるため、貸付事業用宅地等を選択する余地はない。

①　特定事業用等宅地等に係る減額金額

　4,500万円 × 80％ ＝ 3,600万円

②　特定居住用宅地等に係る減額金額

　4,000万円 × 80％ ＝ 3,200万円

③　合計

　① ＋ ② ＝ 　6,800万円　

（2）①と③の組合せで①を優先

　特定事業用等宅地等を優先して適用し、貸付事業用宅地等と併用する。

①　特定事業用等宅地等の300㎡を優先して適用

　4,500万円 × 80％ ＝ 3,600万円

②　①を適用して、限度面積まで貸付事業用宅地等を適用する。

　　貸付事業用宅地等の特例選択可能面積は次のように算出する。

$$300㎡ \times \frac{200}{400} + 貸付事業用宅地等の適用可能面積 \leq 200㎡$$

　貸付事業用宅地等の適用可能面積 ＝ 50㎡

$$5億円 \times \frac{50㎡}{500㎡} \times 50％ ＝ 2,500万円$$

128

③　合計
　　① ＋ ② ＝ 　6,100万円　

(3)　②と③の組合せ（特定居住用宅地等と貸付事業用宅地等を選択した場合）で特定居住用宅地等を優先して適用し、貸付事業用宅地等と併用する。
①　特定居住用宅地等の200㎡を優先して適用
　4,000万円 × 80％ ＝ 3,200万円
②　①を適用して、限度面積まで貸付事業用宅地等を適用
　貸付事業用宅地等の特例選択可能面積は、次のように算出する。
$$200㎡ × \frac{200}{330} + 貸付事業用宅地等の適用可能面積 ≦ 200㎡$$
　貸付事業用宅地等の適用可能面積 ＝ 79㎡
$$5億円 × \frac{79㎡}{500㎡} × 50％ ＝ 3,950万円$$
③　合計
　　① ＋ ② ＝ 　7,150万円　

(4)　③を優先して適用
　③を優先して適用した場合、限度面積（200㎡）を使い切っているため、①と②の選択の余地はない。
$$5億円 × \frac{200㎡}{500㎡} × 50％ ＝ 　1億円　$$

　上記のとおり、 設例 1 では、平米単価の最も高い貸付事業用宅地等を優先して選択した場合が最も減額金額が大きくなり、その結果、課税価格を小さくすることができる。

　選択の方法により、減額される金額が6,100万円から1億円の範囲で差が生じ、影響が大きいため、特例選択可能な宅地が複数ある場合、どの宅地を優先して選択するか慎重に行わなければならない。

　ただし、 設例 1 の前提は、自宅と事業所が郊外にあり、都心に貸付不動産を保有している場合であり極端なケースでもあるため、実務では個別の状況に応じて、上記のような試算を行って、最も減額金額の大きな選択方法を探る必要がある。

Ⅲ 小規模宅地等の減額特例の適用

"鉄則"に従ってはいけないケース

次に該当する場合には、あえて平米単価の最も高い宅地を選択しないことも一考である。

1　平米単価の開きが一定倍率以内の場合
2　配偶者の税額軽減の適用がある場合

1　"鉄則"に従ってはいけない理由と効果

1　平米単価の開きが一定倍率以内の場合

設例 1 のケースでは、特定事業用等宅地等と特定居住用宅地等の所在が郊外の場合で、貸付事業用宅地等が都心に所在する場合を想定しているが、仮に貸付事業用宅地等が地方都市に所在し単価がそれほど高くない場合について検証してみたい。

設例 2

被相続人が所有していた小規模宅地等の減額特例の適用要件を満たしている宅地に関する資料は次のとおりである。最も減額金額の大きな選択方法は何か。

区　分	面　積	相続税評価額	㎡あたり単価
① 特定事業用等宅地等	300㎡	4,500万円	150,000円
② 特定居住用宅地等	200㎡	4,000万円	200,000円
③ 貸付事業用宅地等	500㎡	2億円	400,000円

結果は次のとおり(1)の特定事業用等宅地等（300㎡）と特定居住用宅地等（200㎡）を併用して選択した場合の方が減額金額が大きいことが分かる。よって特定事業用等宅地等と特定居住用宅地等の両方を所有する場合においての選択は、完全併用となっていることを踏まえ、設例のように

1　平米単価の高い宅地を優先して適用する

平米単価の最も高い貸付事業用宅地等をあえて選択しない方が、減額金額が大きくなるケースもある。

選択方法	選択面積	減額金額
(1)　①と②の併用	①300㎡、②200㎡	▲6,800万円
(2)　③を優先して適用	③200㎡	▲4,000万円

それぞれの計算方法は次のとおりである。
(1)　①と②を併用した場合
　設例　1　(1)　と同様……　6,800万円
(2)　③を優先して適用
　③を優先して適用した場合、限度面積（200㎡）を使い切っているため、①と②の選択の余地はない。

$$2 \text{億円} \times \frac{200㎡}{500㎡} \times 50\% = \underline{\quad 4,000 \text{万円} \quad}$$

２　配偶者の税額軽減の適用がある場合

　相続人である配偶者と子の両方が小規模宅地等の減額特例の適用要件を満たす場合には、子を優先して小規模宅地等の減額特例を適用した場合の方が、相続税の負担が少なくなる場合がある。

　一般的には、小規模宅地等の減額特例を最も減額金額の大きくなるように適用し、課税価格の合計額を最も少なくすれば相続税の総額も少なくなる。しかし配偶者の税額軽減の適用を受けるケースでは、配偶者については、１億6,000万円もしくは法定相続分までは無税で相続財産を取得することができる。

　配偶者の税額軽減と小規模宅地等の減額特例については、併用による適用が可能であるため、配偶者の税額軽減の上限に達していないような場合には、課税価格の合計がたとえ高くなったとしても、最終的な相続税の納税額が低くなる場合もある。

131

Ⅲ 小規模宅地等の減額特例の適用

設例 3

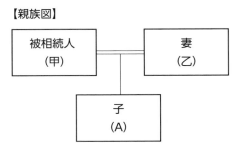

【親族図】

(子Aは甲乙と同居していない)

【財産内容】
・特定居住用宅地等……面積：330㎡、評価額：1億円（30.3万円/㎡）
・貸付事業用宅地等……面積：200㎡、評価額：1億2,000万円（60万円/㎡）

遺産分割協議により、妻（乙）が特定居住用宅地等330㎡を取得し、子（A）が貸付事業用宅地等200㎡を取得するとする。

なお、特定居住用は1億円×80％＝8,000万円、貸付事業用は1億2,000万円×50％＝6,000万円の小規模宅地等の減額特例を適用できるものとし、相続税額を単純比較する。

(1) 妻（乙）の取得した特定居住用宅地等について特例を優先して適用した場合

	各人の合計	妻（乙）	子（A）
課税価格	1億4,000万円	2,000万円	1億2,000万円
相続税の総額	1,560万円	－	－
算出税額	1,560万円	222.9万円	1,337.1万円
配偶者の税額軽減額	▲222.9万円	▲222.9万円	－
納付税額	1,337.1万円	0万円	1,337.1万円

＜計算過程＞
① 課税価格
　(イ) 妻（乙）：1億円 － 1億円 × 80％（小規模宅地等の減額）
　　　　　　　　＝ 2,000万円
　(ロ) 子（A）：1億2,000万円
　(ハ) 課税価格合計……2,000万円 ＋ 1億2,000万円 ＝ 1億4,000万円

1　平米単価の高い宅地を優先して適用する

② 相続税の総額

（1億4,000万円 － 4,200万円（基礎控除）） × 1／2 × 20% － 200万円
＝ 780万円

780万円 × 2人 ＝ 1,560万円

③ 算出税額

(イ) 妻（乙）：$1,560万円 \times \dfrac{2,000万円}{1億4,000万円} = 222.9万円$

(ロ) 子（A）：$1,560万円 \times \dfrac{1億2,000万円}{1億4,000万円} = 1,337.1万円$

(ハ) 税額合計……222.9万円 ＋ 1,337.1万円 ＝ 1,560万円

④ 納付税額

1,560万円 － 222.9万円（配偶者の税額軽減額） ＝ 1,337.1万円

(2) 子（A）の取得した貸付事業用宅地等について特例を優先的に適用した場合

	各人の合計	妻（乙）	子（A）
課税価格	1億6,000万円	1億円	6,000万円
相続税の総額	2,140万円	－	－
算出税額	2,140万円	1,337.5万円	802.5万円
配偶者の税額軽減額	▲1,337.5万円	▲1,337.5万円	－
納付税額	802.5万円	0万円	802.5万円

＜計算過程＞

① 課税価格

(イ) 妻（乙）：1億円

(ロ) 子（A）：1億2,000万円 － 1億2,000万円 × 50%（小規模宅地等の
減額） ＝ 6,000万円

(ハ) 課税価格合計　1億円 ＋ 6,000万円 ＝ 1億6,000万円

② 相続税の総額

（1億6,000万円 － 4,200万円（基礎控除）） × 1／2 × 30% － 700万円
＝ 1,070万円

1,070万円 × 2人 ＝ 2,140万円

③ 算出税額

(イ) 妻（乙）$2,140万円 \times \dfrac{1億円}{1億6,000万円} = 1,337.5万円$

(ロ) 子（A）$2,140万円 \times \dfrac{6,000万円}{1億6,000万円} = 802.5万円$

133

Ⅲ 小規模宅地等の減額特例の適用

　(ハ)　合計　1,337.5円 ＋ 802.5万円 ＝ 2,140万円

④　最終納付税額

　2,140万円 － 1,337.5万円(配偶者の税額軽減額) ＝ 802.5万円

【配偶者の税額軽減を適用した場合の比較】

	①特定居住用等を優先	②貸付事業用等を優先	差額②－①
小規模宅地等の減額金額	▲8,000万円	▲6,000万円	2,000万円
課税価格	1億4,000万円	1億6,000万円	2,000万円
相続税の総額	1,560万円	2,140万円	580万円
配偶者の税額軽減額	▲222.9万円	▲1,337.5万円	▲1,114.6万円
納付税額	1,337.1万円	802.5万円	▲534.6万円

　設例 3 では、小規模宅地等の減額特例については、特定居住用宅地等を優先して適用した方が、その減額金額は2,000万円（特定居住用：8,000万円＞貸付事業用：6,000万円）大きくなる。よって、課税価格を圧縮し、相続税の総額を小さくするには、特定居住用宅地を選択した場合が有利である。

　小規模宅地等の減額特例の有利選択により、相続税の総額は580万円（2,140万円－1,560万円）圧縮できることが分かる。

　ただし、配偶者の税額軽減を考慮した、最終的な納税額はどうなっただろうか。子（A）の取得する貸付事業用宅地等についての小規模宅地等の減額特例を選択した場合、課税価格が2,000万円増え、相続税の総額も580万円増加し、さらに妻（乙）の取得割合が48.3％（62.5％：1億／1億6,000万円－14.2％：2,000万円／1億4,000万円）多くなる。

　よって、配偶者の税額軽減の適用が1,114.6万円（1,337.5万円－222.9万円）増加し、結果的に納税額は534.6万円（1,337.1万円－802.5万円）少なくなる。

1　平米単価の高い宅地を優先して適用する

2 "鉄則"に従わない場合の留意点

1　平米単価の開きが一定倍率以内の場合

(1) 平米単価による選択の分岐点

　小規模宅地等の減額特例を適用するにあたり、複数の選択可能な宅地がある場合において、どの宅地から選択するのが減額金額が最も大きくなるかは、各宅地の平米単価の比較にある。

　この平米単価は、各宅地について単純に評価額を面積で除した単価ではなく、前記の限度面積と減額割合をそれぞれ掛け合わせた数字を基準に比較することになる。

区　分		限度面積	減額割合	比較数値
①	特定事業用宅地等	400㎡	80%	320
②	特定居住用宅地等	330㎡	80%	264
③	貸付事業用宅地等	200㎡	50%	100

　①と②の選択については完全併用になっているため、有利選択を考える必要はない。有利選択を考慮しなければならない場合は①と③の選択、②と③の選択のケースである。

　それでは、それぞれどのように判断したらよいか検討してみたい。

(2) ①と③の選択（特定事業用宅地等と貸付事業用宅地等）

　上表より、比較数値は特定事業用等宅地等が320、貸付事業用宅地等が100である。よって平米単価が3.2倍が分岐点となるため、単純平米単価が3.2倍か否かで有利選択を行えばよいことになる。

135

Ⅲ 小規模宅地等の減額特例の適用

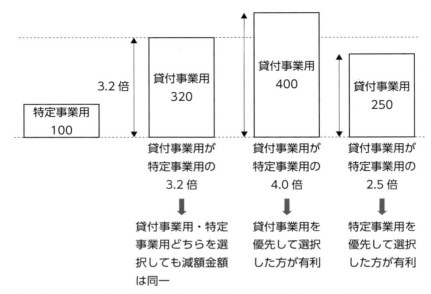

(3) ②と③の選択（特定居住用宅地等と貸付事業用宅地等）

前記（1）の表より、比較数値は特定居住用等宅地等が264、貸付事業用宅地等が100である。よって平米単価の2.64倍が分岐点となるため、単純平米単価が2.64倍か否かで有利選択を行えばよいことになる。

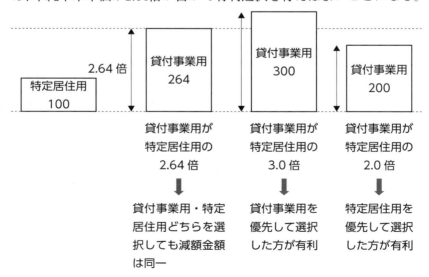

136

(4) 相続人すべての同意が必要

　小規模宅地等の減額特例は、先にも述べたとおり選択適用が可能である。一般的には最終的な納税額が最も低くなるように選択適用を行うことになるが、相続人ごとの立場で見ると、「最終的な納税額が低い＝自分が有利」とならないこともある。

　特例を適用した宅地を相続した相続人の相続税は、他の相続人に比べて大幅に負担が下がることになる。つまり、どの宅地に小規模宅地等の減額特例を適用するかによって、ある相続人にとっては有利であるが、ある相続人にとっては不利という事態が起こり得ることに注意しなければならない。

　相続税の申告の際には、どの宅地に小規模宅地等の減額特例の適用を行うのかということについて、減額特例の適用対象となる宅地を相続により取得した相続人すべての同意が必要となる。

　なお、特例を適用した相続人の税負担が少なくなる制度であるため、宅地を複数人で相続した場合、誰が取得した宅地に特例を適用するのか「全員の同意」を得ることが難しい場合も多々あるので留意しなければならない。

　なお、相続人全員の同意を証する書類の提出がなかったため小規模宅地の特例を適用できなかった次のような裁判例があるので参考にしていただきたい。

相続税の小規模宅地等の特例について、特例適用対象土地を取得した相続人全員の同意を証する書類の提出がないことから、同特例の適用はないとした事例
(東京地判平28.7.22（原告敗訴⇒控訴）、東京高判平29.1.26（棄却・確定）：TAINS Z266-12889)

(1) 事案の概要

　本件は、原告が、相続財産中の土地の持分（R区土地相続分）について、

その母（被相続人）と生計を一にしていた原告の事業の用に供されていた宅地等であるとして、租税特別措置法（平成22年法律第6号による改正前のもの）69条の4第1項に規定する小規模宅地等についての相続税の課税価格の計算の特例（本件特例）の適用があるものとして相続税の申告書を提出したところ、K税務署長から、本件特例の適用は認められないなどとして、更正処分等を受けたことから、その取消しを求めた事案である。

(2) 原告の主張

　特例対象宅地等を相続させる旨の遺言が存在する場合に、申告時点での選択同意書の添付を要件とすると、措置法69条の4第4項ただし書の適用が不能となるから、同要件は、技術的細目要件としての機能を超えて、実体要件としての機能を有するに至ってしまうとして、措置法施行令40条の2第3項3号は、相続させる旨の遺言の対象となった特例対象宅地等に対し適用される限りにおいて、租税法律主義（憲法84）に違反した違憲無効な規定となる旨を主張する。

(3) 東京地裁の判示

① 相続財産には未分割財産も含まれる

　措置法69条の4第1項は、相続税法11条の2に規定する相続税の課税価格を計算する際の特例として定められたものであるところ、相続税の計算に当たっては、同一の被相続人に係る全ての相続人等に係る相続税の課税価格（相法11の2）に相当する金額の合計額を基にするものとしているのであって、課税価格の算定の基礎となる「相続又は遺贈により取得した財産」には、未分割財産が含まれるものというべきであるから、措置法69条の4第1項の「相続又は遺贈により取得した財産」についても、未分割財産が含まれるものというべきである。

② R区土地及びQ市土地は特例対象宅地等に該当

　R区土地相続分及びQ市土地相続分は、被相続人又は被相続人と生計を一にしていたその長男である原告の事業の用に供されていた宅地等であって、措置法69条の4第1項にいう財務省令（措規23の2①）で定める建物の敷地の用に供されているもので政令（措令40の2②）で定めるものに該当することは明らかであり、Q市土地相続分のような未分割財産も特例対象宅地等に含まれることは上記のとおりであるから、R区土地相続分及びQ市土地相続分は、いずれも特例対象宅地等に該当するというべきである。

③ 選択同意書の添付が必要

　Q市土地相続分は、相続税の申告期限の時点において未分割財産であり、

被相続人の共同相続人である本件相続人らの共有に属していたことになるから、相続により、R区土地相続分及びQ市土地相続分から成る特例対象宅地等を取得したのは、本件相続人ら全員ということになる。

したがって、本件相続において、特例対象宅地等の選択をして本件特例の適用を受けるためには、特例対象宅地等を取得した全ての相続人である本件相続人らの選択同意書を相続税の申告書に添付してしなければならないということになる（措令40の2③本文）。

④　選択同意書の添付がなければ特例の適用なし

原告は、本件申告において、本件相続人らの選択同意書を添付していないのであるから、R区土地相続分について、本件特例を適用することはできないというべきである。

⑤　租税法律主義に反しない

措置法69条の4第1項は、選択特例対象宅地等を、同一の被相続人に係る全ての相続人等に係る全ての特例対象宅地等の中から選択したものと定め、全ての相続人等間で統一された選択をすることを要求しているものというべきであって、措置法施行令40条の2第3項は、これを受けて、特例対象宅地等のうち、本件特例の適用を受けるものの選択は、特例対象宅地等を取得した個人が1人である場合を除き、当該特例対象宅地等を取得した全ての個人の選択同意書を相続税の申告書に添付することを定めているのであるから、措置法69条の4第1項に規定する「政令で定めるところにより選択」との文言を受けて、その委任に基づき具体的手続を定めた規定であることが明らかである。

したがって、措置法40条の2第3項3号が租税法律主義（憲法84）に違反する旨の原告の主張は、採用することができない。

(4) 東京高裁の判示

東京高裁も東京地裁と同様の判示であった。

2　配偶者の税額軽減の適用がある場合

(1) 総合的判断

小規模宅地等の減額特例の対象となる宅地が複数ある場合、減額金額が一番大きくなるような選択の組合せにするとともに、その一方では、配偶者の税額軽減を考慮した最終的な納税額の比較を行い、最終的な宅地の選択を行う必要がある。

Ⅲ　小規模宅地等の減額特例の適用

単に平米単価だけでその選択を決めるのではなく、小規模宅地等の対象地が複数であったり適用対象者が複数人である場合には、様々な背景を加味し、どの宅地を選択するかを決定すべきである。

(2) 二次相続まで見据えた選択

一次相続において最も有利な小規模宅地等の選択をしたとしても、二次相続のことも考えるとその選択が必ずしも最適であったとはいえない場合も考えられる。単に平米単価のみで選択するのではなく、適用対象者が複数いる場合には各相続でのさまざまな背景を加味し、最終的に選択すべき特例対象宅地等を決定することが肝要である。

❸　小規模宅地等の減額特例を選択した土地を物納する場合

物納財産の収納価額は、原則として物納財産の相続時点における相続税評価額となる。

したがって、小規模宅地等の減額特例の適用を受けた宅地については、その減額された後の金額が収納価額になるため、小規模宅地等の減額特例を受けた場合、物納すると通常より低く算定されることに留意しなければならない。

III 小規模宅地等の減額特例の適用

貸付事業用宅地等より特定居住用宅地等を優先して適用する

特定居住用宅地等の方が適用限度面積や減額割合が大きいため

　小規模宅地等の減額特例は、相続開始の直前における宅地等の利用区分により適用限度面積や減額割合が異なっている。

　貸付事業用宅地等（不動産貸付業などの事業の用に供されていた宅地等）の場合、適用限度面積は200㎡、減額割合は50％であるのに対し、特定居住用宅地等は適用限度面積330㎡、減額割合は80％である。

　したがって、遺産に宅地等の評価額が同額程度の貸付事業用宅地等と特定居住用宅地等の両方が存在する場合は、特定居住用宅地等を優先して適用した方が、課税価格が減少するため有利となる。

　なお、特定居住用宅地等と貸付事業用宅地等との両方が存在する場合において、小規模宅地等の減額特例を選択する宅地等の限度面積の判定は次の算式のとおりである。

特定居住用宅地等 × 200 / 330 ＋ 貸付事業用宅地等 ≦ 200㎡

設例 1

　遺産のうち、宅地等の価額6,000万円で面積330㎡の特定居住用宅地等と、宅地等の価額6,000万円で面積200㎡の貸付事業用宅地等の両方が存在する場合に、(1)特定居住用宅地等から優先して適用する場合と、(2)貸付事業用宅地等から優先して適用する場合の単純比較。

Ⅲ 小規模宅地等の減額特例の適用

(1) 特定居住用宅地等から優先して適用する場合
　① 減額される金額
　　6,000万円 × 330㎡／330㎡ × 80％ ＝ 4,800万円
　② 課税価格に算入する価額
　　6,000万円 － ① ＝ 1,200万円
　③ 貸付事業用宅地等の限度面積
　　200㎡ － 330㎡（特定居住用宅地等の適用面積）× 200／330 ＝ 0㎡
　　∴特定居住用宅地等のみ適用あり
(2) 貸付事業用宅地等から優先して適用する場合
　① 減額される金額
　　6,000万円 × 200㎡／200㎡ × 50％ ＝ 3,000万円
　② 課税価格に算入する価額
　　6,000万円 － ① ＝ 3,000万円
　③ 特定居住用宅地等の限度面積
　　200㎡ － 200㎡（貸付事業用宅地等の適用面積） ＝ 0㎡
　　∴貸付事業用宅地等のみ適用あり

	宅地等の価額	減額される金額	課税価格に算入する価額
特定居住用宅地等	6,000万円	△4,800万円	1,200万円
貸付事業用宅地等	6,000万円	△3,000万円	3,000万円

"鉄則"に従ってはいけないケース

　次のような場合には、あえて「特定居住用宅地等」よりも、「貸付事業用宅地等」を優先して適用した方が有利になる。

 配偶者である相続人が特定居住用宅地等を取得し、配偶者以外の相続人が貸付事業用宅地等を取得する場合

1 "鉄則" に従ってはいけない理由と効果

1 配偶者に対する相続税額の軽減

　被相続人の配偶者が遺産分割や遺贈により実際に取得した正味の遺産額が、次の金額のどちらか多い金額までは配偶者に相続税は課税されない（相法19の2）。

・1億6,000万円

・配偶者の法定相続分相当額

　ただし、この配偶者の税額軽減は、配偶者が遺産分割などで実際に取得した財産を基に計算されることとされる。

2 「貸付事業用宅地等」を優先して適用する効果

　次の 設例 2 のとおり、貸付事業用宅地等に係る小規模宅地等の減額特例を優先して適用した場合、特定居住用宅地等に係る小規模宅地等の減額特例を適用する場合より相続税の総額は増加することになる。

　しかし、配偶者は税額軽減の適用により納税額が軽減され、貸付事業用宅地等に係る小規模宅地等の減額特例の適用を受けた長男は、その宅地等の価額が減少することにより、納税額が199.2万円（長男の納付税額 (1) 1,035万円−(2) 835.8万円）軽減される。

設例 2

　次の条件で配偶者の税額軽減を適用することを前提として、(1)特定居住用宅地等を優先して適用する場合と、(2)貸付事業用宅地等を優先して適用する場合の相続税額の比較。

＜前提条件＞

・相続人……配偶者、長男

・遺産……特定居住用宅地等：宅地等の価額6,000万円、面積330㎡
　　　　　　貸付事業用宅地等：宅地等の価額6,000万円、面積200㎡

143

Ⅲ　小規模宅地等の減額特例の適用

【(1)特定居住用宅地等を優先適用する場合】

		配偶者	長男	合　　計
居住用不動産 (7,000万円)	宅　地 (330㎡)	6,000万円	－	1,200万円
		(※)△4,800万円	－	
	建　物	1,000万円	－	1,000万円
貸付用不動産 (9,000万円)	宅　地	－	6,000万円	6,000万円
	建　物	－	3,000万円	3,000万円
その他の財産		2,000万円	1,000万円	3,000万円
債務		－	△500万円	△500万円
課税価格		4,200万円	9,500万円	1億3,700万円
相続税の総額		－	－	1,500万円
(按分割合)		(0.31)	(0.69)	(1.00)
算出税額		465万円	1,035万円	1,500万円
配偶者の税額軽減		△465万円	－	△465万円
納付税額		0円	1,035万円	1,035万円

（※）小規模宅地等の減額特例の計算

　　6,000万円 × 330㎡ / 330㎡ × 80% = 4,800万円

【(2)貸付事業用宅地等を優先適用する場合】

		配偶者	長男	合　　計
居住用不動産 (7,000万円)	宅　地	6,000万円	－	6,000万円
	建　物	1,000万円	－	1,000万円
貸付用不動産 (9,000万円)	宅　地 (200㎡)	－	6,000万円	3,000万円
		－	(※)△3,000万円	
	建　物	－	3,000万円	3,000万円
その他の財産		2,000万円	1,000万円	3,000万円
債務		－	△500万円	△500万円
課税価格		9,000万円	6,500万円	1億5,500万円
相続税の総額		－	－	1,990万円
(按分割合)		(0.58)	(0.42)	(1.00)
算出税額		1,154.2万円	835.8万円	1,990万円
配偶者の税額軽減		△1,154.2万円	－	△1,154.2万円
納付税額		0円	835.8万円	835.8万円

（※）小規模宅地等の減額特例の計算

　　6,000万円 × 200㎡ / 200㎡ × 50% = 3,000万円

2　貸付事業用宅地等より特定居住用宅地等を優先して適用する

2 ┃ "鉄則" に従わない場合の留意点

❶　配偶者以外の相続人が特定居住用宅地等の減額特例を適用できる場合の遺産分割の留意点

　小規模宅地等の減額特例は、減額が大きいことから、例えば複数の相続人について同特例の適用が可能である場合は、税負担の面からはその組合せで減額幅が最大となるように選択適用を検討する必要がある。

　設例 2 の前提条件下で、配偶者、長男のそれぞれが両方の特例の適用要件を満たし、両方の選択適用が可能である場合に、(1) 配偶者が貸付事業用宅地等、長男が特定居住用宅地等を相続する場合（他の財産債務の相続も逆のパターンとする）、(2) 配偶者及び長男が遺産を 2 分の 1 ずつ取得する場合の相続税額を算定する。

設例 3

　設例 2 と同様の相続人、遺産であるが、(1) 相続した財産は 設例 2 を逆転させ、配偶者が貸付事業用宅地等、長男が特定居住用宅地等を適用する場合と、(2) 二人の相続人が遺産を 2 分の 1 ずつ取得し、特定居住用宅地等を優先適用する場合の負担税額の検討。

【(1)配偶者が貸付事業用宅地等、長男が特定居住用宅地等を相続する場合】

		配偶者	長男	合　計
居住用不動産 (7,000万円)	宅　地 (330㎡)	−	6,000万円	1,200万円
		−	(※)△4,800万円	
	建　物	−	1,000万円	1,000万円
貸付用不動産 (9,000万円)	宅　地	6,000万円	−	6,000万円
	建　物	3,000万円	−	3,000万円
その他の財産		1,000万円	2,000万円	3,000万円
債務		△500万円	−	△500万円
課税価格		9,500万円	4,200万円	1 億3,700万円
相続税の総額		−	−	1,500万円

145

Ⅲ　小規模宅地等の減額特例の適用

（按分割合）	(0.69)	(0.31)	(1.00)
算出税額	1,035万円	465万円	1,500万円
配偶者の税額軽減	△1,035万円	－	△1,035万円
納付税額	0 円	465万円	465万円

（※）小規模宅地等の減額特例の計算

　　6,000万円 × 330㎡ / 330㎡ × 80％ ＝ 4,800万円

【(2) 相続財産を 2 分の 1 ずつ取得する場合】

		配偶者	長男	合　　計
居住用不動産 （7,000万円）	宅　地 （330㎡）	3,000万円	3,000万円	1,200万円
		（※）△2,400万円	（※）△2,400万円	
	建　物	500万円	500万円	1,000万円
貸付用不動産	宅　地	3,000万円	3,000万円	6,000万円
（9,000万円）	建　物	1,500万円	1,500万円	3,000万円
その他の財産		1,500万円	1,500万円	3,000万円
債務		△250万円	△250万円	△500万円
課税価格		6,850万円	6,850万円	1 億3,700万円
相続税の総額		－	－	1,500万円
（按分割合）		(0.50)	(0.50)	(1.00)
算出税額		750万円	750万円	1,500万円
配偶者の税額軽減		△750万円	－	△750万円
納付税額		0 円	750万円	750万円

（※）小規模宅地等の減額特例の計算

　　6,000万円 × 330㎡ / 330㎡ × 80％ × 1 / 2 ＝ 2,400万円

　上記の 設例 2 と 設例 3 から、次のような結果が得られる。

	優先した特例適用	配偶者の納付税額	長男の納付税額	相続税額合計
設例 2 (1)	配偶者が特定居住用宅地等	0 円	1,035万円	1,035万円
設例 2 (2)	長男が貸付事業用宅地等	0 円	835.8万円	835.8万円
設例 3 (1)	長男が特定居住用宅地等	0 円	465万円	465万円
設例 3 (2)	両者が特定居住用宅地等	0 円	750万円	750万円

　配偶者は、いずれのケースでも配偶者の税額軽減の適用により税負担が生じないが、税負担が最小となるのは 設例 3 (1)のケースとなっ

146

ている。配偶者は税額軽減の適用を受けられるため算出税額が大きくなっても、相続した遺産が1億6,000万円以下であれば負担税額は0となる。そのため、長男が減額幅の大きな特定居住用宅地等を相続することで全体の相続税負担を最大限に減少させることができる。

また、配偶者がすべての遺産を取得すれば、税額軽減の適用により相続税は発生せず、また遺産を全く相続しない長男も税負担が生じないことになる。しかし、配偶者が死亡した二次相続では、長男は配偶者の税額軽減が適用できないこと及び基礎控除が減少することにより、税負担が大きくなる。

したがって、配偶者と配偶者以外の相続人が、特定居住用宅地等と貸付事業用宅地等をどのように相続するかについては、共有持分による取得や配偶者の二次相続なども考慮して遺産分割の段階から検討する必要がある。

❷ 特定居住用宅地等と貸付事業用宅地等の減額特例の併用適用の検討

前述のとおり、特定居住用宅地等と貸付事業用宅地等との両方が存在する場合において、小規模宅地等の減額特例を選択する宅地等の限度面積の判定は次の算式のとおりである。

特定居住用宅地等 × 200 / 330 ＋ 貸付事業用宅地等 ≦ 200㎡

設例 4

貸家併用住宅の敷地を配偶者と長男の共有で相続し、(1) 特定居住用宅地等と貸付事業用宅地等を併用適用する場合と、(2) 貸付事業用宅地等のみを適用する場合の相続税額の比較。

＜前提条件＞
・相続人……配偶者、長男（特定居住用宅地等に係る小規模宅地等の減額特例の適用要件を充足）
・遺産……次ページの図の貸家併用住宅を配偶者と長男が2分の1ずつ共有で取得

Ⅲ 小規模宅地等の減額特例の適用

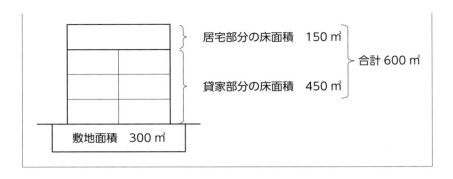

(1) 特定居住用宅地等と貸付事業用宅地等の面積按分
  ① 特定居住用宅地等
    300㎡(敷地面積) × 150㎡(居宅部分の床面積) / 600㎡(建物全体の床面積) = 75㎡
  ② 貸付事業用宅地等
    300㎡ − ① = 225㎡
(2) 小規模宅地等の減額特例の限度面積の判定
  ① 特定居住用宅地等と貸付事業用宅地等の併用適用
    (イ) 特定居住用宅地等   75㎡ ≦ 330㎡   ∴75㎡
    (ロ) 貸付事業用宅地等   200㎡ − (イ) × 200 / 330 ≒ 154㎡
  ② 貸付事業用宅地等のみ適用
    225㎡ ≧ 200㎡   ∴200㎡
(3) 宅地等の価額
  ① 特定居住用宅地等   2,000万円
  ② 貸付事業用宅地等   4,500万円
  ※上記の価額は、敷地面積300㎡を建物の床面積で按分し、貸家建付地の評価も踏まえて合理的に計算したものである。
(4) 課税価格に算入する金額
  ① 特定居住用宅地等と貸付事業用宅地等の併用適用
    (イ) 特定居住用宅地等
      2,000万円 − 2,000万円 × 75㎡ / 75㎡ × 80% = 400万円
    (ロ) 貸付事業用宅地等
      4,500万円 − 4,500万円 × 154㎡ / 225㎡ × 50% = 2,960万円

2　貸付事業用宅地等より特定居住用宅地等を優先して適用する

	敷地面積	特例の限度面積	課税価格に算入する金額
特定居住用宅地等	75㎡	75㎡	400万円
貸付事業用宅地等	225㎡	154㎡	2,960万円

②　貸付事業用宅地等のみ適用

4,500万円 － 4,500万円 × 200㎡ / 225㎡ × 50% = 2,500万円

	敷地面積	特例の限度面積	課税価格に算入する金額
特定居住用宅地等	75㎡	－	2,000万円
貸付事業用宅地等	225㎡	200㎡	2,500万円

【(1)特定居住用宅地等と貸付事業用宅地等を併用適用する場合】

		配偶者	長男	合　計
居住用不動産	宅　地	200万円	200万円	(※1)400万円
(3,500万円)	建　物	750万円	750万円	1,500万円
貸付用不動産	宅　地	1,480万円	1,480万円	(※2)2,960万円
(7,700万円)	建　物	1,600万円	1,600万円	3,200万円
その他の財産		2,000万円	2,000万円	4,000万円
債務		△250万円	△250万円	△500万円
課税価格		5,780万円	5,780万円	1億1,560万円
相続税の総額		－	－	1,072万円
(按分割合)		(0.50)	(0.50)	(1.00)
算出税額		536万円	536万円	1,072万円
配偶者の税額軽減		△536万円	－	△536万円
納付税額		0円	536万円	536万円

(※1)　上記(4)①　(イ)の金額

(※2)　上記(4)①　(ロ)の金額

【(2)貸付事業用宅地等のみを適用する場合】

		配偶者	長男	合　計
居住用不動産	宅　地	1,000万円	1,000万円	(※1)2,000万円
(3,500万円)	建　物	750万円	750万円	1,500万円
貸付用不動産	宅　地	1,250万円	1,250万円	(※2)2,500万円
(7,700万円)	建　物	1,600万円	1,600万円	3,200万円
その他の財産		2,000万円	2,000万円	4,000万円

Ⅲ　小規模宅地等の減額特例の適用

債務	△250万円	△250万円	△500万円
課税価格	6,350万円	6,350万円	1億2,700万円
相続税の総額	－	－	1,300万円
（按分割合）	(0.50)	(0.50)	(1.00)
算出税額	650万円	650万円	1,300万円
配偶者の税額軽減	△650万円	－	△650万円
納付税額	0円	650万円	650万円

（※1）　上記(3)①の金額

（※2）　上記(4)②の金額

　この設例の場合は、特定居住用宅地等と貸付事業用宅地等の併用適用を選択することにより、税負担が114万円（上記②(2)650万円－②(1)536万円）軽減される。

3　税理士職業賠償責任保険の事故事例

　株式会社日税連保険サービスは、毎年「税理士職業賠償責任事故事例」を税目別に公表しているが、相続税では小規模宅地等の減額特例に係る事故が最も多い。

　小規模宅地等の減額特例に係る事故のうち、特定居住用宅地等と貸付事業用宅地等に関連する事故の一部を掲げると次のとおりである。

(1)　小規模宅地等の計算特例の適用失念により過大納付となった事例（平成25年7月1日～平成26年6月30日）

　税理士は依頼者より相続財産に賃貸事業用土地がある旨の説明を受けており、必要資料の受領及び現地の確認等も行っていた。

　税理士は、依頼者の保有している土地は建物が自己所有でなく、不動産貸付業としては小規模宅地等特例が適用できないと思い込み、小規模宅地等特例を適用しない相続税申告書を作成、提出した。

　しかし、相続人の行っていた不動産貸付業は小規模宅地等特例の各適用要件を満たしており、適用失念は税理士の責任であるとして損害賠償請求を受けた。

2 貸付事業用宅地等より特定居住用宅地等を優先して適用する

(2) 小規模宅地等の特例適用において不利な選択をしたため過大納
付相続税額が発生した事例（平成30年7月1日〜令和元年6月30日）

　税理士は、平成29年5月に発生した相続税の申告書において、小規
模宅地等の特例適用を受ける宅地の選択において有利な自宅での適用
が選択できたにもかかわらず、税理士の誤った判断により不利な貸家
での適用をしたため過大納付相続税額が発生した。その結果、税理士
は依頼者から損害賠償請求を受けた。

Ⅲ 小規模宅地等の減額特例の適用

鉄則 3 　適用対象宅地等は特定遺贈する

理由　居住用や事業用など一定の不動産を特定の相続人に遺贈することで、被相続人の意思を尊重した相続財産の承継が可能となるため

　被相続人が事業を営んでいた場合には、事業承継が円滑に行われるように、その事業用の不動産について後継者に遺贈することが考えられる。また、居住用不動産を配偶者に遺贈したいなど被相続人が不動産の承継について希望がある場合には、一定の不動産を特定の相続人に遺贈する旨を遺言書に記載することで、被相続人の意思に沿った承継が可能となる。

◆ "鉄則"に従ってはいけないケース

　相続人間で次に掲げるような状況が発生する可能性がある場合には、宅地を特定遺贈する旨の遺言書を作成する段階で、小規模宅地等の減額特例の適用による相続税額への影響についての検討も必要となる。

ケース
1. 小規模宅地等の減額特例の適用を受ける宅地等の選択について、相続人間で同意が得られない場合
2. 留分侵害額請求を行使されることが想定される場合

1 "鉄則" に従ってはいけない理由と効果

1 小規模宅地等の減額特例の適用を受ける宅地等の選択について、相続人間で同意が得られない場合

小規模宅地等の減額特例とは、個人が、相続や遺贈によって取得した財産のうち、その相続開始の直前において被相続人又は被相続人と生計を一にしていた被相続人の親族（「被相続人等」という）の事業の用又は居住の用に供されていた宅地等（土地又は土地の上に存する権利をいう）のうち一定のものがある場合には、その宅地等のうち一定の面積までの部分（「小規模宅地等」という）については、相続税の課税価格に算入すべき価額の計算上、一定の割合を減額する制度である（措法69の4）。

この小規模宅地等の減額特例は、特例の対象となり得る宅地等を取得した全ての人の同意がなければ適用を受けることができないこととなっている（措令40の2⑤）。

被相続人が、小規模宅地等の減額特例の適用対象となる宅地を複数所有していた場合に、各宅地について、特定の相続人を指定し遺贈する旨、遺言書を作成したとする。相続人間で争いがない場合は問題ないが、争いがある場合、どの宅地について小規模宅地等の減額特例の適用を受けるか意見が一致しない可能性がある。また、相続税の申告期限までに話合いの場を設けられないということも考えられる。

次の 設例 1 のように、遺言書の内容的には事業承継をスムーズに行いたいという被相続人の意思が尊重されている内容となっているが、遺留分を侵害された者にとっては納得いかず、多少の税負担を負っても、遺留分を侵害している者に対してダメージを与えたいと考える可能性もある。

また、遺言書が無効であると主張する場合も同様に、申告期限までに小規模宅地等の減額特例の適用の選択について同意を得るのが難し

Ⅲ　小規模宅地等の減額特例の適用

い場合がある。

　相続人やその代理人は、小規模宅地等の減額特例の適用の有無によって、相続税額に大きく影響を与えるという認識がない場合がほとんどである。

　税理士の立場としては、相続税額への影響のシミュレーションを提示し、最も相続税額が少なくなる選択を行うことが、各相続人においても税負担を抑えられるというメリットがあることを伝える必要があるであろう。また、被相続人から生前に遺言についての相談を受けることがあれば、小規模宅地等の適用対象となり得る宅地については、事業承継者に集中させ、その他の者には金銭などその他のものを遺贈するよう税務上の観点からアドバイスすることが求められる。

設例 1

　被相続人（父）は所有する相続財産について下記のとおり遺言書を作成し、特定遺贈する旨定めていた。

(1)　配偶者へ遺贈
　　①　Ａ宅地（居住用）：150㎡、相続税評価額7,000万円（時価8,750万円）
　　②　Ａ家屋（居住用）：相続税評価額600万円（時価600万円）
　　③　現預金：5,000万円
(2)　長男へ遺贈
　　①　Ｂ宅地（同族会社事業用）：300㎡、相続税評価額１億2,000万円（時価１億5,000万円）
　　②　Ｂ家屋（同族会社事業用）：相続税評価額3,000万円（時価3,000万円）
　　③　Ｃ宅地（貸付事業用）：200㎡、相続税評価額1,200万円（時価1,500万円）
　　④　Ｃ家屋（貸付事業用）：相続税評価額500万円（時価500万円）
　　　※Ｃ宅地及びＣ家屋は平成25年に取得し、譲渡時における取得費は1,000万円とする。
　　⑤　同族会社への貸付金：1,200万円
(3)　二男へ遺贈

① 　D宅地（貸付事業用）：200㎡、相続税評価額1,700万円（時価2,125万円）

　　② 　現預金：1,300万円

　　相続人は配偶者・長男・二男の3名であり、他に相続財産はないものとした場合に、各宅地について小規模宅地等の減額特例を適用した場合の相続税額に与える影響を試算する。

　　なお、長男が取得するC宅地については申告期限前に売却することとなっており、小規模宅地等の減額特例の適用要件を満たさないが、その他の宅地については適用要件を満たすものとする。

●相続税額の試算

(1)　相続税額の計算（小規模宅地等の減額特例及び配偶者の税額軽減の特例の適用前）

　　小規模宅地等の減額特例及び配偶者の税額軽減の特例を適用する前の相続税額の総額及び各相続人の相続税額は下記のとおりとなる。

No.	相続財産	合計	配偶者	長男	二男
1	A宅地及び家屋（居住用）	7,600万円	7,600万円	－	－
2	B宅地及び家屋（同族会社事業用）	1億5,000万円	－	1億5,000万円	－
3	C宅地及び家屋（貸付事業用）	1,700万円	－	1,700万円	－
4	D宅地（貸付事業用）	1,700万円	－	－	1,700万円
5	現預金	6,300万円	5,000万円	－	1,300万円
6	同族会社への貸付金	1,200万円	－	1,200万円	－
7	課税遺産総額	3億3,500万円	1億2,600万円	1億7,900万円	3,000万円
8	基礎控除	△4,800万円	－	－	－
9	相続税額	6,945万円	2,612万円	3,711万円	622万円

(2)　小規模宅地等の減額特例の適用の組合わせ

　　小規模宅地等の減額特例の適用を受ける小規模宅地等については、相続税の課税価格に算入すべき価額の計算上、次の表に掲げる区分ごとに一定の割合を減額する。

Ⅲ　小規模宅地等の減額特例の適用

相続開始の直前における宅地等の利用区分				要件	限度面積	減額される割合
被相続人等の事業の用に供されていた宅地等	貸付事業以外の事業用の宅地等		①	特定事業用宅地等に該当する宅地等	400㎡	80%
	貸付事業用の宅地等	一定の法人に貸し付けられ、その法人の事業（貸付事業を除きます。）用の宅地等	②	特定同族会社事業用宅地等に該当する宅地等	400㎡	80%
			③	貸付事業用宅地等に該当する宅地等	200㎡	50%
		一定の法人に貸し付けられ、その法人の貸付事業用の宅地等	④	貸付事業用宅地等に該当する宅地等	200㎡	50%
		被相続人等の貸付事業用の宅地等	⑤	貸付事業用宅地等に該当する宅地等	200㎡	50%
被相続人等の居住の用に供されていた宅地等			⑥	特定居住用宅地等に該当する宅地等	330㎡	80%

　また、特例の適用を選択する宅地等が以下のいずれに該当するかに応じて、限度面積を判定する。

特例の適用を選択する宅地等	限度面積
特定事業用等宅地等（①又は②）及び特定居住用宅地等（⑥）（貸付事業用宅地等がない場合）	（①＋②）≦400㎡ ⑥≦330㎡ 両方を選択する場合は、合計730㎡
貸付事業用宅地等（③、④又は⑤）及びそれ以外の宅地等（①、②又は⑥）（貸付事業用宅地等がある場合）	（①＋②）×200/400＋⑥×200/330＋（③＋④＋⑤）≦200㎡

　設例 1 の限度面積の計算は下記のとおりとなる。

156

3　適用対象宅地等は特定遺贈する

(ア)　A宅地（居住用）：150㎡≦330㎡、B宅地：（同族会社事業用）
　　　300㎡≦400㎡
　合計　150㎡＋300㎡＝450㎡≦730㎡
　　　　※D宅地の適用の検算
　　　　　A宅地（居住用）150㎡×200/330＋B宅地（同族会社事業用）
　　　　　300㎡×200/400
　　　　＝240.9090…㎡　≧　200㎡　∴D宅地の適用なし
(イ)　A宅地（居住用）：150㎡×200/330＋D宅地（貸付事業用）：
　　　109.09㎡
　　　＝199.999…㎡≦200㎡
(ウ)　B宅地（同族会社事業用）：300㎡×200/400＋D宅地（貸付事
　　　業用）：50㎡
　　　＝200㎡≦200㎡
(エ)　D宅地（貸付事業用）：200㎡≦200㎡

※上段：選択の有無、適用面積、下段：減額される金額

パターン	（ア）	（イ）	（ウ）	（エ）
A宅地（居住用）	○150㎡ （△5,600万円）	○150㎡ （△5,600万円）	×	×
B宅地 （同族会社事業用）	○300㎡ （△9,600万円）	×	○300㎡ （△9,600万円）	×
D宅地 （貸付事業用）	×	○109.09㎡ （△463.63万円）	○50㎡ （△212.5万円）	○200㎡ （△850万円）

(3)　各相続人の相続税額
　　前記②の各組合わせの場合の各相続人の相続税額は下記のとおりと
なる。
　　最も相続税額の負担が少ない（ア）と最も負担が大きい（エ）と比
べると合計で4,373万円（（エ）6,648万円－（ア）2,275万円）もの相続
税額に違いが発生する。各相続人で見ると、配偶者は1,695万円（（エ）
2,565万円－（ア）870万円）、長男は2,613万円（（エ）3,645万円－（ア）
1,032万円）と小規模宅地等の減額特例の適用がないとかなり負担が大
きくなることがわかる。

157

Ⅲ　小規模宅地等の減額特例の適用

　　一方、二男の税負担の増加は65万円（（エ）438万円－（ア）373万円）
となり、この程度の増加であれば、遺留分を侵害する者にダメージを
与えるために小規模宅地等の選択に同意しないということも考えられ
る。

※上段：課税価格、下段：相続税額

パターン	（ア）	（イ）	（ウ）	（エ）
課税価格の合計	1 億8,300万円	2 億7,436万円	2 億3,688万円	3 億2,650万円
相続税の総額	2,275万円	4,823万円	3,622万円	6,548万円
配偶者	7,000万円 （870万円）	7,000万円 （1,230万円）	1 億2,600万円 （1,927万円）	1 億2,600万円 （2,565万円）
長男	8,300万円 （1,032万円）	1 億7,900万円 （3,147万円）	8,300万円 （1,269万円）	1 億7,900万円 （3,645万円）
二男	3,000万円 （373万円）	2,536万円 （446万円）	2,788万円 （426万円）	2,150万円 （438万円）

❷　遺留分侵害額請求を行使されることが想定される場合

　　次の 設例 2 のとおり、設例 1 の遺言書に従って相続した場合は、
二男の遺留分については下記の計算のとおり遺留分が侵害されている
ため、二男は遺留分侵害額請求権を行使することが考えられる。

　　また、遺留分侵害請求権の行使を受けた場合、遺贈を受けた不動産
の所有権を移転することで遺留分侵害額相当額の請求に応じた場合に
は、代物弁済があったものとして譲渡所得税が課税される場合がある
ので注意が必要である。

設例 2

　　前記の 設例 1 の遺言書に従って相続した場合に、二男の遺留分侵
害額を計算する。また、長男が遺留分侵害額請求権の行使を受けた場
合、Ｃ宅地及び家屋の所有権を二男に移転することで侵害額相当額の
請求に応じたとした場合の課税関係を確認する。

＜二男の遺留分侵害額＞
①　相続財産の総額（時価）

158

Ａ宅地及び家屋9,350万円＋Ｂ宅地及び家屋1億8,000万円＋Ｃ宅地及び家屋2,000万円＋Ｄ宅地2,125万円＋現預金6,300万円＋貸付金1,200万円＝3億8,975万円

②　二男の遺留分

①×（1／2×1／2）×1／2≒4,872万円

③　遺留分侵害額

②－3,425万円（Ｄ宅地：2,125万円＋預貯金：1,300万円）＝1,447万円

●代物弁済による譲渡所得税

　遺留分制度に関する民法改正（後記3「参考」参照）が行われる前は、遺留分の減殺請求により取得した資産は、遺留分減殺請求に伴う物件的効果によるものであることから、相続税の範疇で課税関係が整理され、譲渡所得の課税関係に影響しないものとされていた。

　しかし、改正後は、遺留分侵害額請求による遺留分侵害額に相当する金銭の支払請求があった場合において、金銭の支払いに代えて、その債務の全部又は一部の履行として資産の移転があったときは、その履行をした者は、原則として、その履行があった時においてその履行により消滅した債務の額に相当する価額によりその資産を譲渡（代物弁済）があったものとされることになった（所基通33-1の6）。

　また、遺留分侵害額の請求に基づく金銭の支払いに代えて資産の移転があったときは、その履行を受けた者は、原則として、その履行があった時においてその履行により消滅した債権の額に相当する価額によりその資産を取得したこととなる（所基通38-7の2）。

---

2 | "鉄則" に従わない場合の留意点

１ 減額特例の適用にあたっての同意

　小規模宅地等の減額特例の適用を受けるためには、特例対象宅地等を相続等により取得した個人が2人以上いるときは、小規模宅地等の減額特例の適用を受けるものとする特例対象宅地等の選択についてその取得した個人全員の同意が必要とされている（措令40の2⑤）。

Ⅲ　小規模宅地等の減額特例の適用

　具体的には、下記のように「小規模宅地等についての課税価格の計算明細書（第11・11の２表の付表１）」の「１　特例の適用にあたっての同意」欄に特例対象宅地等の選択についてその取得した個人全員の氏名を記載することにより同意要件が満たされたことになる。

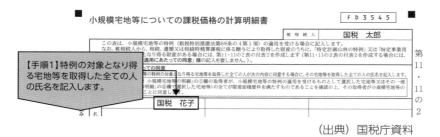

（出典）国税庁資料

　なお、相続人である納税者が、特例適用対象宅地等を取得した相続人全員の同意を証する書類の提出がなくても減額特例の特例は認められるべきとの主張が認められなかった裁判例がある。参考のため下記に掲げる。

- 平成28年７月22日東京地裁判決（原告敗訴➡控訴・TAINS Z266-1288）
- 平成29年１月26日東京高裁判決（棄却・確定）・TAINS Z267-12970）

❷　遺留分制度の民法改正に関連する見直し

　遺留分制度に関する改正が行われたことにより、遺留分減殺請求権の行使によって当然に物件的効果が生ずるとされていた改正前の規律を見直し、遺留分の行使によって遺留分侵害額に相当する金銭の支払いを請求できることになった。

　遺留分侵害額請求権が行使された結果、侵害した者が取得した宅地等を請求者に移転することで侵害額に相当する金銭の支払いに充てることが考えられるが、小規模宅地等の減額特例を適用した宅地等に対する選択替えの可否については、この改正の前後において取扱いが異

なっているので注意が必要である。国税庁ホームページでは、改正前と改正後の取扱いについて、次のような質疑応答事例を掲載している。

遺留分減殺に伴う修正申告及び更正の請求における小規模宅地等の選択替えの可否
（令和元年7月1日前（改正前）に開始した相続）
【照会要旨】

　被相続人甲（平成31年3月10日相続開始）の相続人は、長男乙と長女丙の2名です。乙は甲の遺産のうちA宅地（特定居住用宅地等）及びB宅地（特定事業用宅地等）を遺贈により取得し、相続税の申告に当たってB宅地について小規模宅地等の特例を適用して期限内に申告しました。

　その後、丙から遺留分減殺請求がなされ、家庭裁判所の調停の結果B宅地は丙が取得することになりました。

　そこで、小規模宅地等の対象地を、乙は更正の請求においてA宅地と、丙は修正申告においてB宅地とすることができますか（限度面積要件は満たしています。）。なお、甲の遺産の内小規模宅地等の特例の対象となる宅地等は、A宅地及びB宅地のみです。

【回答要旨】

　当初申告におけるその宅地に係る小規模宅地等の特例の適用について何らかの瑕疵がない場合には、その後、その適用対象宅地の選択換えをすることは許されないこととされていますが、照会の場合は遺留分減殺請求という相続固有の後発的事由に基づいて、当初申告に係る土地を遺贈により取得できなかったものですから、更正の請求においてA宅地について小規模宅地等の特例を適用することを、いわゆる選択替えというのは相当ではありません。

　したがって、乙の小規模宅地等の対象地をA宅地とする変更は、更正の請求において添付書類等の要件を満たす限り認められると考えられます。また、当初申告において小規模宅地等の対象地を選択しなかった丙についても同様に取り扱って差し支えないと考えられます。

Ⅲ　小規模宅地等の減額特例の適用

遺留分侵害額の請求に伴い取得した宅地に係る小規模宅地等の特例の適用の可否
（令和元年7月1日以後に開始した相続）
【照会要旨】
　被相続人甲（令和元年8月1日相続開始）の相続人は、長男乙と長女丙の2名です。乙は甲の遺産のうちA宅地（特定居住用宅地等）及びB宅地（特定事業用宅地等）を遺贈により取得し、相続税の申告に当たってこれらの宅地について小規模宅地等の特例を適用して期限内に申告しました（小規模宅地等の特例の適用要件はすべて満たしています。）。
　その後、丙から遺留分侵害額の請求がなされ、家庭裁判所の調停の結果、乙は丙に対し遺留分侵害額に相当する金銭を支払うこととなりましたが、乙はこれに代えてB宅地の所有権を丙に移転させました（移転は相続税の申告期限後に行われました。）。
　丙は修正申告の際にB宅地について小規模宅地等の特例の適用を受けることができますか。
【回答要旨】
　民法及び家事事件手続法の一部を改正する法律（平成30年法律第72号）による改正により、令和元年7月1日以後に開始した相続から適用される民法第1046条《遺留分侵害額の請求》に規定する遺留分侵害額の請求においては、改正前の遺留分減殺請求権の行使によって当然に物権的効力が生じるとされていた（遺贈又は過去の贈与の効力が消滅し、遺贈又は贈与をされていた財産に関する権利が請求者に移転することとされていた）規定が見直され、遺留分に関する権利の行使によって遺留分侵害額に相当する金銭債権が生じることとされました。
　照会の場合、遺留分侵害額の請求を受けて乙はB宅地の所有権を丙に移転していますが、これは、乙が遺留分侵害額に相当する金銭を支払うために丙に対し遺贈により取得したB宅地を譲渡（代物弁済）したものと考えられ、丙はB宅地を相続又は遺贈により取得したわけではありませんので、小規模宅地等の特例の適用を受けることはできません。なお、丙は、遺留分侵害額に相当する金銭を取得したものとして、相続税の修正申告をすることになります。
（注）　乙がB宅地を遺贈により取得した事実に異動は生じず、また、乙が

B宅地を保有しなくなったのは相続税の申告期限後であることから、遺留分侵害額の請求を受けてB宅地の所有権を丙に移転させたとしても、乙はB宅地についての小規模宅地等の特例の適用を受けることができなくなるということはありません。なお、乙は、遺留分侵害額の請求に基づき支払うべき金銭の額が確定したことにより、これが生じたことを知った日の翌日から4月以内に、更正の請求をすることができます。

　民法及び家事事件手続法の一部を改正する法律による改正により、令和元年7月1日以後に開始した相続から適用される民法第1046条≪遺留分侵害額の請求≫に規定する遺留分侵害額の請求においては、改正前の遺留分減殺請求の行使によって当然に物権的効力が生じるとされていた（遺贈又は過去の贈与の効力が消滅し、遺贈又は贈与をされていた財産に関する権利が請求者に移転することとされていた）規定が見直され、遺留分に関する権利の行使によって遺留分侵害額に相当する金銭債権が生じることとされた。

　上記質疑応答事例「遺留分侵害額の請求に伴い取得した宅地に係る小規模宅地等の特例の適用の可否」の場合、遺留分侵害額の請求を受けて乙はB宅地の所有権を丙に移転しているが、これは、乙が遺留分侵害額に相当する金銭を支払うために丙に対し遺贈により取得したB宅地を譲渡（代物弁済）したものと考えられ、丙はB宅地を相続又は遺贈により取得したわけでなないため、小規模宅地等の減額特例の適用を受けることはできない。

　なお、丙は、遺留分侵害額に相当する金銭を取得したものとして、相続税の修正申告をすることになる。

　一方、乙がB宅地を遺贈により取得した事実に異動は生じず、また、乙がB宅地を保有しなくなったのは相続税の申告期限後であることから、遺留分侵害額の請求を受けてB宅地の所有権を丙に移転させたとしても、乙はB宅地についての小規模宅地等の減額特例の適用を受けることができなくなるということはない。

なお、乙は、遺留分侵害額の請求に基づき支払うべき金銭の額が確定したことにより、これが生じたことを知った日の翌日から4月以内に更正の請求をすることができる。

　令和元年7月1日より遺留分を侵害された者は、遺贈や贈与を受けた者に対し、遺留分侵害額に相当する金銭の請求をすることができるよう相続法が改正された（遺留分侵害額請求権）。改正前の遺留分減殺額請求権の行使によると、不動産は共有状態となり、事業承継の支障となっている指摘されていた。また、遺留分減殺請求権の行使によって生じる共有割合は、目的財産の評価額等を基準に決まるため、通常は、分母・分子とも極めて大きな数字となり、持分権の処分に支障が出るおそれがあった。

　改正後の遺留分侵害額請求権の行使によれば、遺留分侵害額についてはそれに相当する金銭の請求が行われるため、不動産の共有状態が当然に生ずることを回避することができ、遺贈等により特定の不動産を受遺者等に承継したいという遺言者の意思を尊重することができるようになった。

```
＜遺留分及び遺留分侵害額＞
　遺　　留　　分＝（遺留分を算定するための財産の価額（注1））×（2
　　　　　　　　　分の1（注2））×（遺留分権利者の法定相続分）
　遺留分侵害額＝（遺留分）－（遺留分権利者の特別受益の額）
　　　　　　　　－（遺留分権利者が相続によって得た積極財産の額）
　　　　　　　　＋（遺留分権利者が相続によって負担する債務の額）
　（注1）遺留分を算定するための財産の価額＝（相続時における被相続
　　　　人の積極財産の額）＋（相続人に対する生前贈与の額（原則10
　　　　年以内））＋（第三者に対する生前贈与の額（原則1年以内））
　　　　－（被相続人の債務の額）
　（注2）直系尊属のみが相続人である場合は3分の1
```

（出典）法務省パンフレット

3 適用対象宅地等は特定遺贈する

設例

　経営者であった被相続人が、事業を手伝っていた長男に会社の土地建物（評価額1億円）を、長女に預金2,000万円を相続させる旨の遺言をし、死亡した（配偶者は既に死亡）。遺言の内容に不満な長女が長男に対し、遺留分減殺請求（遺留分侵害額請求）を行った。

(1) 改正前
　① 長女の遺留分侵害額
　　（1億円＋2,000万円）×1／2×1／2 －2,000万円＝1,000万円
　② 会社の土地建物の共有状態
　　長男：9,000万／1億 ＝ 9／10
　　長女：1,000万／1億 ＝ 1／10
(2) 改正後
　　長女は、遺留分侵害額請求によって生ずる権利は金銭債権となり、遺留分侵害額1,000万円を金銭で請求することができるため、会社の土地建物は共有状態となるのを避けられることになった。

Ⅳ　相続税等の納税猶予制度の適用

農地等の納税猶予制度は適用する

市街地農地などは宅地並みの相続税評価額となり、相続税が高額になることから納税猶予を適用することで税負担が減少するため

　遺産のうちに宅地並みで評価される農地があり、その農地を相続した農業相続人が引き続き農業を継続していく予定である場合には、農地等の納税猶予制度を適用し、相続税の負担を減らすべきである。

　農地の納税猶予制度を適用する理由として、市街地農地など宅地並みの相続税評価額となる農地を有していた場合、相続税が非常に高額になり、納税のために農地を譲渡しなければならない可能性もある。そこで、農業経営の安定と後継者育成を税制面で支援するために、農地を農業後継者が取得し、農業を継続すること等を条件に納税猶予制度がある。

　農地等の納税猶予の趣旨は、次のとおりである。

---
(1)　農地の納税猶予制度を活用することにより、農業後継者を育成するとともに先祖代々の農家を守っていくことができる。
(2)　相続税が高額になる場合、通常時の相続税額と農業投資価格を用いて計算した場合の相続税額の差額が一定要件のもとで猶予される。
(3)　相続税の納税資金捻出のために農地を譲渡せざるを得ない場合もあり、農業経営の安定が図れない恐れがある。

1　納税猶予の計算例

　納税猶予の効果を、次の設例で確認したい。

1 農地等の納税猶予制度は適用する

　相続税の納税猶予の適用を受けた場合、通常どおりに計算した相続税額と特例農地を農業投資価格で計算した相続税額との差額が、農業相続人が納付すべき税額から猶予されることになる。

【納税猶予額のイメージ】

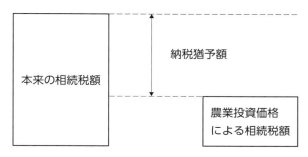

　相続税の納税を軽減（猶予）する意味では非常に効果が大きく、都市部に所在する農地については、その評価額はほぼ宅地並みの相続税評価額とされるため、納税猶予の効果は一層大きくなる。

設例
　農地等の納税猶予を、①適用しない場合と、②適用した場合の相続税額の比較。

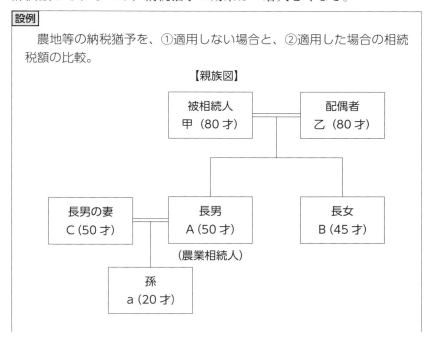

Ⅳ　相続税等の納税猶予制度の適用

【相続財産の構成】

財　産	各人の合計	配偶者（乙）	長男（A）	長女（B）
農地	6,000万円 (73万円)※	－	6,000万円 (73万円)	－
農地以外の財産	1億円	6,000万円	2,000万円	2,000万円
課税価格合計	1億6,000万円 （1億73万円）	6,000万円 (6,000万円)	8,000万円 (2,073万円)	2,000万円 (2,000万円)
按分割合	1.0 (1.0)	0.375 (0.6)	0.5 (0.2)	0.125 (0.2)

※（　）は農業投資価格による評価額

【相続税額】納税猶予を適用しない場合

税額の区分	各人の合計	配偶者（乙）	長男（A）	長女（B）
算出税額	1,720万円	645万円	860万円	215万円
配偶者の税額軽減額	▲645万円	▲645万円	－	－
納付税額	1,075万円	0万円	860万円	215万円

【相続税額】納税猶予を適用した場合

税額の区分	各人の合計	配偶者（乙）	長男（A）	長女（B）
農業投資価格による算出税額	640万円	381万円	132万円	127万円
相続税の総額の差額	1,080万円	－	1,080万円	－
算出税額	1,720万円	381万円	1,212万円	127万円
配偶者の税額軽減額	▲381万円	▲381万円	－	－
農地等納税猶予税額	▲1,080万円	－	▲1,080万円	－
納付税額	259万円	0万円	132万円	127万円

　設例のケースは、農業経営をしていた被相続人甲に相続が発生した場合である。

　相続人は配偶者乙及び子2人の合計3人であり、子のうち長男Aが農業相続人となり、農地等の納税猶予の適用を受ける。

　財産の構成は、納税猶予の対象となる特例農地等が6,000万円（農業投資価格73万円）、農地以外の財産の合計が1億円で合計財産が1億6,000万円である。

納税猶予適用前の算出税額は合計で1,720万円であるが、長男Ａが猶予を受けることになる相続税額は1,080万円となり、さらに配偶者乙については配偶者の税額軽減額が381万円控除され、終身営農がクリアできれば相続税の納付税額は259万円（長男Ａ132万円＋長女Ｂ127万円）のみとなる。

　設例の数字だけみれば、納税猶予を適用すべきと思われるが、本制度はあくまで納税の猶予であるため、納税猶予の打切り事由に該当することとなった場合のリスク（猶予された本税及び打切りになるまでの利子税の負担）等は常に念頭におかなければならない。

　なお、納税猶予の適用を受けることによる各人の算出相続税額は、配偶者乙については264万円（645万円－381万円）、長女Ｂについては88万円（215万円－127万円）減少することになる。これは、農業相続人以外の相続人についても農業投資価格で評価されることにより全体の課税価格が低くなり、その結果、相続税額も少なくなったためである。つまり、長男Ａが納税猶予の適用を受けることにより、適用を受けない他の相続人（乙、Ｂ）の相続税額にも影響を及ぼすこととなる。

　また、農業相続人である長男Ａについては、農業投資価格により計算された相続税額132万円と相続税の総額の差額1,080万円の合計額1,212万円が相続税額となるため、相続税額は352万円（1,212万円－860万円）増加することとなり、乙とＢの減少分の合計と一致する。そして相続税の総額の差額分1,080万円が納税猶予されることとなり、最終的な納付税額は132万円となる。

② 固定資産税の優遇措置

　農地の固定資産税は、市街化区域の区域外か区域内かによって、評価方法や課税方法が異なる。

農地の区分		評価方法	課税方法
一般農地		農地評価	農地課税
市街化区域農地	生産緑地	宅地並み評価	農地に準じた課税
	一般市街化区域農地		
	特定市街化区域農地		宅地並み課税

Ⅳ　相続税等の納税猶予制度の適用

※市街化区域：既に市街化されているか、概ね10年以内に市街化が図られる地域。
※特定市街化区域：市街化区域の中でも、東京都・愛知県・大阪府ならびに近郊府県にあたる区域

"鉄則"に従ってはいけないケース

次に該当する場合には、あえて農地等の納税猶予制度を適用しないことも一考である。

1　子世代の農業後継者はいるが孫世代の農業後継者がいない場合
2　農地が都市計画地域に所在し将来宅地化が進む可能性が高い場合
3　生産緑地の指定を受けている農地である場合

1　"鉄則"に従ってはいけない理由と効果

1　子世代の農業後継者はいるが孫世代の農業後継者がいない場合

(1) 納税猶予の選択は慎重に

　農地の納税猶予の適用を選択するか否かについては、まずその制度を選択した場合と選択しない場合の納税額の試算、またその農地の固定資産税がどのような課税に分類されているか等を確認しておく必要がある。その上で、納税猶予の選択をそれぞれの家族構成や将来設計、納税猶予を選択した場合と選択しない場合での経済的効果、その他の要素を総合的に考慮して慎重に選択するか否かの判断をすることが必要である。

(2) 孫の代まで見据えた納税猶予の選択

　被相続人甲に相続が発生した場合、その子である長男Aが農地とし

て相続することは簡単である。そうすれば相続税の納税猶予の適用を受け、固定資産税を農地課税の低い税負担で保有し続けることができる。

しかし、将来、長男Aに相続が発生したときにその子（孫）に営農の意思がなければ、長男Aにかかる相続税は何の対策もできていないので、その農地は宅地並みの非常に高い評価額になり、相続税も高額になってしまうことになる。

孫に営農の意思がない場合、営農を強制するよりも、後継者世代に負担を負わせないように、親世代において農地以外での活用ができる体制を準備することも検討すべきである。

(3) 農業後継者がいる場合

農業後継者が決定している場合、農地の納税猶予の適用を受け、また農地課税により低額な固定資産税で済ませることができる。

ただし、一般農地の場合、農地等の納税猶予制度における営農継続要件は、従前は20年間であったが、現行では一部の農地を除き終身営農が条件となっている。

つまり、納税猶予が適用される農地を取得した相続人は、自らが亡くなるまで一生農業を継続しなければならず、決して採算性がよいとはいえない農業を一生続けていくことは、農業相続人にとって大変な重荷になる。

(4) 財産の内訳と納税額による柔軟な対応

設例 のケースで、仮に長男Aが農業を継続しない場合を仮定する。納税猶予の選択の有無による納付税額の差額は816万円（1,075万円－259万円）である。農地以外の財産の内訳にもよるが、仮に金融資産が1,000万円以上あるとしたならば、猶予分の税額についても相続財産から十分に納税できる水準である。今回の相続から次の相続までの約30〜40年間、営農継続に縛られるリスクより、農地をいつでも収益物件へ転用できるように準備をしておくことも次世代への引継ぎには有効である。

Ⅳ　相続税等の納税猶予制度の適用

2　農地が都市計画地域に所在し将来宅地化が進む可能性が高い場合

(1)　宅地化の可能性

　農地が市街地に所在しており宅地化が見込まれる場合は、目先の納税猶予額にとらわれず納税猶予の対象としない方が望ましい。いったん納税猶予の対象としてしまうと、20年間もしくは終身営農しなければならない。仮に納税猶予の適用を受けた後、途中で営農しなくなった場合には、本税（猶予税額）だけでなく、相続開始からの経過年数分の利子税を負担することとなる。

　また、将来、子や孫の住宅用地として転用したいと考えている農地についても、納税猶予の対象から外しておくべきである。

　いずれにしても、農地の所在する地域の都市計画等について市役所等で宅地転用が可能か否かの確認はしておきたい。

(2)　収用される可能性が高い農地

　国道や県道などの整備により、納税猶予の候補地が収用となる計画がある場合は、今後、好条件で賃貸物件になる可能性もある。よって、あえてその農地は納税猶予の対象から外し、将来ロードサイド店舗として事業展開する事業者（飲食店などの店舗）に賃貸等できる物件にしておいた方が土地の有効活用ができ、収益性が上がることもある。

　農地が収用された場合は、一般的な譲渡と同様に納税猶予は打ち切られてしまうため、収用計画がはっきりしている場合は、その収用に係る部分だけ分筆し納税猶予の対象としないことも検討したい。

(3)　道路拡張のため自治体に寄付する考えがある農地

　相続を機に、道路拡幅のために道路に面している農地を自治体に寄付する場合がある。

　もし寄付する農地を納税猶予の対象として選択していたならば、その部分について納税猶予の打切りとなってしまう。よって、上記(2)と同様、寄付する部分を分筆し納税猶予の対象としないことも検討したい。

172

1　農地等の納税猶予制度は適用する

❸　生産緑地の指定を受けている農地の場合

(1)　生産緑地とは

　生産緑地とは、「生産緑地法」によって認定を受けている市街化区域内の農地のことであり、都市部やその周辺の緑地の保全を目的に平成4年にスタートした。市街化区域にある300㎡以上（平成29年以前は500㎡以上）の土地で、農業を続けることを条件に指定を受けると、30年間にわたって固定資産税が宅地の200分の1程度に減額されたり、相続税の納税猶予の適用が可能となる。

　ただし、税の優遇を受けられる反面、死亡や健康上の理由で農業を続けられない状態にならない限り、農業以外で土地を使うことはできず、当然売却も禁じられている。さらに、その制限期間は30年と非常に長期にわたる。

【市街化区域内農地・生産緑地と相続税の納税猶予の適用関係】

区　分			相続税の納税猶予
三大都市圏の特定市	市街化区域内農地	平成3年1月1日現在特定市	✕
		平成3年1月1日現在特定市でない	○
	生産緑地		○
それ以外	市街化区域内農地		○
	生産緑地		○

　上表から分かるように、市街化区域内農地のうち、三大都市圏の特定市においては、平成3年1月1日現在の特定市の市街化区域は相続税の納税猶予の適用はなく、三大都市圏の特定市以外では相続税の納税猶予は20年営農継続の上での免除のある納税猶予の適用が行われている。なお、生産緑地の指定を受けている場合には、終身営農を条件に相続税の納税猶予の適用を受けることができる。

　また、固定資産税については、三大都市圏の特定市の市街化区域内農地だけが生産緑地を除いて宅地並み課税されている（前記の「固定

173

Ⅳ　相続税等の納税猶予制度の適用

資産税の優遇措置」参照）。

(2) 生産緑地として引き続き営農するデメリット

　生産緑地の指定から20〜30年経過すると、所有者も高齢になり営農の継続が難しくなる。生産緑地は比較的都心の立地のよい場所に所在するため、賃貸物件等の不動産経営に切り替えたいと思っている者も多くいると思われる。新聞紙上でも令和4年に到来する生産緑地の指定解除を機に、収益性の低い農業経営から収益性の高い不動産事業に方向転換も可能となった。

　制度上、令和4年に特定生産緑地制度により、指定から30年の経過が近く到来する生産緑地について、その経過した日（申出基準日）から10年経過日を新たな期限とする「特定生産緑地」の指定を受けることができるようにされた。令和5年2月14日の国土交通省都市局都市計画課の発表によると、平成4年に定められた生産緑地のうち、特定生産緑地に指定された割合は、89.3％という調査結果が発表された（令和4年12月末時点）。今後は30年ではなく10年縛りになるわけだか、相続人も高齢になっているため10年でも長く感じられるかもしれない。

　現実問題として、農地は自分で管理していくことになるため、年齢や健康面から困難になる場合も考えられる。

　また、貸し付ける場合、借り手探し、契約後の賃貸借契約の管理なども行わなければならず、また生産緑地の指定を更新すると、10年は継続していかなければならないため、今後の見通しも考慮しながら、継続的な収益が期待できないなら、譲渡することも検討すべきである。

2 ┃ "鉄則"に従わない場合の留意点

❶ 子世代の農業後継者はいるが孫世代の農業後継者がいない場合

(1) 一般農地の固定資産税のコスト

　前記の固定資産税の優遇措置を見ても分かるように、一般農地につ

いては農地評価・農地課税である。納税猶予と固定資産税は連動しているわけではないため、相続税の申告で納税猶予を選択しなかったからといって、固定資産税についても即座に高額になるわけではない。農地のままである限りほとんど負担にならない水準であるため、当面は営農を続け、固定資産税の負担を低く抑えておき、しかるべき時に宅地転用することも可能である。

(2) 利子税の負担

納税猶予額は農業相続人の死亡や申告期限から20年継続して営農したことにより免除されるが、譲渡や転用によって猶予税額の全部又は一部について納税する場合には、猶予期限確定納税猶予税額に対応する利子税も納付しなければならない。

農地法施行日の平成21年12月15日以後は、都市営農農地及び全国の市街化区域以外の区域の農地については、納税猶予期限が原則として農業相続人が死亡した日までとなり、終身営農が条件となった。そこで、終身営農が適用されている納税猶予については、免除までに納税猶予期限が確定した場合の利子税が、6.6％から3.6％へと引き下げられた。

利率が引き下げられても、年数が経過するほどその負担額は大きくなるので、注意が必要である。

(3) 孫に営農意思がある場合

設例 の甲の相続時に長男Aが相続税の納税猶予を受けても、孫に営農意思があれば問題はない。長男Aが元気なうちは引き続き農業を続け、体力的に無理が出てくれば孫に営農してもらうことが可能である。場合によっては農地の全部を孫に一括贈与し、贈与税の納税猶予を受けることも可能である。

ただし、孫に相続が起きたときに、同じ問題が生じることは頭に入れておくべきであり、次の代の営農意思が明確でない限りは、一括贈与による贈与税の納税猶予を受けるべきではない。

通常は、甲の相続発生時にはそこまで見通せないため、少なくとも

Ⅳ　相続税等の納税猶予制度の適用

孫の意思確認だけはしっかり行っておくことが必要である。

(4) 納税猶予を適用した農業相続人以外の相続人の税額

　農地の納税猶予制度は、農業相続人が相続税の納税猶予の適用を受けた場合、他の相続人についても農業投資価格を基にした評価額で相続税が計算されるため、農地の納税猶予制度は農業相続人以外の相続人についても納額を減少させる効果がある。

　平成21年度税制改正で創設された「非上場株式等の納税猶予制度」（措法70の７〜70の７の８）以後は、事業を承継しない他の相続人まで軽減効果が及ばない仕組みになっており、平成24年から施行された「山林についての納税猶予制度」（措法70の６の６）及び平成30年度税制改正で創設された「特定の美術品の納税猶予制度」（措法70の６の７）についても、事業を承継しない他の相続人まで軽減効果が及ばない。

　したがって、今後において、農地の納税猶予制度（措法70の4,70の６他）についても、農業相続人以外の他の相続人には軽減効果が及ばないなど適用要件に制限が加えられることも考えられる。

❷　農地が都市計画地域に所在し将来宅地化が進む可能性が高い場合

　納税猶予の対象として選択した農地の全面積の20％以下について、任意に譲渡や転用などをした場合には、その譲渡等をした農地等に見合う納税猶予税額とこれに対応する利子税を納付しなければならない。

　また、相続税の納税猶予の期限が確定するまでの間、つまり農業相続人が死亡するか、相続税の申告期限の翌日から20年を経過するまでの間に、納税猶予の対象として選択した農地の全面積の20％を超えて任意に譲渡や宅地転用した場合には、納税猶予額の全額とそれに対応する利子税をこれらの行為があった日から２か月以内を経過する日までに一括して納付しなければならないので注意が必要である。なお、20％の面積判定には次の譲渡等は算入しなくてよい。

①　土地収用法等による収用、買取り、換地処分等

②　農業経営基盤強化促進法に基づく農用地区域内の譲渡又は貸付け

③　生産緑地の買取り申出に伴う期限確定

なお収用等による譲渡の場合の利子税については、原則どおりの利子税では酷な面もあるため、通常の適用割合の2分の1に軽減される。

❸　生産緑地の指定を受けている農地の場合

(1)　生産緑地の2022年問題

生産緑地については、2022（令和4）年に指定解除の条件である30年が経過したため、減税効果がなくなり、販売規制も緩まることから市場に大量放出される可能性があった。これを「生産緑地の2022年問題」と呼んでいた。

つまり2022年になると30年間の営農義務が解除され、自治体に買取請求ができるようになり、買い取られない場合でも転用や譲渡が可能となった。

(2)　令和4年の生産緑地の選択肢

令和4年に生産緑地をどのようにするかの選択肢としては次のようなことが考えられた。

---

①　生産緑地の買取り申出を行い、土地の有効活用又は売却する。
②　特定生産緑地の指定申請を行い、10年間引続き生産緑地として自ら営農する。
③　特定生産緑地の指定を受け、市民緑地として緑地管理機構に貸与する。
④　従来どおりの生産緑地としておく。

特定生産緑地の選択をすれば従来どおりの固定資産税・都市計画税で済み、相続税の納税猶予を受けることができることになった。特定生産緑地の選択をしない生産緑地は、令和4年1月1日以後いつでも買取り申出をすることができるが、固定資産税・都市計画税は宅地並み課税として高くなった。

また相続税の納税猶予は、令和3年12月31日までに死亡して納税猶予を受けているものは引き続き適用できるが、令和4年1月1日以後

IV　相続税等の納税猶予制度の適用

死亡した場合に特定生産緑地でなければ、相続税の納税猶予を受けることができなくなった。

(3) 生産緑地制度の要件緩和

　生産緑地の指定の解除が令和4年に到来し、これを機に買取りの申出をする農家が相当数あると思われるが、平成29年6月の法改正により、生産緑地制度は徐々に緩和される方向にあるので確認しておきたい。

【生産緑地法改正の要点（平成29年6月15日施行（一部平成30年4月1日施行））】

	改正前	改正後
面積要件	500㎡以上	条例により300㎡まで引下げ
設置可能施設	直接に農業に関する施設のみ	農産物直売所や農家レストランなどの施設も可能
買取り申出が可能となる時期	30年経過後	10年間ごとに行為制限解除の判断が可能

　以前であれば、生産緑地内では農業を行うことしか許されておらず、必要最低限の施設の設置しか許されていなかった。平成29年6月15日以降は、例えばレストランや農産物直売所などの施設についても設置することが認められ、生産緑地を保有したままでも柔軟に活用できるようになったので検討の余地はある。

　また都市農地貸借法の施行日（平成30年9月1日）以降、農地の相続税納税猶予の適用を受けている都市農地について、一定の貸付けを行った場合、農地保有者自身が農業を続けなくても、納税猶予が継続する制度も始まっている。

　生産緑地について、今後もさまざまな改正が行われる可能性が高いのでその動向には注目したい。

(4) 既に相続税の納税猶予を受けている場合

　生産緑地は指定から30年後に自治体への買取請求という手続を経た後に売買が可能となるが、既に相続税の納税猶予の適用を受けている者は、指定解除を受けた時点でその猶予も打切りになる。

なお、前述した**1**(2)の利子税の負担も高額になるため注意しなければならない。

4 地積規模の大きな宅地の評価の検討

農地の納税猶予の適用は、前記のように従前より適用要件等が緩和されたものの煩わしい手続が必要となる。

市街地農地等は宅地ではないが、「地積規模の大きな宅地」の対象となるため、適用判定の際、納税猶予の煩わしさを避けて、約2割評価減される「地積規模の大きな宅地」を選択することも検討の余地はある。

なお、国税庁ホームページの質疑応答事例「地積規模の大きな宅地の評価―市街地農地等」に、市街地農地について「地積規模の大きな宅地の評価」の適用対象となるかの事例があるので参考にしていただきたい。

【照会要旨】

　市街地農地については、「地積規模の大きな宅地の評価」の適用対象となるでしょうか。

【回答要旨】

　市街地農地について、「地積規模の大きな宅地の評価」の適用要件を満たす場合には、その適用対象となります（市街地周辺農地、市街地山林及び市街地原野についても同様です。）。ただし、路線価地域にあっては、宅地の場合と同様に、普通商業・併用住宅地区及び普通住宅地区に所在するものに限られます。

　なお、市街地農地等であっても、①宅地へ転用するには多額の造成費を要するため、経済合理性の観点から宅地への転用が見込めない場合や、②傾斜地などのように宅地への造成が物理的に不可能であるため宅地への転用が見込めない場合については、戸建住宅用地としての分割分譲が想定されませんので、「地積規模の大きな宅地の評価」の適用対象となりません。

Ⅳ　相続税等の納税猶予制度の適用

Ⅳ　相続税等の納税猶予制度の適用

鉄則2　非上場株式等に係る納税猶予の特例は適用する

理由　非上場株式等に係る納税猶予の特例を適用することができれば、相続税・贈与税の納税が猶予されるだけでなく、将来的に免除される制度であるため

　法人版事業承継税制（以下「本特例」という）は、要件充足が継続すれば相続税の納税が猶予されるだけでなく（課税が繰延べされるだけでなく）、将来的に免除される（免税になる）という最大のメリットを享受することができる。

　したがって、本特例における「適用要件の継続的な充足」が厳しいものであったとしても、相続税が免除されるというメリットを享受するため、本特例は積極的に活用すべきものである。

1　制度の概要

　本特例は、後継者である相続人等が、経営承継円滑化法の認定を受けている非上場株式等を相続等又は贈与により取得した場合において、その非上場株式等に係る相続税・贈与税について、一定の要件を満たすことにより、その納税が猶予され、後継者である相続人等の死亡などにより、猶予されている相続税・贈与税が免除される制度である。

　したがって、本特例の適用を受けることにより、本来、課税されるべき非上場株式等に係る相続税・贈与税の納税が猶予され、将来的には、その猶予された相続税・贈与税が免除される仕組みであることから、積極的に適用を受けるべき制度であるといえる。

　なお、本特例は、「一般措置」と平成30年度税制改正で創設された「特

例措置」があるが、本稿では、使い勝手の良い「特例措置」の適用を受けることを前提とする。

○　この法人版事業承継税制には、「**一般措置**」と「**特例措置**」の２つの制度があり、**特例措置**については、事前の**計画策定等**や**適用期限**が設けられていますが、納税猶予の対象となる非上場株式等の制限（総株式数の最大３分の２まで）の撤廃や納税猶予割合の引上げ（80％から100％）がされているなどの違いがあります。

【特例措置と一般措置の比較】

	特例措置	一般措置
事前の計画策定等	５年以内の特例承継計画の提出 （平成30年４月１日から令和６年３月31日まで（※）） （※）令和６年度税制改正により、令和８年３月31日まで延長された。	不要
適用期限	10年以内の贈与・相続等 （平成30年１月１日から令和９年12月31日まで）	なし
対象株数	全株式	総株式数の最大３分の２まで
納税猶予割合	100％	贈与：100％ 相続：80％
承継パターン	複数の株主から最大３人の後継者	複数の株主から１人の後継者
雇用確保要件	弾力化	承継後５年間平均８割の雇用維持が必要
事業の継続が困難な事由が生じた場合の免除	あり	なし
相続時精算課税の適用	60歳以上の者から18歳以上の者への贈与	60歳以上の者から18歳以上の推定相続人（直系卑属）・孫への贈与

Ⅳ　相続税等の納税猶予制度の適用

2 本特例の名称変更の経緯

　平成25年度税制改正で、本特例の名称が次のように変更されている（名称変更は一般措置について記述しているが、特例措置も同様である）。

【改正前】

措法70条の7　　　非上場株式等についての贈与税の納税猶予
措法70条の7の2　非上場株式等についての相続税の納税猶予
措法70条の7の4　非上場株式等の贈与者が死亡した場合の相続税の納税猶予

【改正後】

措法70条の7　　　非上場株式等についての贈与税の納税猶予及び免除
措法70条の7の2　非上場株式等についての相続税の納税猶予及び免除
措法70条の7の4　非上場株式等の贈与者が死亡した場合の相続税の納税猶予及び免除

※下線（波線）が、改正部分

　公益財団法人全国法人会総連合が実施した「平成25年度税制改正に関するアンケート調査結果」により、「本特例は、納税が猶予されるに過ぎない制度（納税猶予税額は最終的に納付せざるを得ず、免除されることはない制度）」と誤解している中小企業オーナーが少なくなく、こうした誤解が、本特例は「要件が厳しく手間がかかる割に、メリットが少ない制度」と揶揄される要因の一つになっていたが、その原因として、本特例の名称に「免除」という文言が含まれていないことが判明した。

　本特例の最大のメリットである「免除」を制度名に具現化することは、本特例のイメージアップにつながり、有効かつ適切な活用促進策と考えられることから、平成25年度税制改正により、本特例のメリット（免除）が端的に表現されるような見直しが行われた経緯がある（上表参照）。

182

3 本特例のあらまし

　本特例は、特例後継者である相続人等が、非上場会社の代表権を有していた個人（特例被相続人）から相続又は遺贈により非上場株式等を取得した場合において、その非上場株式等に係る納税猶予分の相続税額に相当する相続税については、相続税の申告書を期限内に提出するとともに一定の担保を提供した場合に限りその納税が猶予され、その後において、特例後継者である相続人等の死亡などにより、その納税猶予分の相続税額が免除される制度である（措法70の7の6）。

　贈与税の納税猶予及び免除の特例（措法70の7の5）も、基本的には、相続税の納税猶予及び免除の特例と同様の仕組みである。

　なお、上記の贈与者が死亡した場合には、猶予された贈与税は免除されるとともに、死亡した贈与者に相続税が課税されることになるが（措法70の7の7）、その相続税についても、相続人（受贈者）が相続税の納税猶予及び免除の特例の適用を選択すれば猶予が継続することになる（措法70の7の8）。

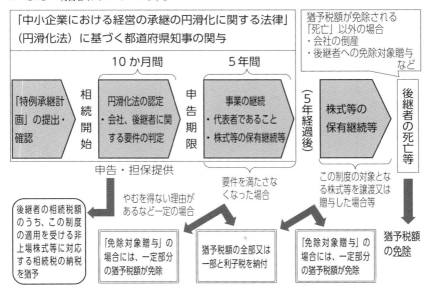

Ⅳ　相続税等の納税猶予制度の適用

"鉄則"に従ってはいけないケース

　次に該当する場合には、あえて本特例の適用を受けない選択を行うことも一考である。

　1　適用要件を継続的に充足させるためのコスト（手間）と比較して猶予及び免除される相続税の額が少額である場合
　2　適用要件を継続的に充足させることができない可能性がある場合

1　"鉄則"に従ってはいけない理由と効果

❶　適用要件を継続的に充足させるためのコスト（手間）と比較して猶予及び免除される相続税の額が少額である場合

(1)　本特例の適用を受けるか否かの判断基準

　本特例の最大のメリットは、前述のように、「相続税の納税が猶予されるだけでなく（課税が繰り延べられるだけでなく）、将来的に免除される（免税になる）」ということにあるが、その「猶予及び免除」を受けるためには、継続して要件（5年以内と5年経過後で要件は異なるが詳細は次の❷(1)参照）を充足し続けるという難関（適用要件の継続的な充足）をクリアする必要がある。

　つまり、「適用要件の継続的な充足」という難関をクリアできれば、「猶予及び免除」が達成できる仕組みになっている。

　そうすると、本特例の適用を受けるか否かの判断は、「猶予及び免除」に係る相続税の額と、「適用要件の継続的な充足」を達成するためのコストのどちらを優先すべきか、ということにより異なることになる。

　具体的には、次ページの【ケース1】のように、「適用要件を継続

的に充足させるためのコスト」を要したとしても、「猶予及び免除される相続税の額」がコストを超過していると判断されれば、「猶予及び免除される相続税の額」を優先することになり、本特例の適用を受けることになる。

逆に、【ケース2】のように、「猶予及び免除される相続税の額」がコストを下回っていると判断されれば、「適用要件を継続的に充足させるためのコスト」を負担する煩わしさを優先して、あえて本特例の適用を受けないということになる。

【ケース1】本特例の適用を受ける判断を行う場合

猶予及び免除される　＞　適用要件を継続的に充
相続税の額（多額）　　　足させるためのコスト

【ケース2】本特例の適用を受けない判断を行う場合

猶予及び免除される　＜　適用要件を継続的に充
相続税の額（少額）　　　足させるためのコスト

なお、判断基準の要素を「相続税の額」のみとしている理由は、贈与税について本特例の適用を受けたとしても、贈与者が死亡すれば、猶予を受けた贈与税は免除されるとともに、死亡した贈与者に相続税が課税されことになり、最終的には免除された贈与税が猶予対象となる相続税に移行することになるため、判断基準に「贈与税の額」は不要になるためである。

(2)「猶予及び免除される相続税の額」の計算

上記の判断基準の要素である「猶予及び免除される相続税の額」は、次ページの図のように相続税の額の計算を2回（＜ステップ1＞、＜ステップ2＞）行うことにより算出される。

＜ステップ1＞は、本特例の適用の有無にかかわらず、通常行われる相続税額の計算と同様の計算を行うことにより、猶予及び免除の対象となる後継者である相続人の相続税額（猶予及び免除前）と後継者以外の各相続人の相続税額を計算する。

＜ステップ2＞が＜ステップ1＞と異なることは、後継者である相続人は猶予及び免除の対象となる非上場株式等のみ相続したものとすることであり、他は＜ステップ1＞と同様として計算することにより、後継者である相続人の猶予及び免除を受けるべき相続税の額が算出される仕組みになっている（下表参照）。

【納税が猶予される相続税などの計算方法（特例措置）】
＜ステップ1＞
　課税価格の合計額に基づいて計算した相続税の総額のうち、後継者の課税価格に対応する相続税を計算します。

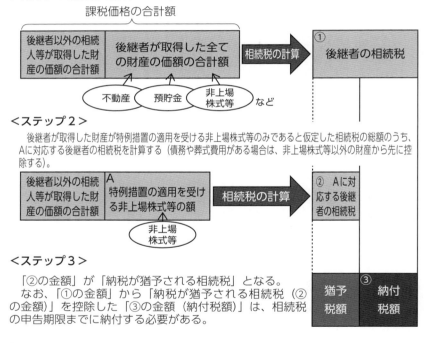

2　適用要件を継続的に充足させることができない可能性がある場合

(1)　充足すべき適用要件の内容

　本特例を受けるための適用要件は、特例経営承継期間内（相続税の申告期限の翌日から5年以内）の適用要件と特例経営承継期間経過後

2　非上場株式等に係る納税猶予の特例は適用する

から猶予を受けている後継者の死亡などの日までの期間の適用要件に
区分される。

① **特例経営承継期間内の適用要件**

　特例経営承継期間内に、次に掲げる17項目のうち一つでも該当する
ことになった場合には、猶予は取消しになり、猶予されていた相続税
額を納付しなければならない（措法70の7の6③）。

　その場合には、取り消された相続税額だけでなく利子税（申告期限
の翌日から取消しまでの期間に応じて計算）も併せて納付しなければ
ないことになる（措法70の7の6㉓）。

【特例経営承継期間内における猶予税額の期限確定事由（措法70の7の6③）】

①	代表権を有しないこととなった場合
②	常時使用従業員要件を満たさなくなった場合
③	筆頭株主グループ要件を満たさなくなった場合
④	グループ内筆頭株主要件を満たさなくなった場合
⑤	猶予対象非上場株式等の一部の譲渡等をした場合
⑥	猶予対象非上場株式等の全部の譲渡等をした場合
⑦	会社分割又は組織変更した場合
⑧	解散した場合
⑨	資産管理会社に該当することとなった場合
⑩	総収入金額が零となった場合
⑪	資本金の額等を減少した場合
⑫	本特例の適用を受けないことになった場合
⑬	合併により消滅した場合（適格合併を除く）
⑭	株式交換等をした場合（適格株式交換等を除く）
⑮	非上場株式等に該当しなくなった場合
⑯	風俗営業会社に該当することとなった場合
⑰	円滑な事業の運営に支障を及ぼすおそれがある場合

② **特例経営承継期間経過後の適用要件**

　特例経営承継期間経過後は、猶予を受けている後継者の死亡などの
日までの期間に、次に掲げる6項目のうち一つでも該当することに
なった場合には、猶予は取消しになり、猶予されていた相続税額を納

IV 相続税等の納税猶予制度の適用

付しなければならないことになる（措法70の7の6④）。

【特例経営承継期間経過後における猶予税額の期限確定事由 (措法70の7の6④)】

① 次に掲げる場合
イ　猶予対象非上場株式等の全部の譲渡等をした場合
ロ　解散した場合
ハ　資産管理会社に該当することとなった場合
ニ　総収入金額が零となった場合
ホ　資本金の額等を減少した場合
ヘ　本特例の適用を受けないことになった場合
② 後継者が猶予対象非上場株式等の一部の譲渡等をした場合
③ 猶予対象会社が合併により消滅した場合
④ 猶予対象会社が株式交換等により他の会社の株式交換完全子会社等となった場合
⑤ 猶予対象会社が会社分割をした場合（会社分割に際して吸収分割承継会社等の株式等を配当財産とする剰余金の配当があった場合に限る）
⑥ 猶予対象会社が組織変更をした場合（組織変更に際して猶予対象会社の株式等以外の財産の交付があった場合に限る）

(2)「適用要件の継続」が達成できない可能性がある場合

　充足すべき適用要件のうち、特に特例経営承継期間内は17項目の要件を5年間にわたり、充足し続けることが求められることから、その17項目のうち一つでも継続して充足することが困難になる可能性があれば（下記のような可能性）、あえて本特例の適用を受けないという選択肢もあり得る。

- 5年以内に代表権を他の者へ譲る可能性がある場合
- 5年以内にM＆A等により猶予対象株式等を譲渡する可能性がある場合
- 5年以内に猶予対象会社を解散させる可能性がある場合　　　　等

---

2 "鉄則" に従わない場合の留意点

1 猶予及び免除に係る相続税相当額の資金調達方法

あえて本特例の適用を受けないことになると、猶予及び免除に係る相続税相当額の資金をどのように調達するかという課題が惹起する。

解決策の一つとして、平成16年度税制改正で創設された「相続財産に係る非上場株式を発行会社に譲渡した場合のみなし配当課税の特例」（措法9の7）を活用し、相続税の納税資金を調達することが考えられる。

同特例のあらましは、次のとおりである。

> 平成16年度税制改正では、事業承継の円滑化を図る観点から、……相続税納税のための会社への自己株式売却を容易にすることにより第三者への売却に伴う経営権の分割を防止する観点から、非上場株式（相続財産）を発行会社に譲渡した場合に、みなし配当課税（総合課税）に代えて、譲渡益課税（15％申告分離課税（住民税を含め20％））を行う特例を創設することとされました（措法9の7①）。

(出典)『平成16年度　改正税法のすべて』（日本税務協会）122頁

なお、上記の特例は、相続又は遺贈により取得した非上場株式を対象としていたため、贈与税の納税猶予及び免除の特例の適用を受けた場合において、贈与者が死亡して相続税の納税猶予及び免除の特例に移行したケースでは、その猶予が取り消された後に、非上場株式を発行会社へ譲渡しても、適用の対象になっていなかった（本来の相続ではなく、みなし相続であるため）。

しかし、平成25年度税制改正により、相続又は遺贈により取得したものと「みなされる者（みなし相続）」も含まれることになったため、現在では、本特例の猶予が取り消された場合において、相続税の納税猶予及び免除の特例だけでなく、贈与税の納税猶予及び免除の特例か

ら相続税の納税猶予及び免除の特例に移行した場合であっても、前記
の特例が適用されることになっている。

2 取得費加算の特例も適用可能

前ページ**1**の特例の適用を受ける場合には、取得費加算の特例（措
法39）の適用を受けることができる。

なお、取得費加算の特例も、前ページ**1**の平成25年度税制改正と
同様の見直し（みなし相続も含まれることになった）が平成26年度税
制改正で行われていることから、現在では、本特例の猶予が取り消さ
れた場合において、相続税の納税猶予及び免除の特例だけでなく、贈
与税の納税猶予及び免除の特例から相続税の納税猶予及び免除の特例
に移行した場合であっても、適用を受けることができるようになって
いる。

3 特例承継計画の提出期限の2年延長

本特例は、平成30年1月から10年間の特例措置として、令和6年3
月末までに特例承継計画の提出がなされた事業承継について抜本的拡
充を行ったものであるが、コロナの影響が長期化したことを踏まえ、
令和6年度税制改正により特例承継計画の提出期限が令和8年3月末
まで2年延長された。

本特例は、日本経済の基盤である中小企業の円滑な世代交代を通じ
た生産性向上が待ったなしの課題であるために事業承継を集中的に進
める観点の下、贈与・相続時の税負担が生じない制度とするなど、極
めて異例の時限措置としていることを踏まえ、令和9年12月末までの
適用期限については今後とも延長を行わないことになっている。

【法人版事業承継税制に係る手続】

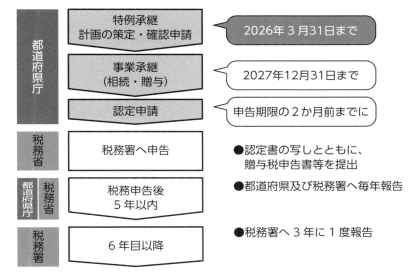

(出典) 経済産業省資料

4　本特例の実態アンケート

　東京商工会議所が令和5年7月から8月にかけて実施した事業承継に関する実態アンケートの集計結果が、令和6年2月29日に公表されたが、対象者は主に東京23区内の中小・小規模企業1万社とし、1,661社から回答があったようである（回答率16.6％）。

　本特例の「利用・検討状況」・「本特例の利用を検討する中で障壁となった点」は、次ページの図のとおりである。

　実態アンケートで驚かされるのが、本特例を「知らない」都内の事業者が未だに4割近く存在することであり、少なくとも、税理士が関与している事業者については、本特例の仕組みを説明済か早急に確認すべきである。

Ⅳ　相続税等の納税猶予制度の適用

【法人版事業承継税制特例措置の利用・検討状況】
※後継者（候補含む）がいる企業

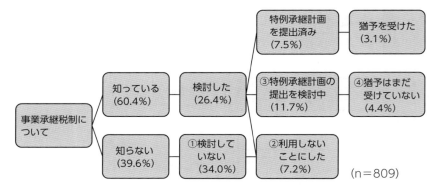

＊「事業承継に関する実態アンケート」（東京商工会議所）を基に作成
　対象：主に東京 23 区内中小・小規模企業 10,000 社
　期間：2023 年 7 月 14 日（金）～ 8 月 10 日（木）
　回答数：1,661 社（回収率 16.6％）
　公表日：2024 年 2 月 29 日

Ⅳ 相続税等の納税猶予制度の適用

個人版事業承継税制は適用する

 事業用資産の承継に係る相続税を100％納税猶予できるため

　個人版事業承継税制では、後継者が相続又は遺贈により取得した特例事業用資産（特定事業用資産のうち相続税の納税猶予の適用を受けるもの）に係る相続税の全額が猶予される。

　ただし、不動産貸付業、駐車場業及び自転車駐車場業は除かれるので注意が必要である。

　本制度の適用を受けるためには、経営承継円滑化法に基づく都道府県知事の「認定」を受け、事業を継続すること等が求められるが、事業継続後、後継者が死亡した等の一定の場合には、猶予された相続税が免除される（贈与税についても同様の措置が設けられている）。

　納税猶予適用後は、非上場株式の納税猶予制度とは異なり原則として都道府県への報告（年次報告）は必要ないが、所轄税務署長には3年に一度報告（継続届出）をする必要がある。

【納税猶予の対象となる特定事業用資産（経済産業省資料より抜粋）】

(1) 宅地等
　事業の用に供されていた土地又は土地の上に存する権利で、建物又は構築物の敷地の用に供されているもののうち、棚卸資産に該当しないもの（面積400㎡までの部分に限る）。
(2) 建物
　事業の用に供されていた建物で棚卸資産に該当しないもの（床面積

800㎡までの部分に限る）。

(3) 減価償却資産
- ・固定資産税が課税される償却資産（構築物、機械装置、器具備品、船舶等）
- ・自動車税又は軽自動車税において、営業用の標準税率が適用される自動車等
- ・その他上記に準ずるもの（貨物運送用の一定の自動車、牛等の生物、特許権等の無形減価償却資産）

　なお、この適用を受ける場合には、その事業の用に供されていた宅地等について、特定事業用宅地等に係る小規模宅地等の減額特例の適用を受けることができないため、両制度のうち、いずれかの選択適用となる（措法69の4⑥）。

1　個人版事業承継税制の制度の概要

(1) 相続税の納税猶予制度

　特例事業相続人等（後継者）が、平成31年1月1日から令和10年12月31日までの間に、相続等により特定事業用資産を取得し、事業を継続していく場合には、担保の提供を条件に、その特例事業相続人等が納付すべき相続税額のうち、相続等により取得した特定事業用資産の課税価格に対応する相続税の納税が猶予される（措法70の6の10）。

(2) 贈与税の納税猶予制度

　特例事業受贈者（後継者）が、平成31年1月1日から令和10年12月31日までの間に、贈与により特定事業用資産を取得し、事業を継続していく場合には、担保の提供を条件に、その特例事業受贈者が納付すべき贈与税額のうち、贈与により取得した特定事業用資産の課税価格に対応する贈与税の納税が猶予される（措法70の6の8）。

2　個人版事業承継税制における同種事業の範囲

　個人版事業承継税制においては、その後継者が贈与の場合は贈与の日まで引き続き3年以上にわたり、相続の場合は相続の開始の直前において特定事業用資産に係る事業（その事業に準ずるものとして一定

のものを含む）に従事していたことが要件とされている（措法70の6
の8②二ハ、70の6の10②二ロ）。

　この場合、先代事業者と後継者の営む事業が同種事業に該当するか
否かの判定は、原則的として日本標準産業分類における「中分類」に
より行うことになる（措通70の6の8-20）。

　例えば先代事業者が「医師」で後継者が「歯科医師」であるような
場合、「大分類P　医療、福祉」のうち、「小分類」は「832一般診療所」
と「833歯科診療所」で異なることとなっているが、「中分類」は「83
医療業」と同一である。

大分類	中分類	小分類	細分類
P－医療・福祉	83－医療業	832　一般診療所	8321　有床診療所 　19人以下の患者を入院させるための施設を有して医師が医業を行う事業所をいう。 8322　無床診療所 　患者を入院させる施設を有しないで、又は往診のみによって医師が医業を行う事業所をいう。
		833　歯科診療所	8331　歯科診療所 　患者を入院させる施設を有しないで、若しくは往診のみによって、又は19人以下の患者を入院させるための施設を有して歯科医師が歯科医業を行う事業所をいう。

　したがって、中分類で一致すれば同種事業として個人版事業承継税
制の適用が受けられることになるが、都道府県に提出する「個人事業
承継計画」の記載内容や、減価償却資産である医療用設備が全く異な
ることなど、適用のための実務的なハードルは高いものと考えられる。

　なお、小規模宅地等の減額特例では、「医師」と「歯科医師」では

Ⅳ　相続税等の納税猶予制度の適用

職務や資格の根拠となる法律が「医師法」と「歯科医師法」で異なることなどの理由により、特定事業用宅地等の特例の適用が受けられないものとされている。

"鉄則"に従ってはいけないケース

次に該当する場合には、あえて個人版事業承継税制は適用せず、特定事業用宅地等に係る小規模宅地等の減額特例を選択することも一考である。

1　後継者が医療法人の設立を検討している場合
2　後継者以外の相続人の相続税額の負担を減少させる必要がある場合
3　事業用の債務の額が大きい場合
4　納税猶予の額が少額である場合

1　"鉄則"に従ってはいけない理由と効果

1　後継者が医療法人の設立を検討している場合
(1) 事業を法人化した場合の取扱い

　個人版事業承継税制は、後継者が事業を継続していくことを前提に納税猶予を認めているが、納税猶予を受けているうちに事業規模が拡大し、個人形態から法人形態に事業転換を図ることも考えられる。

　そのような場合を想定し、納税猶予適用から5年経過後に特例事業用資産のすべてを現物出資して会社を設立し、その会社の株式等を保有し続ける間は、引き続き納税猶予が認められる措置が講じられている（措法70の6の8⑥、70の6の10⑥）。

(2) 医療法人は前記(1)の対象外

前記(1)の取扱いは、納税猶予を受けた後継者がその事業を会社形態（株式会社・合名会社・合資会社又は合同会社）にする場合に認められるものであるが、後継者が新たに設立した法人が医療法人や税理士法人等である場合には、認められないこととなっている。

したがって、後継者等が医療法人の設立を検討している場合には、あえて個人版事業承継税制は適用せず、特定事業用宅地等に係る小規模宅地等の減額特例を選択すべきであろう。

(3) 設立する医療法人は出資持分が認められない

医療法人の形態としては、全医療法人の大多数が「社団たる医療法人」となっている。

平成19年施行の第五次医療法改正により、平成19年4月1日以降に新たに「社団たる医療法人」を設立する場合は、出資持分のない医療法人しか認められないことになっている。

今後、個人事業者（開業医）が出資を行い「社団たる医療法人」を設立する場合には、その医療法人に対する出資に係る権利を後継者に承継することはできないため、相続税や贈与税の課税関係は生じないことから、個人版事業承継税制の適用を検討する余地がないことになる。

② 後継者以外の相続人の相続税額の負担を減少させる必要がある場合

個人版事業承継税制は、後継者以外の相続人の相続税額に影響を生じさせない計算方法になっているが、一方で小規模宅地等の減額特例においては、事業を承継しない他の相続人の税負担にまで軽減の効果が及ぶことになる。

設例 1

相続人が2人で、遺産が次ページの表の場合（特定事業用資産である宅地等は400㎡）に、①個人版事業承継税制の適用を受ける場合と、②小規模宅地等の減額特例の適用を受ける場合の相続税額の比較。

Ⅳ　相続税等の納税猶予制度の適用

【①　個人版事業承継税制の適用を受ける場合】

		相続人Ａ	相続人Ｂ	合計
特定事業用資産	宅　地	1億円	−	1億円
（1.4億円）	その他	4,000万円	−	4,000万円
その他の財産		2,000万円	1億円	1億2,000万円
債　務	事業用	△2,000万円	−	△2,000万円
（2,000万円）	その他	−	−	−
課税価格		1億4,000万円	1億円	2億4,000万円
相続税の総額		−	−	4,540万円
（按分割合）		(0.58)	(0.42)	(1.00)
算出税額		2,633.2万円	1,906.8万円	4,540万円
納税猶予税額(※)		△2,167万円	−	△2,167万円
納付税額		466.2万円	1,906.8万円	2,373万円

（※）納税猶予額の計算

		相続人Ａ	相続人Ｂ	合計
特定事業用資産	宅　地	1億円	−	1億円
（1.4億円）	その他	4,000万円	−	4,000万円
その他の財産(注)		−	1億円	1億円
債　務	事業用	△2,000万円	−	△2,000万円
（2,000万円）	その他	−	−	−
課税価格		1億2,000万円	1億円	2億2,000万円
相続税の総額		−	−	3,940万円
（按分割合）		(0.55)	−	−
納税猶予税額		2,167万円	−	−

（注）納税猶予額は特定事業財産の価額（1億円＋4,000万円）から事業用の債務の額（2,000万円）を控除して課税価格（1億2,000万円）を計算するため、後継者である相続人Ａのその他の財産は考慮しない。

【②　小規模宅地等の減額特例の適用を受ける場合】

		相続人Ａ	相続人Ｂ	合計
特定事業用資産	宅　地	1億円	−	2,000万円
		(※)△8,000万円	−	
（1.4億円）	その他	4,000万円	−	4,000万円
その他の財産		2,000万円	1億円	1億2,000万円

198

債　務	事業用	△2,000万円	－	△2,000万円
(2,000万円)	その他	－	－	－
課税価格		6,000万円	1億円	1億6,000万円
相続税の総額		－		2,140万円
(按分割合)		(0.38)	(0.62)	(1.00)
算出税額		813.2万円	1,326.8万円	2,140万円
納税猶予税額		－	－	－
納付税額		813.2万円	1,326.8万円	2,140万円

（※）小規模宅地等の減額特例の計算：1億円×400㎡／400㎡×80％＝8,000万円

　上記の 設例 1 のように、後継者である相続人Aは被相続人の特定事業用資産を中心に相続し、後継者以外の相続人Bがその他の財産のすべてを相続した場合、相続人Bは個人版事業承継税制の影響を受けることなく、相続したその他の財産に係る税負担が生ずることになる。

　しかし、被相続人の特定事業用資産である宅地等について小規模宅地等の減額特例の適用を受ける場合は、相続人Bの税負担は580万円（相続人Bの納付税額①1,906.8万円－②1,326.8万円）減少することになる。

　遺産分割協議を円滑に行うため、後継者以外の相続人の税負担を考慮しなければならない場合などは、小規模宅地等の減額特例を選択することも一考である。

　また、個人版事業承継税制の適用は納税の猶予であることから、後継者には要件を継続して満たし続けることが求められるのに対し、小規模宅地等の減額特例は期限内申告書の提出によりその適用が完結するという相違がある。

❸　事業用の債務の額が大きい場合

　後継者が承継する事業用の債務の額が大きい場合は、次ページの 設例 2 のように、小規模宅地等の減額特例を選択することで後継者の税負担が減少するケースもある。

Ⅳ　相続税等の納税猶予制度の適用

> **設例 2**
>
> 　相続人が2人で、下表のとおり事業用債務が **設例 1** より大きい場合（特定事業用資産である宅地等は400㎡）に、①個人版事業承継税制の適用を受ける場合と、②小規模宅地等の減額特例の適用を受ける場合の相続税額の比較。

【①　個人版事業承継税制の適用を受ける場合】

		相続人A	相続人B	合計
特定事業用資産	宅　地	1億円	−	1億円
（1.2億円）	その他	2,000万円	−	2,000万円
その他の財産		2,000万円	8,000万円	1億円
債　務	事業用	△4,000万円	−	△4,000万円
（4,000万円）	その他	−	−	−
課税価格		1億円	8,000万円	1億8,000万円
相続税の総額		−	−	2,740万円
（按分割合）		(0.56)	(0.44)	(1.00)
算出税額		1,534.4万円	1,205.6万円	2,740万円
納税猶予税額^{（※）}		△1,070万円	−	△1,070万円
納付税額		464.4万円	1,205.6万円	1,670万円

（※）　納税猶予額の計算

		相続人A	相続人B	合計
特定事業用資産	宅　地	1億円	−	1億円
（1.2億円）	その他	2,000万円	−	2,000万円
その他の財産^{（注）}		−	8,000万円	8,000万円
債　務	事業用	△4,000万円	−	△4,000万円
（4,000万円）	その他	−	−	−
課税価格		8,000万円	8,000万円	1億6,000万円
相続税の総額		−	−	2,140万円
（按分割合）		(0.50)	−	−
納税猶予税額		1,070万円	−	−

（注）　納税猶予額は特定事業財産の価額（1億円＋2,000万円）から事業用の債務の額（4,000万円）を控除して課税価格（8,000万円）を計算するため、後継者である相続人Aのその他の財産は考慮しない。

200

【②　小規模宅地等の減額特例の適用を受ける場合】

		相続人A	相続人B	合計
特定事業用資産 （1.2億円）	宅　地	1億円	－	2,000万円
		（※）△8,000万円	－	
	その他	2,000万円	－	2,000万円
その他の財産		2,000万円	8,000万円	1億円
債　務 （2,000万円）	事業用	△4,000万円	－	△4,000万円
	その他	－	－	－
課税価格		2,000万円	8,000万円	1億円
相続税の総額		－		770万円
（按分割合）		(0.20)	(0.80)	(1.00)
算出税額		154万円	616万円	770万円
納税猶予税額		－		－
納付税額		154万円	616万円	770万円

（※）　小規模宅地等の減額特例の計算：1億円×400㎡/400㎡×80％＝8,000万円

　納税猶予額は、特定事業財産の価額から事業用の債務の額を控除して課税価格を計算して算出することになる。

　したがって、後継者が承継する事業用の債務の額が 設例 1 より大きい場合は納税猶予額も減少することになるため、小規模宅地等の減額特例を選択することで後継者の税負担が減少するとともに、後継者以外の相続人Bの税負担も減少する結果（①1,205.6万円－②616万円＝589.6万円）となる。

4　納税猶予の額が少額である場合

　個人版事業承継税制は、一定の事由に該当する場合を除き、後継者が承継した事業を廃止したときなどは猶予税額とともに利子税も納付しなければならない制度である。

　また、個人版事業承継税制の適用を受けるためには、経営承継円滑化法に基づく認定や承継後の定期的な報告など、事務的な煩雑さを伴う。

　したがって、納税猶予の額が少額である場合は、事業を廃止した場

Ⅳ　相続税等の納税猶予制度の適用

合のリスクや事務的な煩雑さを考慮し、あえて個人版事業承継税制の
適用を受けないことも検討する必要がある。

2 "鉄則"に従わない場合の留意点

1 個人版事業承継税制と小規模宅地等の特例との適用関係

(1) 併用適用の制限

　相続財産中に個人版事業承継税制の対象となる特定事業用資産であ
る宅地と小規模宅地等の減額特例の対象となる宅地がある場合には、
その宅地について小規模宅地等の減額特例の適用をした上で、個人版
事業承継税制の対象となる特定事業用資産について、その適用を受け
ることができる場合があるが、その適用については、次のように制限
されている（措法70の6の10②―イ、措令40の7の10⑦、措通70の6
の10-17）。

適用を受ける小規模宅地等	個人版事業承継税制の適用の制限
① 特定事業用宅地等	適用を受けることができない。
② 特定同族会社事業用宅地等	「400㎡－特定同族会社事業用宅地等」が適用対象となる宅地等の限度面積になる[※1]。
③ 貸付事業用宅地等	「400㎡－2×（A×200/330＋B×200/400＋C）」が適用対象となる宅地等の限度面積になる[※2]。
④ 特定居住用宅地等	適用制限はない[※1]。

（※1）　他に貸付事業用宅地等について小規模宅地等の減額特例の適用を受ける
　　　　場合には、上記「③」による。
（※2）　Aは特定居住用宅地等の面積・Bは特定同族会社事業用宅地等の面積・
　　　　Cは貸付事業用宅地等の面積である。

(2) 併用適用の禁止

　被相続人から相続又は遺贈により財産を取得した者が、特定事業用
宅地等に係る小規模宅地等の減額特例の適用を受けている場合には、
個人の特定事業用資産について個人版事業承継税制は適用できない。
　したがって、同一の被相続人から宅地等を相続等により取得した者

202

のうちに、特定事業用宅地等に係る小規模宅地等の減額特例の適用を受けている者がいる場合には、その者が個人版事業承継税制の適用を受けようとする者であろうとそれ以外のものであろうと、個人の特定事業用資産について個人版事業承継税制の適用を受けることはできない（措法69の4⑥、平31改正法附則79①）。

2 前記**1**(1)①から④の具体例

(1) 前記**1**(1)①の具体例

① 相続人……2人：後継者（A）、後継者以外（B）

② 被相続人の宅地……甲宅地（特定事業用宅地等の要件を充足）
　　　　　　　　　　　　乙宅地（特定事業用宅地等の要件を充足）

③ 遺産分割……Aが甲宅地を取得、Bが乙宅地を取得

④ 小規模宅地等の減額特例の適用……Bが乙宅地について特定事業
　　　　　　　　　　　　　　　　　　用宅地等の特例を適用

⑤ 併用適用……禁止

　（理由）相続人のうち、後継者以外Bが乙宅地について特定事業用
　　　　　宅地等の特例の適用を受けたことから、後継者Aの甲宅地に
　　　　　個人版事業承継税制の適用はない。

(2) 前記**1**(1)②の具体例

① 相続人……2人：後継者（A）、後継者以外（B）

② 被相続人の宅地……甲宅地（特定事業用宅地等（300㎡）の要件
　　　　　　　　　　　　満たす）
　　　　　　　　　　　　乙宅地（特定同族会社事業用宅地等（250㎡）
　　　　　　　　　　　　の要件満たす）

③ 遺産分割……Aが甲宅地を取得、Bが乙宅地を取得

④ 小規模特例等の減額特例の適用……Bが乙宅地について特定同族
　　　　　　　　　　　　　　　　　　会社事業用宅地等の特例を適
　　　　　　　　　　　　　　　　　　用

⑤ 併用適用……是認

（理由）後継者以外Bは、乙宅地の面積250㎡について、特定同族会社

事業用宅地等の特例の適用がある。

　　後継者Aは甲宅地のうち、後継者以外Bが乙宅地について適用を受けた面積との差引面積150㎡（400㎡－250㎡）について、個人版事業承継税制の適用を受けることができる。

(3) 前記**1**(1)③の具体例

① 相続人……2人：後継者（A）、後継者以外（B）

② 被相続人の宅地……甲宅地（特定事業用宅地等（300㎡）の要件満たす）

　　　　　　　　　　乙宅地（貸付事業用宅地等（150㎡）の要件満たす）

③ 遺産分割……Aが甲宅地を取得、Bが乙宅地を取得

④ 小規模特例等の減額特例の適用……Bが乙宅地について貸付事業用宅地等の特例を適用

⑤ 併用適用……是認

（理由）後継者以外Bは、乙宅地の面積150㎡（200㎡×3／4）について、貸付事業用宅地等の特例の適用がある。

　　後継者Aは甲宅地のうち、後継者以外Bが乙宅地について適用を受けた面積との調整面積100㎡（400㎡×1／4）について、個人版事業承継税制の適用を受けることができる。

(4) 前記**1**(1)④の具体例

① 相続人……2人：後継者（A）、後継者以外（B）

② 被相続人の宅地……甲宅地（特定事業用宅地等（300㎡）の要件満たす）

　　　　　　　　　　乙宅地（特定居住用宅地等（200㎡）の要件満たす）

③ 遺産分割……Aが甲宅地を取得、Bが乙宅地を取得

④ 小規模特例等の減額特例の適用……乙がB宅地について特定居住用宅地等の特例の適用

⑤ 併用適用……是認

（理由）後継者以外Bは、乙宅地の面積200㎡（上限面積：330㎡）について、特定居住用宅地等の特例の適用がある。

後継者Aは、甲宅地の面積300㎡（上限面積：400㎡）について、個人版事業承継税制の適用を受けることができる。

第2章

相続対策 関係

Ⅰ　生前贈与の実行

相続より高税率となる暦年課税による生前贈与は避ける

 相続税よりも贈与税の税負担が重くなるため

　相続税の税率（次ページ【相続税の速算表】参照）は、課税価格1,000万円以下の場合に10％であるのに対し、暦年課税による贈与税の税率（特例税率）（下記【贈与税の速算表】参照）は30％で、相続税の税率に比べて高税率となり贈与税の税負担が重くなることから、相続税の負担税率より高い税率の贈与は避けるべきである。

【贈与税の速算表】

基礎控除後の課税価格		一般の受贈者(注1)		18歳以上の直系卑属である受贈者(注2)	
超	以下	税率（一般）	控除額	税率（特例）	控除額
200万円以下		10％	—	10％	—
200万円	300万円	15％	10万円	15％	10万円
300万円	400万円	20％	25万円		
400万円	600万円	30％	65万円	20％	30万円
600万円	1,000万円	40％	125万円	30％	90万円
1,000万円	1,500万円	45％	175万円	40％	190万円
1,500万円	3,000万円	50％	250万円	45％	265万円
3,000万円	4,500万円	55％	400万円	50％	415万円
4,500万円超				55％	640万円

（注1）「18歳以上の直系卑属である受贈者」に該当しない場合の贈与税の計算に使用する。（例）兄弟間の贈与、夫婦間の贈与、親から子への贈与で子が未成年者の場合などに使用する。

(注2) 直系尊属（祖父母や父母など）から、その年の1月1日において18歳以上の者（注3）（子・孫など）への贈与税の計算に使用する。
(注3) 「その年の1月1日において18歳以上の者（子・孫など）」とは、贈与を受けた年の1月1日現在で18歳以上の直系卑属のことをいう。
　　（例）祖父から孫への贈与、父から子への贈与などに使用する（夫の父からの贈与等には使用できない）。

【相続税の速算表】

法定相続分に応ずる取得金額	税率	控除額
1,000万円以下	10%	－
3,000万円以下	15%	50万円
5,000万円以下	20%	200万円
1億円以下	30%	700万円
2億円以下	40%	1,700万円
3億円以下	45%	2,700万円
6億円以下	50%	4,200万円
6億円超	55%	7,200万円

"鉄則"に従ってはいけないケース

次に該当する場合には、相続税の負担税率より高い税率の贈与であっても、あえて実行することも一考である。

ケース
1　孫に贈与を行う場合
2　対象財産が収益物件である場合
3　生前贈与加算の影響を受けることがない条件のもとに連年贈与を行う場合

1　"鉄則"に従ってはいけない理由と効果

1　孫に贈与を行う場合

相続税の負担税率より高い税率の贈与であっても、孫に贈与を行う

I　生前贈与の実行

ことで1世代飛ばすことができ、結果として相続税・贈与税の合計の税負担では軽減が図られることがあるため、「相続税の負担税率より高い税率の贈与は避ける」という“鉄則”に従う必要がない場合があり得る。

設例 1

　次の前提条件で孫に贈与を行った場合と行わなかった場合の税額負担の比較。

＜前提条件＞

① 贈与

・甲（祖父）は、更地1,400万円及び贈与税の納税資金として現金600万円の合計2,000万円を暦年課税により孫B（20歳）へ贈与を行った。

② 一次相続：甲（祖父）

・甲（祖父）の相続が、令和6年に発生したものとする。

・甲の相続財産（贈与対象財産以外）

　居住用不動産：敷地・6,000万円　建物2,000万円

　その他の財産：1億円

・贈与時と相続時の財産に変動がないものとする。

・法定相続人は2人（配偶者乙・長男A）とする。

・遺産分割は、法定相続分（配偶者乙1／2、長男A1／2）とする。

・計算を簡便化するため小規模宅地等の減額特例は考慮しない。

③ 二次相続：長男A（孫Bの父）

・令和18年に相続が発生したものとする。

・配偶者乙は既に亡くなっており、令和6年に発生した甲の相続により取得した配偶者乙の財産（配偶者乙の固有の財産はないものとする）は長男Aがすべて相続したものとする。

・法定相続人は、長男Aの子（孫B）のみとする。

・長男Aの財産は、「一次相続：甲（祖父）」、「二次相続：配偶者乙の相続」により取得した財産のみで長男Aの固有の財産はないものとする。

・計算を簡便化するため小規模宅地等の減額特例は考慮しない。

(1) 贈与

① 贈与税の課税価格

2,000万円（更地及び現金）－ 110万円（基礎控除額）＝ 1,890万円

② 贈与税額

1,890万円 × 45%（特例税率）－ 265万円（控除額）＝ 585.5万円

(2) 一次相続 ｛被相続人　甲（祖父）｝

	孫へ暦年課税で贈与を行った場合		贈与を行わなかった場合	
法定相続人	配偶者	長男A	配偶者	長男A
居住用不動産（敷地6,000万円・建物2,000万円）	4,000万円	4,000万円	4,000万円	4,000万円
更地及び現金（2,000万円）贈与分	－	－	1,000万円	1,000万円
その他の財産	5,000万円	5,000万円	5,000万円	5,000万円
課税価格	9,000万円	9,000万円	1 億円	1 億円
基礎控除額	4,200万円		4,200万円	
課税遺産総額	1 億3,800万円		1 億5,800万円	
相続税の総額	2,740万円		3,340万円	
各人の相続税額	1,370万円	1,370万円	1,670万円	1,670万円
配偶者の税額軽減	△1,370万円	－	△1,670万円	－
納付税額	0	1,370万円	0	1,670万円
合計	1,370万円		1,670万円	

(3) 二次相続（被相続人　長男A）

	孫へ暦年課税で贈与を行った場合	贈与を行わなかった場合
法定相続人	孫B	孫B
居住用不動産（敷地・建物）	8,000万円	8,000万円
更地　贈与分	－	2,000万円
その他の財産	1 億円	1 億円
課税価格	1 億8,000万円	2 億円
基礎控除額	3,600万円	3,600万円
課税遺産総額	1 億4,400万円	1 億6,400万円
相続税の総額	4,060万円	4,860万円
納付税額	4,060万円	4,860万円

I　生前贈与の実行

(4) 比較

	贈与税	相続税 (甲：祖父)	相続税 (長男A)	合計税額
贈与を行った場合	585.5万円	1,370万円	4,060万円	6,015.5万円
贈与を行わなかった場合	－	1,670万円	4,860万円	6,530万円
差額	△585.5万円	300万円	800万円	514.5万円

① 負担税率の比較

贈与税率（特例税率）：45%[注1]

相続税率：30%[注2]

（注1）基礎控除後の課税価格1,890万円｛上記（1）①｝

　　　　贈与税の速算表より基礎控除後の課税価格（1,890万円）が、（1,500万円超から3,000万円以下）に該当するため、45%の特例税率を適用する。

（注2）贈与を行わなかった場合の課税遺産総額｛1億5,800万円：甲（祖父の相続）｝を法定相続分（1／2）で按分した法定相続人の取得金額（7,900万円）となる。相続税の速算表より法定相続分に応ずる取得金額（7,900万円）は、（5,000万円超から1億円以下）に該当するため、30%の税率を適用する。

② 負担税率

　贈与を行った方が、贈与を行わなかった場合と比較して、514.5万円（6,530万円－6,015.5万円）税負担の軽減が図られている。

③ 判定

　負担税率については、贈与税率（特例税率）45%＞相続税率30%となり、贈与税の税率の方が高くなるが、相続の場合は、更地部分が一次相続と二次相続で二度課税の対象になることに対し、贈与の場合は一度の課税で済むことにより、合計税額は贈与を行った場合（6,015.5万円）と贈与を行わなかった場合（6,530万円）では、贈与を行った場合の方が514.5万円有利になっている。

　また、一次相続から二次相続までの間に、更地が値上がりしていたとすれば、その値上がり分について、贈与を行った方が、さらに税負担の軽減が図られることになる。

2　対象財産が収益物件である場合

　贈与の対象となる財産が収益物件である場合には、贈与後の家賃収入等が見込める。

1　相続より高税率となる暦年課税による生前贈与は避ける

　このような財産は、生前に贈与を行わなければ、その家賃収入等の手取額が年々蓄積され、相続財産が増加することになる。

> **設例 2**
>
> 　次の前提条件で収益物件の贈与を行った場合と行わなかった場合との税額の比較。
> ＜前提条件＞
> ①　贈与
> ・アパート｛敷地（貸家建付地評価後）・建物（貸家評価後）合計2,000万円｝を暦年課税により長男へ贈与を行う。
> ・長男は贈与税の納税資金を自己資金及び融資により調達するものとする。
> ②　相続
> ・上記、贈与から10年後に相続が発生したものとする。
> ・アパートの年間手取額（所得税等控除後）は、120万円（税引後利回り6％）とし、10年間で1,200万円とする。
> ・相続財産（贈与対象財産以外）
> 　その他の財産：1億6,000万円（贈与時と相続時の財産に変動がないものとする）
> ・法定相続人は、2人（配偶者・長男A）とする。
> ・遺産分割は、アパート関係｛敷地・建物・家賃手取額（10年間｝は、長男Aとし、その他の財産は、法定相続分（配偶者1/2、長男A1/2）で相続する。

(1)　贈与
　①　贈与税の課税価格
　　2,000万円（アパート敷地・建物：貸家、貸家建付地の評価減後）－110万円（基礎控除額）＝ 1,890万円
　②　贈与税額
　　1,890万円 × 45％（特例税率）－ 265万円（控除額）＝ 585.5万円
(2)　相続

	長男Aへ暦年課税で贈与を行った場合		贈与を行わなかった場合	
法定相続人	配偶者	長男A	配偶者	長男A
アパート（敷地・建物）	－	－	－	2,000万円

213

I　生前贈与の実行

その他の財産	8,000万円	8,000万円	8,000万円	8,000万円
家賃手取額（10年間）	－	－	－	1,200万円
課税価格	8,000万円	8,000万円	8,000万円	1億1,200万円
基礎控除額	4,200万円		4,200万円	
課税遺産総額	1億1,800万円		1億5,000万円	
相続税の総額	2,140万円		3,100万円	
各人の相続税額	1,070万円	1,070万円	1,291万円	1,809万円
配偶者の税額軽減	△1,070万円	－	△1,291万円	－
納付税額	0	1,070万円	0	1,809万円
合計	1,070万円		1,809万円	

（3）比較

	贈与税	相続税	合計	
贈与を行った場合（家賃手取額）	585.5万円	1,070万円	1,655.5万円（△1,200万円）	差額
贈与を行わなかった場合	－	1,809万円	1,809万円	153.5万円

①　負担税率の比較

　　贈与税率（特例税率）：45％(注1)

　　相続税率：30％(注2)

　　（注1）基礎控除後の課税価格1,890万円〔上記（1）①〕

　　　　　　贈与税の速算表より基礎控除後の課税価格（1,890万円）が（1,500万円超から3,000万円以下）に該当するため、45％の特例税率を適用。

　　（注2）贈与を行わなかった場合の課税遺産総額（1億5,000万円）を法定相続分（1/2）で按分した取得金額（7,500万円）となる。相続税の速算表より法定相続分に応ずる取得金額（7,500万円）は（5,000万円超から1億円以下）に該当するため、30％の税率を適用する。

②　家賃手取額を考慮した税負担の判定

　　家賃手取額を考慮せずに税負担を比較すると、贈与を行った場合の方が153.5万円（1,809万円－1,655.5万円）少なくなり有利といえる。

　　贈与を行った場合は、1,200万円分（家賃手取額10年間分）が、長男Aに移転するため、さらに1,200万円（家賃手取額10年間分）税負担が少なくなる。

　　一方、贈与を行わなかった場合には、1,200万円分（家賃手取額10年間分）が、相続財産として相続税が課税されることになるため、圧倒的に

贈与を行った場合の方が有利であるといえる。

❸ 生前贈与加算の影響を受けることがない条件のもと連年贈与を行う場合

●連年贈与による相続税額負担軽減の計算例

相続税の負担税率より高い税率の贈与であっても、相続財産に適用される税率が現状を下回る水準まで、財産を分割して生前贈与（連年贈与）を行うことにより、生前贈与加算の影響を受けることがない条件のもと、相続時に資産を移転する場合より税負担が軽減されることがある。

設例 3

次の前提条件で贈与を行った場合と、行わなかった場合の税負担の比較。

＜前提条件＞

・被相続人：甲（父・83歳）

・相続人：A（子・55歳）、B（子・53歳）、C（子・50歳）

・甲の相続税の課税価格合計（生前贈与がなかった場合）： 5 億4,000万円

（同族会社株式 2 億円、現金預金 2 億4,000万円、その他財産 1 億円）

・生前贈与 ： 相続開始12年前から 8 年前まで（甲71歳から75歳まで）A、B、C 各人に毎年1,800万円（同族会社株式1,300万円及び贈与税納税資金として現金500万円）を 5 年間、連年贈与

---

(1) 連年贈与を行わなかった場合の相続税額

① 課税遺産総額 5 億4,000万円－4,800万円（基礎控除額）
= 4 億9,200万円

② 相続税の総額

4 億9,200万円× 1 / 3 （法定相続分）= 1 億6,400万円

1 億6,400万円× 40% －1,700万円＝4,860万円

4,860万円× 3 人（A、B、C）= 1 億4,580万円

(2) 連年贈与を行った場合の相続税額及び贈与税額の合計

① 贈与税額の累計金額

（1,800万円－110万円（基礎控除額））× 45% －265万円＝495.5万円

215

Ⅰ　生前贈与の実行

　　　495.5万円×　3 人（A、B、C）×　5 年＝7,432.5万円
　②　相続税額（生前贈与加算の適用なし）
　　課税価格合計：
　　5 億4,000万円－（1,800万円×　3 人（A、B、C）×　5 年）
　　＝　2 億7,000万円
　　課税遺産総額：2 億7,000万円－4,800万円（基礎控除額）
　　＝　2 億2,200万円
　　相続税の総額：
　　2 億2,200万円×　1 ／ 3 （法定相続分）＝ 7,400万円
　　7,400 万円× 30% － 700 万円＝1,520 万円
　　1,520 万円×　3 人（A、B、C）＝ 4,560 万円
　③　贈与税額と相続税額の合計
　　7,432.5万円（贈与税額の累計金額）＋ 4,560 万円（相続税の総額）
　　＝ 1 億1,992.5万円
(3)　判定
　　この設例によれば、生前贈与加算の適用を受けることなく、連年贈
　　与を行うことにより、結果として2,587.5 万円（上記（1）②1 億4,580
　　万円－（2）③1 億1,992.5万円）の税負担が軽減されることになる。

2 "鉄則" に従わない場合の留意点

1 孫に贈与を行う場合

(1) 相続税額の加算

　相続や遺贈によって財産を取得した者が、その被相続人の一親等の
血族及び配偶者のいずれでもない場合には、その者の相続税額はさら
に 2 割加算される（相法18①）。

　そのため、相続人以外（孫など）と養子縁組し、相続によって財産
を取得させる場合には、相続税額の 2 割加算の対象となるが、養子縁
組を行っていない孫に対する贈与で相続時に遺贈により取得した財産
がない限り、 2 割加算の規定の適用がない。

(2) 生前贈与加算

　相続や遺贈によって財産を取得した者が、相続開始前 7 年以内に被

216

相続人から財産贈与を受けた場合は、その贈与財産の価額を相続税の課税価格に加算し、相続税の計算をすることになる（相法19）。

孫は、養子縁組などを行っている場合を除き、一般的には相続や遺贈によって財産を取得することがないため、孫に相続開始前7年以内に贈与を行っても、相続財産に加算されることはない。

② 対象財産が収益物件である場合

(1) 確定申告

収益物件の贈与が行われれば、受贈者にその収益が帰属することになり、一定金額以上の所得がある場合には、所得税の確定申告を行う義務が生じるので、贈与前に所得税等の税額の試算を行っておくべきである。

また、収益不動産の贈与の場合は、「所得税の青色申告承認申請書」などの届出書の提出期限等を確認し、提出漏れがないように留意する。

(2) 譲渡

贈与により取得した収益不動産等を譲渡した場合には、譲渡資産の取得費・取得時期は贈与者の取得費・取得時期を引き継ぐことになるため、贈与者の購入価額・購入日などを事前に確認しておきたい。

③ 生前贈与加算の影響を受けることがない条件のもと連年贈与を行う場合

(1) 令和5年度税制改正

令和5年度税制改正前は、相続又は遺贈により財産を取得した者が相続開始前3年以内にその相続に係る被相続人から贈与により財産を取得している場合には、その者の相続税の課税価格にその贈与により取得した財産の価額を加算した金額をその者の相続税の課税価格とみなし、その課税価格に基づいて算出された相続税額からその加算に係る受贈財産について課せられた贈与税額を控除した金額がその者の納付すべき相続税額とされていた（旧相法19）。

この措置は、生前の分割贈与による相続税負担の軽減を図ることを防止するために講じられているが、それでもなお、高額な相続財産を

I　生前贈与の実行

有する場合には、相続財産に適用される限界税率を下回る水準まで財産を分割することで、相続税の累進負担を回避しながら、多額の財産を移転することが可能となっていた。

【連年贈与による税負担軽減の計算例】
　暦年課税の場合、贈与する機関が長いほど、相続のみで移転する場合と比べ、税負担が減少。
〇以下の前提で、各パターンごとに贈与税額と相続税額の合計を計算。
・被相続人（贈与者）の総財産は10億円。相続人は、配偶者・子2名の計3名。
・配偶者は、相続により5億円（法定相続分相当）を取得。
・子2名は、それぞれ贈与又は相続により計2億5,000万円（法定相続分相当）を取得。
・贈与額は、子2名にそれぞれ毎年700万円。

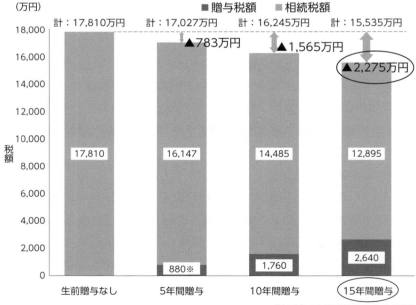

（出典）政府税制調査会資料

※なお、上記贈与税額の累計金額は以下のとおりである。
（700万円－110万円）× 20％ － 30万円＝88万円
∴88万円× 5年× 2人＝880万円

そこで、令和5年度税制改正により、相続税の課税価格に加算される生前贈与の対象期間について、諸外国の例も参考にしつつ、納税者の事務負担等の実務面にも配慮し、相続開始前7年以内とされた（相法19①）。

　この改正は、令和6年1月1日以後に贈与により取得する財産に係る相続税について適用され、同日前に贈与により取得した財産に係る相続税については従前どおりとされている（令5改正法附則19①）。

　なお、令和6年1月1日から令和8年12月31日までの間に相続又は遺贈により財産を取得する者については、相続開始前3年以内の贈与が加算対象とされ、令和9年1月1日から令和12年12月31日までの間に相続又は遺贈により財産を取得する者については、令和6年1月1日からその相続開始の日までの間の贈与が加算対象とされている（令5改正法附則19②③）。

【加算対象期間について】

　この改正は、**令和6年1月1日以後**に贈与により取得する財産に係る相続税について適用されます。具体的な贈与の時期等と加算対象期間は次のとおりです。

贈与の時期		加算対象期間
～令和5年12月31日		相続開始前3年間
令和6年1月1日～	贈与者の相続開始日	
	令和6年1月1日～令和8年12月31日	相続開始前3年間
	令和9年1月1日～令和12年12月31日	令和6年1月1日～相続開始日
	令和13年1月1日～	相続開始前7年間

（出典）国税庁資料

　また、今回の改正により延長された期間（相続開始前3年超7年以内）に贈与を受けた財産の価額については、生前贈与の記録・管理に要する事務負担を軽減する観点から、総額100万円までは相続税の課税価格に加算しないこととされている（相法19①）。

Ⅰ　生前贈与の実行

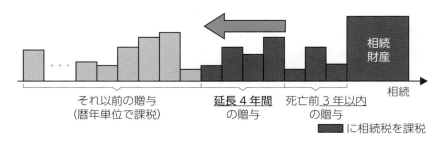

- 加算期間を7年間に延長
- 延長4年間に受けた贈与については総額100万円まで相続財産に加算しない

(出典) 財務省資料

(2) 上記改正を踏まえた対応

前述のとおり、生前贈与加算の対象期間が延長されたことにより、連年贈与を行うことによる相続税負担軽減スキームが厳しくなったことは明らかである。

したがって、相続開始前7年という期間を鑑み、例えば平均余命などを参考に、贈与者の年齢を考慮した贈与の実行を検討する必要がある。

(3) 「定期金給付契約に関する権利」の可否判定

連年贈与を行うにあたり、一連の贈与が「定期金給付契約に関する権利」に該当する場合には、贈与者と受贈者の契約が締結した時点で、契約による総額に対して贈与税が課税されることもあり得るので注意が必要である。

この点については、第1章Ⅱの「鉄則2　預貯金は口座名義に従い申告する」の「"鉄則"に従わない場合の留意点」**2**（47ページ）を参照されたい。

Ⅰ 生前贈与の実行

孫養子縁組は積極的に実行する

 法定相続人が増えることなどにより相続税が少なくなるため

相続対策として、孫がいる場合には、被相続人と養子縁組を行い法定相続人の人数を増やして相続に備えるべきである。

1　相続税額の減少

相続税の計算をする場合、次の4項目については、法定相続人の数を基に行う。

① 相続税の基礎控除額（相法15）
② 生命保険金の非課税限度額（相法12⑤）
③ 死亡退職金の非課税限度額（相法12⑥）
④ 相続税の総額の計算（相法16）

相続税の計算においては、法定相続人が多ければ多いほど基礎控除の額が増えるとともに非課税の枠が広がり、さらに、累進税率が緩和され、結果として相続税額が少なくなる。

相続税法上、孫養子に対して相続税の2割加算が行われるが（相法18②）、孫を養子にできれば法定相続人が増えることにより、相続税額が減少することを次の 設例 1 で確認する。

設例 1
　①孫養子がいない場合と、②孫養子がいる場合での相続税額の比較。
＜前提条件＞

Ⅰ　生前贈与の実行

・法定相続人の数……1人（子）
・遺産の総額……2億円
・孫養子がいる場合は法定相続分1/2で分割

【①孫養子がいない場合】

	合計	子
課税価格	2億円	2億円
基礎控除額	3,600万円	－
課税遺産総額	1億6,400万円	－
あん分割合	－	(1.00)
算出税額	4,860万円	4,860万円
2割加算	－	－
差引納付額	4,860万円	4,860万円

【②孫養子がいる場合】

	合計	子	孫養子
課税価格	2億円	1億円	1億円
基礎控除額	4,200万円	－	－
課税遺産総額	1億5,800万円	－	－
あん分割合	－	(0.50)	(0.50)
算出税額	3,340万円	1,670万円	1,670万円
2割加算	－	－	334万円
差引納付額	3,674万円	1,670万円	2,004万円

【孫養子がいない場合といる場合との差額】

孫養子がいない場合	4,860万円
孫養子がいる場合	3,674万円
差額	1,186万円

　上記のように相続人が1人の場合と孫養子を加えた2人の場合とでは、相続税額に1,186万円もの差が発生することが分かる。さらに、遺産分割において孫が取得する財産が少なくなれば、孫に対して課される2割加算が少なくなるため、さらに差額が大きくなる。

2　一世代相続を飛ばすことによる効果

　孫を養子とした場合には、祖父母から孫に直接遺産を相続させるこ

とが可能となる。通常であれば祖父母の遺産を子が相続し、それを子の相続の際に孫が相続することになるが、子の相続の際に祖父母の遺産を含めなくてもよいことになる。つまり、一世代相続税の課税を飛ばすことができる。

　孫に直接相続した場合と、子から孫へと2度にわたり相続した場合との税額の違いは次のようになる。

設例 2

　①孫を養子としないで2度にわたり相続した場合と、②孫を養子にして一次相続ですべての財産を孫に相続させた場合との税額の比較。
＜前提条件＞
・祖父の相続時の財産…… 5億円
・相続人（子）…… 1人
・相続人（孫）…… 1人
・子の固有の財産（相続時）…… 2億円
・祖父の財産は子が相続するまでの間に増減がなかったものとする（子から孫の場合も同様）。
・祖父の相続から子の相続までは10年以上の期間があるものとする（相次相続控除の適用なし）。

【一次相続の際の税金】

	①孫養子をしない場合 （子の税金）	②孫養子をした場合 （孫の税金）
課税価格	5億円	5億円
基礎控除額	3,600万円	4,200万円※
課税遺産総額	4億6,400万円	4億5,800万円
算出税額	1億9,000万円	1億5,210万円
2割加算	－	3,042万円
納付税額	1億9,000万円	1億8,252万円

※3,000万円 ＋ 600万円 × 2名（子供、孫）＝ 4,200万円

Ⅰ　生前贈与の実行

【二次相続の際の税金】

	①孫養子をしない場合 (孫の税金)	②孫養子をした場合 (孫の税金)
課税価格	5億1,000万円※	2億円
基礎控除額	3,600万円	3,600万円
課税遺産総額	4億7,400万円	1億6,400万円
算出税額	1億9,500万円	4,860万円

※ 5億円 － 1億9,000万円（納税額）＋ 2億円 ＝ 5億1,000万円

【税負担の合計】

	①孫養子をしない場合	②孫養子をした場合	差額
一次相続の際の税金	1億9,000万円	1億8,252万円	△748万円
二次相続の際の税金	1億9,500万円	4,860万円	△1億4,640万円
合計	3億8,500万円	2億3,112万円	△1億5,388万円

　本設例は極端な例ではあるが、孫に直接相続させることにより、納付税額総額で1億5,388万円もの差額が出ることになる。さらに、孫を養子にして遺産を孫に相続させた場合は、土地建物等の不動産の登記の手続も1回で済むため、登録免許税も節約できる効果がある。

③　養子の数の制限

　法定相続人に加えることができる養子の数は次のように制限がある（相法15②）。

① 　被相続人に実子がある場合又は被相続人に実子がなく、養子の数1人である場合……1人
② 　被相続人に実子がなく、養子の数が2人以上である場合……2人

"鉄則"に従ってはいけないケース

　次に該当する場合には、あえて養子縁組を行わないことも一考である。

224

1 遺産が基礎控除を若干超える程度の場合
2 兄弟間等で遺産の分割協議について争いが生じるおそれがある場合
3 孫が未成年者である場合

1 "鉄則"に従ってはいけない理由と効果

1 遺産が基礎控除を若干超える程度の場合

次に掲げる設例のように、遺産がさほど多くないときには、相続人以外の孫に贈与することにより相続税の負担を軽減させるようなことが可能であり、あえて孫の養子縁組の手続まで必要のない場合もある。

設例 3

＜前提条件＞
・遺産……5,000万円
・相続人……子供2人
・孫……4人

【孫に贈与せずに相続が開始した場合】

	合計	子A	子B
課税価格	5,000万円	2,500万円	2,500万円
基礎控除額	4,200万円	―	―
課税遺産総額	800万円	―	―
あん分割合	―	(0.50)	(0.50)
算出税額	80万円	40万円	40万円

【孫4人に相続直前とその1年前に各100万円ずつ贈与した場合】

	合計	子A	子B
課税価格	4,200万円※	2,100万円	2,100万円
基礎控除額	4,200万円	―	―
課税遺産総額	0万円	―	―
あん分割合	―	(0.50)	(0.50)
算出税額	0万円	0万円	0万円

225

※5,000万円 － 800万円（100万円（直前）× 4人 ＋ 100万円（1年前）× 4人）
＝ 4,200万円

2 兄弟間等で遺産の分割協議について争いが生じるおそれがある場合

相続人が兄と弟のような場合で、例えば、長男だけが自分の子（被相続人の孫）を養子にしたときには、法定相続分が兄弟1/2ずつから1/3へと変更となる。そのため長男一家の法定相続分は1/3＋1/3＝2/3となり、次男の法定相続分の1/3の2倍となる。事前に兄弟間で合意の上で相続対策として養子縁組をするのであれば問題はないが、そうでない場合には兄弟間のトラブルとなることも考えられるので養子縁組を行わないことも検討すべきである。

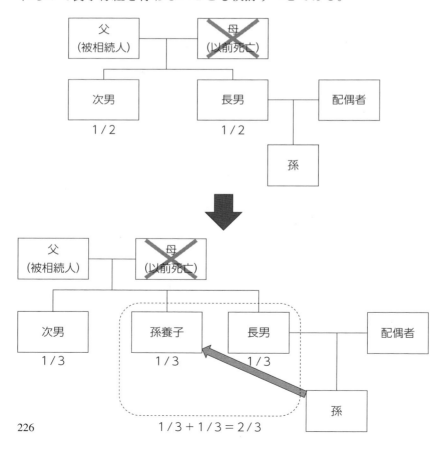

❸ 孫が未成年者である場合

　未成年者は原則として法律行為を行うことができない。未成年者が遺産分割を行う場合には、代理人を立てる必要があり、この代理人は「法定代理人」と「特別代理人」がある。

　相続人に未成年者がいる場合、法定代理人（基本的には親）が遺産分割協議書、相続税の申告書に署名押印することになる。しかし、親権を行う父又は母が、その子と同じ相続人となってしまうと、その子との間でお互いの利益が相反する行為（利益相反行為）を行うことになり、子のために特別代理人を選任することを家庭裁判所に申し立て、特別代理人に署名押印等の代理行為を依頼することになる（民法826①）。

　また、特別代理人の申立てについて孫の権利が守られているかの確認のため「利益相反に関する資料」も提出する必要があり、孫に財産を相続させないような遺産分割協議は認められないこととなる。相続税の基礎控除額の拡大のためだけの養子縁組のつもりが、逆に遺産分割を難しくすることになりかねないため、孫が未成年者の場合は検討が必要である。

　さらに、家庭裁判所から特別代理人選任の審判の証明書を発行してもらうまでには、家庭裁判所の確認があるため時間を要すことが多く、相続税の申告期限まで時間があまりないような場合は遺産分割が申告期限までに間に合わないようなこともあり得る。

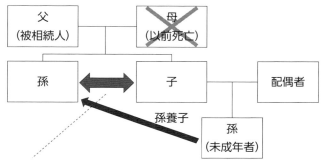

子と孫は利益相反関係になり、特別代理人が必要となる。

I 生前贈与の実行

2 "鉄則"に従わない場合の留意点

1 遺産が基礎控除を若干超える程度の場合

祖父母から孫への贈与などで相続税の節税を目的として、毎年贈与が行われるケースがある。そのような継続的な贈与を行う場合に、孫名義の預金口座に入金したり、定期預金証書を作成したりするようなことも多いが、これらを贈与者が管理して実際は受贈者にわたっていないと判断されるような場合には、贈与ではなく、名義預金として扱われ、生前贈与が否認され被相続人の財産として認定されることがあるので注意が必要である。

2 兄弟間等で遺産の分割協議について争いが生じるおそれがある場合

遺産分割協議は法定相続分で行う必要はなく、相続人同士の協議で決まればよいことになっている。したがって、孫が法定相続分で1/3の権利があったとしても、全員の合意があれば一切財産を相続しないことも認められる。養子縁組を行ったとしても法定相続分ではなく、遺産分割については納得する形で協議がまとまるようにすることも考えられる。

また、平成29年1月31日の最高裁判所において、相続税の節税のために養子縁組をすることがあったとしても、そのこと自体で養子縁組が無効となることはないと判示された（後掲の「参考」参照）。

その中で、先祖代々の資産など次世代に残すべきものとして決まっているような場合には、あえて孫に相続させ一世代相続税の課税を飛ばすことも検討すべきである。その際は当事者である孫の意思確認も合わせて行わなければならないことは当然のことである。

3 孫が未成年者である場合

未成年者が相続人で父又は母が代理人となれない場合、特別代理人を家庭裁判所に選任してもらう必要がある。特別代理人を選任するの

は家庭裁判所であるが、実務上は家庭裁判所が職権で適任者を探すことは難しいため、結局、申立人である親権者が推薦する者から選任されるのが実情である。したがって、利害関係のない特別代理人の準備を事前に検討する必要がある。

また、未成年者の権利が守られていないと認められるような法定相続分からかけ離れた不合理な遺産分割は、裁判所の審判が受けられない可能性が高くなる。したがって、未成年者である孫に相続させる財産も事前に用意しておかないと遺産分割が進められない可能性が高くなるため十分な検討が不可欠である。

また、家庭裁判所への特別代理人の申請について下記の書類の準備も必要となる。

① 申立書
② 未成年者の戸籍謄本（全部事項証明書）
③ 親権者又は未成年者後見人の戸籍謄本（全部事項証明書）
④ 特別代理人候補者の住民票又は戸籍附票
⑤ 利害関係に関する資料（遺産分割協議書案等）
⑥ その他、必要に応じ収入印紙や規定の郵便切手

(1) 専ら相続税の節税のために養子縁組をする場合の可否が争われた判決

相続税の節税目的で行われた亡祖父Ａと孫との養子縁組について、Ａには縁組意思がなく、本件養子縁組は無効であるとした原判決に対する上告審において、養子縁組をすることによる相続税の節税効果は、相続人の数が増加することに伴い、遺産に係る基礎控除額を相続人の数に応じて算出するものとする相続税法の規定によって発生しうるものであるところ、相続税の節税のために養子縁組をすることは、このような節税効果を発生させることを動機として養子縁組をするものであるが、相続税節税の動機と縁組をする意思とは併存しうるものであるから、専ら相続税の節税のために養子縁組をする場合であっても、直ちに当該養子縁組について民法802条１号にいう「当事者間に縁組をする意思がないとき」に当たるとするこ

Ⅰ　生前贈与の実行

とはできないとして、本件養子縁組の無効確認請求を棄却した第一審判決を正当として控訴が棄却された（最高裁判所平成29年１月31日判決 TAINS Z999-5372）。

(2)　孫養子縁組を実行して相続を行った事例の裁判例

　被相続人（平成24年６月17日相続開始）は、平成21年に２棟の不動産を13億8,700万円で購入し、その際、信託銀行等から10億5,500万円の借入れを行った。納税者らは、各不動産の価額を通達評価額（3億3,370万円余）に基づき相続税の申告を行ったが、課税庁は、評価通達６《この通達により難い場合の評価》を適用し、鑑定評価額（12億7,300万円）に基づき各更正処分を行った。この事例では不動産を購入する直前（平成20年８月19日）に本件被相続人と孫が養子縁組を行い、被相続人の遺言により、孫が本件不動産を取得している。評価額については課税庁側の評価が適法であると判示されたが、孫養子縁組という行為については問題にされていない（最判令４.４.19・TAINS Z888-2406）。

Ⅰ 生前贈与の実行

鉄則 3

相続開始前7年以内の贈与は避ける

相続開始前7年以内に贈与された財産は、遺産に加算されることにより相続税の負担が増加するため

　相続又は遺贈により財産を取得した者が、その相続の開始前7年以内（死亡の日から遡って7年前の日から死亡の日までの間）にその相続に係る被相続人から贈与により財産を取得した場合は、その者について、その贈与により取得した財産の価額（その財産のうち相続開始前3年以内に贈与により取得した財産以外の財産については、その財産の価額の合計額から100万円を控除した残額（以下同じ））を相続税の課税価格に加算した価額を相続税の課税価格とみなして算出した金額をもって、その納付すべき相続税額とされる（相法19）。

　したがって、相続開始前7年以内に財産を贈与した場合は、その贈与はなかったものとされ、贈与財産は相続財産に組み込まれてしまうことから、結果的に遺産を減らすことにつながらず手間だけが増すことになる。

　なお、その贈与により取得した財産の取得に伴って課せられた贈与税があるときは、相続税額からその財産に係る贈与税の税額を控除した金額をもって、その納付すべき相続税額とするため、納付した贈与税はそのまま相続税額に充当される（相法19ただし書）。

I 生前贈与の実行

"鉄則"に従ってはいけないケース

次に該当する場合は、贈与後7年以内に相続が開始すると想定されたとしても贈与を実行することが考えられる。

1 短期間での値上がり等が想定されるような財産がある場合
2 対象財産が収益物件である場合
3 婚姻期間が20年以上の夫婦間で居住用不動産等を贈与する場合

1 "鉄則"に従ってはいけない理由と効果

1 短期間での値上がり等が想定されるような財産がある場合

相続開始前7年以内の贈与は、その贈与により取得した財産の価額が相続税の課税価格に加算されてしまうが、その加算される評価額は贈与の時の価額とされている。したがって、設例のように短期間であっても相続時には値上がりが想定されるような財産である場合は、値上がり前に贈与することも考えられる。

設例

将来の都市計画等で収用が見込まれているような宅地であり、今後の地価の上昇が見込まれている場合。
＜前提条件＞
・相続人の数……2人（子A・B）
・贈与時の宅地の評価額……2,000万円（2人の共有とする）
・相続時の宅地の評価額……3,000万円
・相続時の上記宅地以外の財産の評価額……2億円（法定相続分で分割する）
・相続開始前7年以内の贈与とする。

3　相続開始前 7 年以内の贈与は避ける

① 　贈与をした場合

【贈与税額】

	子A	子B
課税価格（2,000万円×1／2）	1,000万円	1,000万円
基礎控除額	110万円	110万円
税率（特例税率）	30%	30%
控除額	90万円	90万円
納付税額	177万円	177万円

【相続税額】

	合計	子A	子B
宅地（贈与時の持ち戻し）	2,000万円	1,000万円	1,000万円
その他の財産	2 億円	1 億円	1 億円
課税価格合計	2 億2,000万円	－	－
基礎控除	4,200万円	－	－
課税遺産総額	1 億7,800万円	－	－
相続税の総額	3,940万円	1,970万円	1,970万円
贈与税額控除	－	△177万円	△177万円
納付税額	－	1,793万円	1,793万円

　　1 人当たりの納付すべき贈与税と相続税の合計額

　　　177万円 ＋ 1,793万円 ＝ 1,970万円

② 　贈与しなかった場合

【相続税額】

	合計	子A	子B
宅地	3,000万円	1,500万円	1,500万円
その他の財産	2 億円	1 億円	1 億円
課税価格合計	2 億3,000万円	－	－
基礎控除	4,200万円	－	－
課税遺産総額	1 億8,800万円	－	－
相続税の総額	4,240万円	2,120万円	2,120万円
贈与税額控除	－	－	－
納付税額	－	2,120万円	2,120万円

　　1 人当たりの納付すべき相続税の額　2,120万円

I　生前贈与の実行

【贈与した場合としなかった場合の差額】

	合計	子A	子B
贈与した場合	3,940万円	1,970万円	1,970万円
贈与しなかった場合	4,240万円	2,120万円	2,120万円
差額	△300万円	△150万円	△150万円

　本設例のとおり、1人につき150万円、相続税額総額で300万円の差が出ることとなる。

　贈与時と相続時の評価額に差があるような場合には相続直前であっても事前の贈与を検討すべきといえる。

　上記のような設例に加えて、業績の好調な上場企業の株式や、利益の発生が見込まれる同族会社株式等も対象になると考えられる。

❷　対象財産が収益物件である場合

　対象財産が賃貸不動産など収益物件である場合は、早期の財産移転により被相続人に金融資産が蓄積されることを防ぎ、相続人への金融資産の移転を図ることも想定される。

　また、相続開始前7年以内の贈与であれば、納税した贈与税は相続税額から控除されるので実際の税負担はなくなる。さらに、収益物件の移転に伴い、相続人に納税資金の準備を図ることもできる。

❸　婚姻期間が20年以上の夫婦間で居住用不動産等を贈与する場合

　婚姻期間が20年以上の夫婦の間で、居住用不動産又は居住用不動産を取得するための金銭の贈与を行う場合、基礎控除110万円のほかに最高2,000万円まで控除（配偶者控除）が適用できる（相法21⑥）。

　通常、被相続人から相続や遺贈によって財産を取得した者が、相続開始日前7年以内に被相続人から財産の贈与を受けていた場合には、その贈与を受けた財産については相続税の課税価格に加算される。

　しかし、婚姻期間が20年以上である被相続人から、贈与によりその被相続人の配偶者が取得した居住用不動産については、過去にその被相続人からの贈与について配偶者控除を受けている場合を除き、その

234

居住用不動産について贈与税の配偶者控除の適用を受けた部分は、相続税の課税価格に加算されず、相続税の対象とならない（相法19②）。

つまり、相続税の計算の持戻しの対象とならず、2,000万円の配偶者控除がそのまま有効となる。

この特例を受ける贈与は、次の適用要件を満たす必要がある。

① 夫婦の婚姻期間が20年を過ぎた後に贈与が行われたこと

② 配偶者から贈与された財産が、居住用不動産であること又は居住用不動産を取得するための金銭であること

③ 贈与を受けた年の翌年3月15日までに、贈与により取得した国内の居住用不動産又は贈与を受けた金銭で取得した居住用不動産に、贈与を受けた者が現実に住んでおり、その後も引き続き住む見込みであること

> （注） 1 「居住用不動産」とは、専ら居住の用に供する土地若しくは土地の上に存する権利又は家屋で国内にあるものをいう。
> 2 配偶者控除は同じ配偶者からの贈与については一生に一度しか適用を受けることができない。

2 "鉄則"に従わない場合の留意点

■ 短期間での値上がり等が想定されるような財産がある場合

●シミュレーションの必要性

贈与の実行においては相続時の価額を予測して進めていくが、相続時の評価額が確定しているわけではない。逆に評価額が下がり、相続時の実際の評価額よりも贈与時の評価額が高くなり、高いままの評価額で相続税が計算されるようなことも想定される。したがって、贈与を行う際には十分なシミュレーションを行い、相続人とよく相談した上で贈与を実行したい。

また、設例では挙げていないが、土地保有特定会社や株式保有特定会社の判定を外すことによる評価方法の違いにより、株価を減少させる手法がある。土地保有特定会社や株式保有特定会社に該当する評価

Ⅰ 生前贈与の実行

会社かどうかを判定する際に、課税時期前において合理的な理由もなく評価会社の資産構成に変動があった場合には、その変動が土地保有特定会社や株式保有特定会社に該当する評価会社と判定されることを免れるためのものと認定されれば、その変動はなかったものとして、原則的な評価となるため注意が必要である（評基通189なお書）。

2 対象財産が収益物件である場合

(1) 相続時精算課税制度との検討

贈与実行後、7年以内に相続が開始した場合には、納付した贈与税額のすべてを贈与税額控除とし相続税から控除することが可能となる。だが、7年以内に相続が発生しなかった場合には、当然ながら贈与税額の控除はできなくなる。

通常は暦年課税の贈与税の税率が相続税よりも高くなるため、高額な財産の贈与で7年以内に相続が発生しないこともあると想定される場合には、相続時精算課税制度を利用した財産移転について検討が必要である。

(2) 贈与時と相続時における登録免許税、不動産取得税の違い

不動産の贈与が行われると、贈与税だけでなく、登録免許税と不動産取得税も課税されることになるため、税コストの計算にあたっては失念しないようにしたい。

登録免許税と不動産取得税はその対象となる不動産は同じでも、その取得の方法により税率が異なり、贈与で取得すると相続により取得した場合よりも税負担が重くなることから、その点も考慮したキャッシュフローの計算が必要となる。

【登録免許税】

内容	課税標準[※2]	税率
相続	不動産の価額	1,000分の4
贈与	不動産の価額	1,000分の20

【不動産取得税】

内容	課税標準$^{(※2、※3)}$	税率
相続	－	非課税
贈与	不動産の価額	4／100$^{(※1)}$

※1　平成20年4月1日から令和9年3月31日までの間に住宅及び土地の取得が行われた場合3％。

※2　固定資産課税台帳に価格が登録されている不動産については、原則として、その価格を課税標準とする。

※3　令和9年3月31日までに宅地等（宅地及び宅地評価された土地）を取得した場合は、取得した不動産の価格×1／2を課税標準額とする。

❸　婚姻期間が20年以上の夫婦間で居住用不動産等を贈与する場合

本特例は、婚姻期間が20年以上の配偶者にしか適用できないため、贈与の相手方は自動的に配偶者となる。また、相続よりも先に贈与により所有権が移転していることから、相続時に居住用不動産に対する小規模宅地等の減額特例は適用できないため、注意が必要となる。

(1)　配偶者が居住用不動産を取得する場合

居住用不動産について2,000万円の配偶者控除を適用して贈与した場合は、贈与した不動産のうち2,000万円までの部分については贈与税の課税価格から控除される。

一方、居住用不動産に対する特定居住用宅地等の小規模宅地等の減額特例は、330㎡を限度として80％が相続税の課税価格から控除される。

どちらを利用した方が税メリットを得られるかは、登録免許税や不動産取得税も含め、それぞれをシミュレーションした結果によるため、十分な検討が必要になる。

また、2,000万円の配偶者控除を利用した場合でも、居住用不動産が2,000万円を超えてしまう場合には、全体を一度の贈与により移転できないことから、残余部分の持分の移転は相続を待つことになる。この場合は贈与に伴う登記と、その後の相続による登記の2回の登記

Ⅰ　生前贈与の実行

手続が必要となる。その手続を司法書士に依頼する場合はその費用も要することになるため、持分の移転に係るコストも考慮する必要がある。

　なお、贈与により移転できなかった被相続人所有の持分については、小規模宅地等の減額特例が適用できるため、前述したシミュレーションにあたってはその点も確認しておきたい。

(2) 同居の親族が居住用不動産を取得する場合

　2,000万円の配偶者控除を適用して所有権のすべてが配偶者に移転している不動産については、相続の対象とならないので、他の相続人は取得することはできない。したがって、同居の子供などに、特定居住用宅地等の小規模宅地等の減額特例を適用して、自宅を相続させることはできない。

　また、前記(1)のとおり2,000万円を超える部分で配偶者に贈与しなかった持分に対して小規模宅地等の減額特例を適用することは可能となるが、その不動産が遺産分割により共同相続人により共有持分となる場合には、維持・管理・処分等を共同で行う必要があることから注意したい。

　なお、本特例については281ページの「配偶者には居住用財産の贈与を実行する」を併せて参照されたい。

(3) 暦年課税制度の改正と経過措置

　令和5年度税制改正により、相続税・贈与税について資産移転の時期の選択に対する中立性を高める観点から、相続税の課税価格に加算される暦年課税による贈与の対象期間が相続の開始前3年以内から相続の開始前7年以内に延長された。また、その際、過去に受けた贈与の記録・管理に係る事務負担を軽減する観点から、上記の改正により延長された期間（相続の開始前3年超7年以内）に贈与を受けた財産の価額については、総額100万円まで相続税の課税価格に加算されないこととされた（相法19①）。

238

3 相続開始前7年以内の贈与は避ける

【暦年課税】

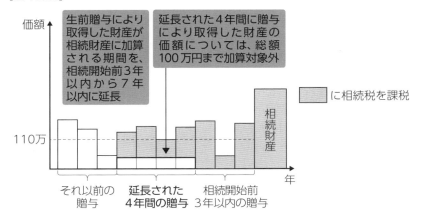

- ●贈与税　1年間に贈与により取得した財産の価額の合計額から基礎控除額110万円を控除した残額に、一般税率又は特例税率の累進税率を適用して、贈与税額を算出します。

- ●相続税　相続又は遺贈により財産を取得した方が、その**相続開始前7年以内**に被相続人から贈与により取得した財産がある場合には、その取得した財産の贈与時の価額を相続財産に加算します。
　　ただし、**延長された4年間**に贈与により取得した財産の価額については、**総額100万円まで加算されません**。

（出典）国税庁資料（一部加工）

　上記の改正は、令和6年1月1日以後に贈与により取得した財産に係る相続税について適用されることから、相続又は遺贈により財産を取得した日が令和6年1月1日から令和12年12月31日までの間にある場合においては、加算対象期間及び相続の開始前3年以内に取得した財産以外の財産に係る期間（100万円控除が適用される期間）は、相続又は遺贈により財産を取得した時期に応じて、それぞれ異なることとなる（令5改正法附則19①～③）。上記を踏まえ、相続税法基本通達19-2において、相続又は遺贈により財産を取得した日の区分に応じ、加算対象期間及び相続の開始前3年以内に取得した財産以外の財産に係る期間（100万円控除が適用される期間）をそれぞれ次の表の

I 生前贈与の実行

ように明らかにしている。

相続又は遺贈により財産を取得した日	加算対象贈与財産に係る期間	「相続の開始前3年以内に取得した財産以外の財産」に係る期間
令和6年1月1日から令和8年12月31日まで	相続の開始の日から遡って3年目の応当日から当該相続の開始の日までの間	
令和9年1月1日から令和12年12月31日まで	令和6年1月1日から相続の開始の日までの間	令和6年1月1日から、相続の開始の日から遡って3年目の応当日の前日までの間
令和13年1月1日以後	相続の開始の日から遡って7年目の応当日から当該相続の開始の日までの間	相続の開始の日から遡って7年目の応当日から、当該相続の開始の日から遡って3年目の応当日の前日までの間

Ⅱ 暦年課税・相続時精算課税、贈与税特例の活用

大型の贈与は相続時精算課税を選択する

生前贈与を行う場合には、相続時精算課税を積極的に活用することにより生前にまとめて多額の贈与ができるため

1　大型贈与に対する相続時精算課税選択のメリット

　有効な相続対策の1つとして、相続財産の生前贈与がある。例えば、収益不動産を生前贈与により移転することは、所得税等の負担軽減や相続人の納税資金対策として有効である。このような場合には、暦年課税による移転は贈与時の税負担が大きくなることから、相続時精算課税の選択を優先的に検討するのが一般的である。

　近年では、住宅取得等資金贈与の特例との併用や非上場株式等に係る贈与税の納税猶予及び免除制度との併用が可能となるなど、政策目的からも、その利用機会は増している。

　相続時精算課税（以下「本制度」という）とは、原則として60歳以上の父母又は祖父母から、18歳以上の子又は孫に対し、財産を贈与する場合において選択できる贈与税の申告制度であり、この場合の贈与税は、贈与財産の価額のうち2,500万円の特別控除額を超える金額に対して一律20％の税率を乗じて課税する制度である（相法21の9、相法21の10、相法21の11の2、相法21の12）。

　なお、本制度を選択すると、その選択に係る贈与者（特定贈与者）から贈与を受けた財産については、その選択をした年分以後は本制度が適用され、暦年課税へ変更することはできない。また、本制度の贈

Ⅱ　暦年課税・相続時精算課税、贈与税特例の活用

与者である父母又は祖父母が亡くなった時の相続税の計算上、相続財産の価額に本制度を適用した贈与財産の価額（贈与時の時価）を加算して相続税額を計算する。

【暦年課税と相続時精算課税の概要図（令和 5 年 12 月 31 日までの贈与）】

令和5年1月1日から令和5年12月31日までの1年間に財産の贈与（法人からの贈与を除きます。）を受けた個人は、その贈与を受けた財産について、次の①又は②のケースに応じて贈与税の申告をしなければなりません。
①　暦年課税を適用する場合には、その贈与を受けた財産の価額の合計額が基礎控除額(110万円)を超えるとき
②　相続時精算課税を適用するとき

相続時精算課税を選択できる場合（年齢は贈与の年の 1 月 1 日現在のもの）
・贈与者　→　60歳以上の者（父母や祖父母など）
・受贈者　→　18歳以上で、かつ、贈与者の直系卑属（子や孫など）である推定相続人及び孫

※　これらの要件は、特例により緩和される場合があります。
　なお、過去の年分で相続時精算課税を選択している場合、その選択に係る贈与者から贈与を受けた財産については「相続時精算課税」が適用されます（「暦年課税」の適用はできません。）。

相続時精算課税を

選択する　　　　　　　　　　選択しない

【相続時精算課税】　　　　　　　　　【暦年課税】

【 贈 与 税 】

贈与財産の価額

特別控除額 (2,500万円)	課税価格 (控除額を超える部分)
	贈与税額（税率20%）

①　贈与財産の価額から控除する金額
　特別控除額　2,500万円
　前年までに特別控除額を使用した場合には、2,500万円から既に使用した額を控除した残額が特別控除額となります。

②　税率
　特別控除額を超えた部分に対して、一律 20%の税率を適用して計算します。

※　「相続時精算課税」を選択すると、その選択に係る贈与者から贈与を受ける財産については、その選択をした年分以降全て相続時精算課税が適用され、「暦年課税」へ変更することはできません。

【 贈 与 税 】

贈与財産の価額

基礎110万円控除額	課税価格 (控除額を超える部分)
	贈与税額 （一般税率・特例税率）

①　贈与財産の価額から控除する金額
　基礎控除額　毎年 110 万円

②　税率
　基礎控除後の課税価格に対して、贈与者と受贈者との続柄及び受贈者の年齢に応じ、「一般税率」又は「特例税率」を適用して計算します。

※　直系尊属である贈与者から財産の贈与を受け、かつ、受贈者が贈与の年の 1 月 1 日において20歳以上である場合には、「特例税率」を適用して計算します。
　また、「特例税率」の適用がない財産については、「一般税率」を適用して計算します。

相続時に精算

【 相 続 税 】

　贈与者が亡くなった時の相続税の計算上、相続財産の価額に相続時精算課税を適用した贈与財産の価額（贈与時の時価）を加算して相続税額を計算します。
　なお、控除しきれない金額は還付されます。

【 相 続 税 】

　贈与者が亡くなった時の相続税の計算上、原則として、相続財産の価額に贈与財産の価額を加算する必要はありません。
　ただし、相続開始前 3 年以内に贈与を受けた財産の価額（贈与時の時価）は加算しなければなりません。
　その際、既に支払った贈与税額を相続税額から控除します。なお、控除しきれない金額は還付されません。

（国税庁『令和 5 年分贈与税の申告のしかた』より（一部加工））

2 令和5年度税制改正

令和5年度税制改正により、令和6年1月1日以後に贈与により取得した財産に係るその年分の贈与税について本制度を選択した場合、贈与財産の課税価格から、相続時精算課税に係る基礎控除として2,500万円の特別控除とは別枠で、毎年110万円が控除されることになった（措法70の3の2）。毎年110万円までの贈与であれば、相続時精算課税選択届出書の提出のみを行えば、贈与税の申告書の提出は不要である（相令5①、相規10①四）。

さらに、特定贈与者の死亡に係る相続税の課税価格に加算されるその特定贈与者から令和6年1月1日以後に贈与により取得した財産の価額は、相続時精算課税に係る各年の基礎控除額（110万円）の累計額を控除した後の残額となる（相法21の15①、21の16③）。

【改正のイメージ】

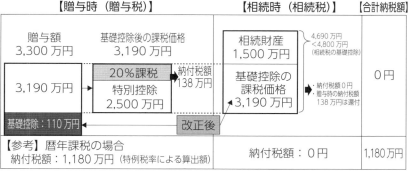

（出典）国税庁「令和5年分贈与税の申告のしかた」（一部加工）

"鉄則"に従ってはいけないケース

贈与財産が次に掲げるような財産に該当する場合には、相続時精算

Ⅱ 暦年課税・相続時精算課税、贈与税特例の活用

課税を選択しない検討も必要である。

1 家屋等（減価償却資産）のように相続時には減価が見込まれる財産の場合
2 他の相続人の相続税負担の増加が懸念される場合
3 収益不動産を生前贈与することにより相続時に小規模宅地等の減額特例の適用ができないことが懸念される場合
4 令和6年1月1日以後、毎年110万円を超える贈与を早期に実行する場合

1 "鉄則"に従ってはいけない理由と効果

1 家屋等（減価償却資産）のように相続時には減価が見込まれる財産の場合

本制度を選択した贈与財産は、特定贈与者の相続発生時に、贈与時の価額で相続財産に加算されることになる。したがって、家屋のように将来的に価値が減価し、相続税評価額の下落が予想される財産は本制度を選択することは、かえって相続時の税負担が増加することも想定されるため、あえて相続時精算課税を選択しないことも検討すべきである。

設例 1

父親が所有する家屋（貸家）について、令和6年1月1日以後に、次の2つのケースを想定して比較する。
(1) 長男が生前贈与を受け、相続時精算課税を選択する場合
(2) 長男が相続時に遺贈等により取得する場合
＜前提条件＞
・家屋の贈与時の評価額：1,500万円
　　　　　　　　　　相続時の評価額は1,000万円まで価値が減価すると想定

244

　　　　　　　　　　　　　　　　　　　　1　大型の贈与は相続時精算課税を選択する

・長男以外の家族構成：配偶者及び次男
・その他の財産の評価額：合計2億円
※上記以外に相続時精算課税の適用に係る贈与財産はないものとする。

(1) 長男が生前贈与を受け相続時精算課税を選択する場合
　① 贈与税の計算
　　　家屋の贈与時の評価額　1,500万円＜2,500万円（特別控除）
　　　⇒贈与税　　0円
　② 相続税の計算

	合　計	配偶者 （1/2）	長男 （1/4）	次男 （1/4）
相続財産	2億円	1億円	5,000万円	5,000万円
相続時精算課税適用財産	(※)1,390万円	－	1,390万円	－
合　計	2億1,390万円	1億円	6,390万円	5,000万円
按分割合	－	0.47	0.30	0.23
基礎控除	4,800万円	－	－	－
差引き	1億6,590万円	－	－	－
各人の相続税額	3,047.5万円	1,432.3万円	914.2万円	701万円
配偶者の税額軽減	▲1,432.3万円	▲1,432.3万円	－	－
贈与税額控除	0万円	－	0万円	－
納付すべき相続税額	1,615.2万円	0	914.2万円	701万円

（※）家屋の贈与時の価額1,500万円－相続時精算課税に係る基礎控除110万円
　　　　　　　　　　　　　　　　　　　　　　　　　　　　　＝1,390万円

(2) 長男が相続時に遺贈により取得する場合

	合　計	配偶者 （1/2）	長男 （1/4）	次男 （1/4）
家屋（貸家）	1,000万円	－	1,000万円	－
その他相続財産	2億円	1億円	5,000万円	5,000万円
合　計	2億1,000万円	1億円	6,000万円	5,000万円
按分割合	－	0.48	0.29	0.23
基礎控除	4,800万円	－	－	－
差引き	1億6,200万円	－	－	－
各人の相続税額	2,950万円	1,416万円	855.5万円	678.5万円
配偶者の税額軽減	▲1,416万円	▲1,416万円	－	－

Ⅱ　暦年課税・相続時精算課税、贈与税特例の活用

贈与税額控除	0万円	－	0万円	－
納付すべき相続税額	1,534万円	0万円	855.5万円	678.5万円

(3) 相続税の負担額の比較

設例 1 による相続税の負担額を比較すると下表のとおりとなる。

納付すべき相続税額	合　計	配偶者	長男	次男
上記(1)の場合	1,615.2万円	0万円	914.2万円	701万円
上記(2)の場合	1,534万円	0万円	855.5万円	678.5万円
差　引	81.2万円	0万円	58.7万円	22.5万円

　結果として、贈与時の評価額1,500万円の家屋について、長男が贈与を受けて本制度を選択するよりも、贈与はせずに相続時に取得する場合の方が、相続税の負担が81.2万円（長男58.7万円＋次男22.5万円）減少することになる。

　これは本制度の適用に係る財産は、特定贈与者の相続税申告時には、贈与時の価額で相続財産に加算されるため、贈与時から相続時までの減価償却費相当額が反映されないこととなるためである。

❷　他の相続人の相続税負担の増加が懸念される場合

　次の 設例 2 のように、本制度を選択した場合は、その財産は贈与者の相続時に相続財産に加算されるため、生前贈与を受けていない他の相続人の相続税の負担にも影響を及ぼすので注意が必要である。

設例 2

　長男は、平成18年に、父から住宅の取得に係る資金援助として現金2,500万円の贈与を受け、相続時精算課税を選択して申告している。この資金援助については、弟には知らされていなかった。

　父は19年後の令和7年に死亡し相続税の申告（当初申告）をしたが、長男は相続時精算課税を選択した2,500万円の贈与について、当初申告時に加算するのを失念しており、後日、税務調査での指摘を受け、修正申告に応じることになった。

　この場合の当初申告時と修正申告時の各相続人の税負担は、どのようになるか。

＜前提条件＞

・相続人：長男と次男のみ

　　　　　　　　　　　　　　　　　1　大型の贈与は相続時精算課税を選択する

・相続時の相続財産（課税価格）：合計2億円
※遺産分割は、法定相続分（長男1／2、次男1／2）で行っている。

(1) 当初申告時の相続税
　① 課税遺産総額の計算
　　2億円（課税価格）－4,200万円（基礎控除）＝1億5,800万円
　　　※基礎控除＝3,000万円＋（600万円×2人）＝4,200万円
　② 各人の相続税額
　　1億5,800万円×1／2（長男又は次男の法定相続分）＝7,900万円
　　7,900万円×30％（税率）－700万円（控除額）＝1,670万円
　　1,670万円×2人＝3,340万円（相続税の総額）
　③ 長男及び次男の納付すべき相続税額
　　3,340万円×（2億円×1／2）／2億円＝1,670万円
(2) 修正申告時の相続税額
　① 課税遺産総額の計算
　　2億円（課税価格）＋2,500万円（精算課税適用財産）
　　＝2億2,500万円
　　2億2,500万円－4,200万円（基礎控除）＝1億8,300万円
　　　※基礎控除＝3,000万円＋（600万円×2人）＝4,200万円
　② 各人の相続税額
　　1億8,300万円×1／2（長男又は次男の法定相続分）＝9,150万円
　　9,150万円×30％（税率）－700万円（控除額）＝2,045万円
　　2,045万円×2人＝4,090万円（相続税の総額）
　③ 長男及び次男の納付すべき相続税額
　　長男
　　　4,090万円×（2億円×1／2＋2,500万円（精算課税適用財産））
　　　／2億2,500万円≒2,272万円
　　次男
　　　4,090万円×（2億円×1／2）／2億2,500万円≒1,817万円
　④ 相続税額の修正額
　　長男　2,272万円（上記(2)③）－1,670万円（上記(1)③）＝602万円
　　次男　1,817万円（上記(2)③）－1,670万円（上記(1)③）＝147万円

Ⅱ　暦年課税・相続時精算課税、贈与税特例の活用

(3) 比較　　　　　　　　　　　　　　　　　　　　　　　（単位：万円）

		長男	次男
当初申告	取得財産	1 億円	1 億円
	相続税（上記(1)③）	1,670万円	1,670万円
修正申告	取得財産	1 億2,500万円	1 億円
	相続税（上記(2)③）	2,272万円	1,817万円
修正申告による	取得財産	2,500万円	0万円
増加額	相続税	602万円	147万円

　本制度を選択した財産は、相続時に贈与時の価額で相続財産に加算されることになるが、その結果、生前贈与を受けていない他の相続人についても、税負担額の増加の影響がある。

　設例 2 では、相続財産の加算漏れによる修正申告の結果、生前贈与を受けていない次男は、取得財産の増加がないにも関わらず相続税額の修正による負担（147万円）が生じることになる。

❸　収益不動産を生前贈与することにより相続時に小規模宅地等の減額特例の適用ができないことが懸念される場合

　本制度を活用して、アパートなどの収益不動産を生前贈与し、所得分散を図ることは、有効な相続対策の一つである。一方で、収益不動産（家屋）を生前贈与することにより、その家屋の敷地について小規模宅地等の特例の適用が受けられなくなる可能性について注意する必要がある。

　例えば、親子間が生計別である場合には、生前贈与を実行することにより小規模宅地等の減額特例の適用ができず、却って相続税負担が増加する可能性もあるため、あえて生前贈与をしないことも検討する必要がある。

設例 3
　父（特定贈与者・被相続人）が所有するアパートの建物部分について、長男（別居・生計別）に対して、①生前贈与をしない場合と②生前贈与をする場合の税負担について、比較する。

248

1 大型の贈与は相続時精算課税を選択する

＜前提条件＞
・相続人：長男（別居・生計別）のみ
・アパート建物の生前贈与：相続時精算課税を選択
・土地：親子間で使用貸借
・相続開始時までのアパートからの賃料収入：累計1,000万円（税引後）
・アパートの賃借人は父との契約時から相続税の申告期限まで入替えなし
・特定贈与者（父）の相続開始に伴う相続財産：アパート敷地（200㎡）以外に2億円
・アパート敷地に小規模宅地等の減額特例を適用

＜収益不動産の内容＞

アパート敷地 （地積200㎡）	自用地評価額 1億円	貸家建付地（注） 7,900万円
アパート建物	固定資産税評価額 1,000万円	貸家（注） 700万円

（注）財産評価額は、借地権割合70％、借家権割合30％、賃貸割合100％としてそれぞれ次のとおり計算している。
　① アパート敷地
　　1億円×〔1-0.7（借地権割合）×0.3（借家権割合）×100％（賃貸割合）〕＝7,900万円
　② アパート建物
　　1,000万円×（1-0.3（借家権割合）×100％（賃貸割合））
　　＝700万円

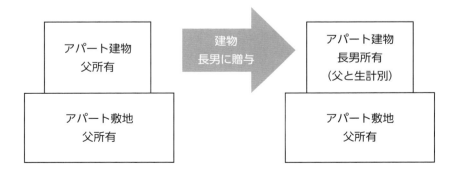

II　暦年課税・相続時精算課税、贈与税特例の活用

【比較計算】

(1) 贈与税の比較

	①生前贈与しない場合	②生前贈与する場合 (相続時精算課税)	差引 ②－①
贈与税	－	0万円 (※)	0万円

(※)　生前贈与する場合の贈与税額の計算

700万円 (貸家) < 2,500万円 (特別控除)　∴0万円

(2) 相続税の比較

	①生前贈与しない場合	②生前贈与する場合 (相続時精算課税)	差引 ②－①
アパート敷地	7,900万円	7,900万円 (※1)	0万円
小規模宅地等の減額特例	▲3,950万円	0万円 (※2)	3,950万円
アパート建物	700万円	0万円	▲700万円
アパート累計収支	1,000万円	0万円	▲1,000万円
その他の相続財産	2億円	2億円	0万円
相続時精算課税適用財産	－	700万円	700万円
課税価格合計	2億5,650万円	2億8,600万円	2,950万円
基礎控除	3,600万円	3,600万円	0万円
課税遺産総額	2億2,050万円	2億5,000万円	2,950万円
相続税の総額	7,222万円 (※3)	8,550万円 (※4)	1,328万円
贈与税額控除	－	0万円	0万円
納付相続税額	7,222万円	8,550万円	1,328万円

(※1)　アパート建物について、贈与後も父と契約時からの賃借人に入替えがないためアパート敷地の評価は貸家建付地として評価 (下記<参考>を参照)

(※2)　被相続人の生計別親族の貸付事業の用に供されている宅地等に該当するため小規模宅地等の減額特例は適用不可

(※3)　2億2,050万円×45% (税率) －2,700万円 (控除額) ≒7,222万円

(※4)　2億5,000万円×45% (税率) －2,700万円 (控除額) ＝8,550万円

(3) 比較計算の結果

	①生前贈与しない場合	②生前贈与する場合 (相続時精算課税)	差引 ②－①
贈与税	－	0万円	0万円
相続税	7,222万円	8,550万円	1,328万円

　上表のとおり、本設例の場合、収益不動産を生前贈与する場合には、生前贈与しない場合に比べて、相続税額が1,328万円増加することになる。これは、収益不動産であるアパート建物を贈与したことにより、相続時にその敷地に小規模宅地等の減額特例が適用ができなくなったためである。

　なお、アパート建物を生前贈与したことにより、アパート建物からの累計収支1,000万円が長男に帰属するため、相続税の課税対象から除外されている。

　このように、収益不動産を生前贈与することにより、相続時の課税価格が増加する結果となる場合には、収益不動産の生前贈与をしないことも一考であろう。この場合には、その収益不動産の毎年の収支相当額の現金を贈与する等の方法によることも検討すべきである。

　本設例は、アパート建物のみを生前贈与した場合に、受贈者である長男が相続時に小規模宅地等の減額特例の適用を受けられない場合を前提としている。

　仮に、アパート敷地についても生前贈与した場合には、相続時精算課税の規定の適用により相続財産に加算されることになる。また、当然ながら小規模宅地等の減額特例は適用できないため、本設例の比較計算と同様の結果となる。

　収益不動産の生前贈与の際に、建物のみならずその敷地等を移転するケースもあると考えられるが、小規模宅地等の減額特例の適用関係には注意が必要である。

＜参考＞他人に賃貸している建物の贈与を受け、土地は使用貸借により借り受けている場合のその建物の敷地の相続税評価額（使用貸借通達4）

　一般に、使用貸借により借り受けた土地の上に建物が建築され、その建物が賃貸借により貸し付けられている場合の賃借人の敷地利用権は、建物所有者（土地使用権者）の敷地利用権から独立したものではなく、建物所有者の敷地利用権に従属し、その範囲内において、行使

Ⅱ　暦年課税・相続時精算課税、贈与税特例の活用

されるに過ぎないものと解されていることから、その建物の敷地は、たとえ貸家の敷地であっても、自用地として評価することになる。

　しかし、他人に賃貸している建物の贈与を受け、新たな建物所有者（新所有者）がその敷地を使用貸借により使用している場合には、建物の賃貸借契約が旧所有者と建物賃借人との間に締結されたものである限り、その建物賃借人は、土地所有権者の機能に属する土地の使用権を有していると解されるため、賃貸されている建物の所有者に移動があり、新所有者の敷地を利用する権利が使用貸借に基づくものであったとしても、それ以前に有していた建物賃借人が敷地を利用する権利の機能に変動がないことから、貸家建付地として評価することになる。

④　令和6年1月1日以後、毎年110万円を超える贈与を早期に実行する場合

　令和5年度税制改正により、暦年課税の仕組みも見直された。その見直しの内容の一つは、暦年課税による生前贈与加算の期間の延長である。従来は、生前贈与加算の期間は、相続開始前3年以内の贈与であったが、令和5年度税制改正により、令和6年1月1日以後、贈与により取得した財産の加算期間は、相続開始前7年間に延長されている。延長された4年間の期間については、贈与財産から合計100万円までが控除されるが、暦年課税に係る基礎控除額110万円部分は控除されずに（すなわち、贈与額がそのまま）加算される点が本制度とは異なる。

　したがって、生前贈与加算期間が延長されたことと、本制度と異なり基礎控除部分の加算があることを踏まえると、令和5年度税制改正により本制度の利便性が大きく向上したといえるが、次の 設例 **4** のように、毎年110万円を超える贈与を継続して実行する場合には、暦年課税による方が有利となり得る。

設例 **4**

　甲は、令和6年1月1日以後、毎年子供2人にそれぞれ510万円の贈与を10年間実施し、死亡した。子供2人が甲からの贈与について、

252

1 大型の贈与は相続時精算課税を選択する

相続時精算課税を選択した場合と暦年課税による場合で、甲の相続税の計算でどのような違いが生じるか。

なお、贈与を開始した当時の甲の財産総額は5億円であり、その後に財産は増減していないものとする。また、甲の相続人は、甲の配偶者と子供2人であり、相続財産は法定相続分にて取得するものとする。

(1) 相続時精算課税を選択する場合　　　　　　　　　　　　（単位：万円）

課税価格5億円の場合	総額	配偶者	子1	子2
法定相続分		1／2	1／4	1／4
贈与前財産総額	50,000	―	―	―
精算課税贈与（年510万×子2人×10年）	▲10,200	―	▲5,100	▲5,100
生前贈与後（相続時の財産）	39,800	19,900	9,950	9,950
相続時精算課税選択財産	10,200	―	5,100	5,100
上記基礎控除（年110万円）	▲2,200	―	▲1,100	▲1,100
課税価格	**47,800**	**19,900**	**13,950**	**13,950**
遺産に係る基礎控除	4,800	―	―	―
課税遺産総額	**43,000**	**21,500**	**10,750**	**10,750**
相続税の総額	12,175	6,975	2,600	2,600
各人の相続税額	**12,175**	**5,069**	**3,553**	**3,553**
配偶者軽減	▲5,069	▲5,069	―	―
贈与税額控除	▲600	0	300	300
納付相続税額	**6,506**	**0**	**3,253**	**3,253**

(2) 暦年課税による場合　　　　　　　　　　　　　　　　　（単位：万円）

課税価格5億円の場合	総額	配偶者	子1	子2
法定相続分		1／2	1／4	1／4
贈与前財産総額	50,000	―	―	―
暦年贈与（年510万×子2人×10年）	▲10,200	―	▲5,100	▲5,100
生前贈与後（相続時の財産）	39,800	19,900	9,950	9,950
生前贈与加算　年510万円×2人×7年	7,140		3,570	3,570
上記控除（100万円）	▲200	―	▲100	▲100
課税価格	**46,740**	**19,900**	**13,420**	**13,420**
遺産に係る基礎控除	4,800	―	―	―
課税遺産総額	**41,940**	**20,970**	**10,485**	**10,485**

253

Ⅱ　暦年課税・相続時精算課税、贈与税特例の活用

相続税の総額	11,725	6,737	2,494	2,494
各人の相続税額	**11,725**	**4,992**	**3,366**	**3,366**
配偶者軽減	▲4,992	▲4,992	−	−
贈与税額控除（年50万円×2人×7年）	▲700	0	▲350	▲350
納付相続税額	**6,033**	**0**	**3,016**	**3,016**
贈与税控除対象外分（年50万円×3年）	300		150	150
相続・贈与を通じた税額合計	**6,333**	**0**	**3,166**	**3,166**

　　上記の試算の結果では、年510万円を子供2人に10年間贈与した結果、納付すべき相続税額等は、相続時精算課税を選択している場合は6,506万円となるのに対して、暦年課税による場合には、相続税と贈与税の合計で6,333万円となり、本制度に比べて173万円（6,506万円－6,333万円）の負担減となる。

　　当然ながらこの差額の要因は、相続財産に加算される贈与財産の多寡に関係し、本制度は、それを選択した年分以後の贈与財産は特定贈与者の相続時に相続財産にすべて加算されるが、暦年贈与の生前贈与加算期間は、7年間である。結果的に相続財産に加算される生前贈与財産が本制度の場合より低くなるため、相続税の負担も減少することになる。

　　継続的な贈与を実行する場合に、本制度を選択する場合と暦年課税による場合でどちらが有利かは、贈与する金額と見込まれる期間によるが、金額が大きく、期間が長いほど暦年課税による方が最終的には有利な結果になり得るだろう。

2 "鉄則"に従わない場合の留意点

■1 家屋等（減価償却資産）のように相続時には減価が見込まれる財産の場合

　　家屋等の減価償却資産の場合、将来的な価値の減価が見込まれることから本制度を選択すると、相続時の相続税負担が却って増加する可能性があることは前述のとおりである。その為、暦年課税によることを検討することも考えられるが、その場合でも相続開始前7年以内の相続人に対する贈与財産は、贈与時の価額で相続財産に加算されるこ

とになる。この場合の贈与税額控除は、相続税額の範囲内で行われ、控除しきれない贈与税額の還付を受けることはできない。本制度を選択している場合には、控除しきれない贈与税額については還付される。

また、本制度による生前移転は行わず、相続時において承継することを選択する場合には、その財産は遺産分割の対象となることから、その財産を対象者に確実に移転させるための遺言書や死因贈与契約書の作成といった対応が必要になることに留意が必要である。

2 他の相続人の相続税負担の増加が懸念される場合

(1) 他の相続人の税負担に影響を与えるリスク

設例 **2** で取り上げたように、本制度を選択した財産は、贈与者の相続時に相続財産に加算されることから、生前贈与を受けていない他の相続人の相続税負担も増加することになる。その場合には生前贈与加算の影響も考慮しながら、暦年課税による場合も考えられる。

ただし、あえて暦年課税による場合であっても、特別受益の計算にあたっては、過去の贈与については相続時の価額で持ち戻しが行われる点には留意が必要である。

また、これらの問題を回避するため、贈与によらず売買による移転を選択することも考えられるが、売買による移転が低額譲渡に該当する場合には、みなし贈与の課税関係及び所得税法59条2項（個人間の低額譲渡）の課税関係が生じることになるので、譲渡価額の設定には慎重に対応しなければならない。

(2) 贈与税の申告内容の開示請求手続と申告書等閲覧サービス

相続税の課税価格計算に影響を与える生前贈与については、相続税法49条に基づく贈与税の申告内容の開示請求手続が平成15年度税制改正により設けられている。

① 制度の概要

相続税法49条では、相続又は遺贈により財産を取得した者は、他に相続人がある場合には、相続税の申告に必要な場合に、他の共同相続人が被相続人から相続開始前7年以内の暦年課税又は本制度を選択し

Ⅱ　暦年課税・相続時精算課税、贈与税特例の活用

た贈与財産について、贈与税の申告書に記載された課税価格の合計額について、開示請求ができる旨を規定している。

この開示請求は、相続税の適正な申告に向けて、税額計算に必要な範囲で過去の贈与に係る情報の開示請求ができる制度であるが、この開示請求で得られる情報は、相続人間の遺産分割協議等においても重要な情報になり得る。

本制度の選択をした場合には、この開示請求により、過去の全ての本制度の選択に係る贈与の情報が開示されるが、暦年課税による場合には、相続開始前7年以内の贈与財産についてのみ情報開示が行われる。

②　開示請求手続

この開示請求に関する手続は、被相続人の所轄税務署長に対して、相続の開始の日の属する年の3月16日以後にする必要がある。

また、開示請求書（次ページ参照）には、開示対象者（共同相続人）に関する事項（住所、過去の住所、氏名等）を記載し、その開示対象者が被相続人の相続人又は受遺者であることなどを証するための戸籍謄本や遺言書の写しなどの書類を添付して提出する。

なお、開示対象者（共同相続人）については、相続又は遺贈により財産を取得したすべての者を記入する必要がある。

開示請求書の提出後、一定期間経過後に交付される開示書には、開示対象者の住所・氏名、相続開始前7年以内の贈与に関する贈与税の課税価格の合計額及び本制度適用分に係る贈与税の課税価格の合計額が記載されている。

この課税価格の合計額は、開示対象者（共同相続人）が複数いる場合でも、その合計額が記載され、各人別の課税価格が明らかにされるものではないことに留意しなければならない。個別の課税価格については、過年分の贈与税の申告書を確認する必要がある。

③　申告書等閲覧サービス

開示請求手続は、相続又は遺贈により財産を取得した者の相続税の

256

1　大型の贈与は相続時精算課税を選択する

開示請求書　ひな形（開示請求書・開示書）

相続税法第49条第1項の規定に基づく開示請求書付表

開示請求者(代表者)の氏名	

1　開示対象者に関する事項（開示対象者が5人以上いる場合に記入してください。）

住所又は居所 （所在地）			
過去の住所等			
フ リ ガ ナ			
氏名又は名称 （ 旧　姓 ）			
生 年 月 日			
被相続人との続柄			
住所又は居所 （所在地）			
過去の住所等			
フ リ ガ ナ			
氏名又は名称 （ 旧　姓 ）			
生 年 月 日			
被相続人との続柄			

【開示請求者】（開示請求者が2人以上の場合に記入してください。）

	1	2
住 所 又 は 居 所	〒　　　　Tel（　－　－　）	〒　　　　Tel（　－　－　）
フ リ ガ ナ		
氏 　 名		
個 人 番 号		
生 年 月 日		
被相続人との続柄		

	3	4
住 所 又 は 居 所	〒　　　　Tel（　－　－　）	〒　　　　Tel（　－　－　）
フ リ ガ ナ		
氏 　 名		
個 人 番 号		
生 年 月 日		
被相続人との続柄		

※　税務署整理欄（記入しないでください。）

1		
番号確認	身元確認	確認書類
	□ 済 □ 未済	個人番号カード ／ 通知カード・運転免許証 その他（　　　　　　　　　　　　）

2		
番号確認	身元確認	確認書類
	□ 済 □ 未済	個人番号カード ／ 通知カード・運転免許証 その他（　　　　　　　　　　　　）

3		
番号確認	身元確認	確認書類
	□ 済 □ 未済	個人番号カード ／ 通知カード・運転免許証 その他（　　　　　　　　　　　　）

4		
番号確認	身元確認	確認書類
	□ 済 □ 未済	個人番号カード ／ 通知カード・運転免許証 その他（　　　　　　　　　　　　）

（資4－90－2－A4統一）　（令3.3）

申告書の作成に当たって、他の共同相続人が被相続人から相続開始前7年以内の暦年課税又は本制度を選択した贈与財産について、贈与税の申告書に記載された課税価格の合計額の開示請求をするものである。

　一方、申告書等閲覧サービスは、法令等に定められたものではないものの、適正な納税を実現するための行政サービスの一環として行われるものである。

　具体的には、申告書を提出した納税者等本人が申告書等を作成するにあたって、過去に提出した申告書等の内容を確認する必要があると認められる場合に申告書等閲覧サービスを利用することができる。この点において、申告書等閲覧サービスは他の相続人の生前贈与に関する開示請求手続きとは異なる。

　申告書等閲覧サービスで、納税者等が提出した過去の申告書等を閲覧できるのは、納税者等及びその代理人である。したがって、相続税の申告書作成が必要な相続人本人もしくは他の共同相続人の代理人として申告書等閲覧サービスにより具体的な生前贈与の状況を確認することが可能であり、閲覧した書類は、デジカメやスマートフォンのカメラで撮影することも認められているため、その点において、上記①の開示請求手続きよりも利便性は高いといえる。

　対象となる申告書等は次に掲げる行政文書で、e-Tax により提出されたものも含まれる。

<申告書等閲覧サービスの対象となる申告書等>
① 所得税及び復興特別所得税申告書
② 法人税及び地方法人税申告書、復興特別法人税申告書
③ 消費税及び地方消費税申告書
④ 相続税申告書
⑤ 贈与税申告書
⑥ 酒税納税申告書
⑦ 間接諸税に係る申告書
⑧ 各種の申請書、請求書、届出書及び報告書等

⑨ 納税者が上記の申告書等に添付して提出した書類（青色申告決算書や収支内訳書など申告書等とともに保存している書類を含み、所得税及び復興特別所得税申告書に係る医療費の領収書など申告書等閲覧サービスの対象としてなじまない書類を除く）

（注）「申告書」には確定（納税）申告書（清算確定申告を除く）のほか修正申告書、中間申告書、準確定申告書、訂正申告書、還付申告書を含む。

なお、申告書等閲覧サービスに関する詳細は、国税庁ホームページの「申告書等閲覧サービスの実施について（事務運営指針）」（https://www.nta.go.jp/law/jimu-unei/sonota/050301/01.htm）を参照されたい。

❸ 収益不動産を生前贈与することにより相続時に小規模宅地等の減額特例の適用ができないことが懸念される場合

小規模宅地等の減額特例の適用を優先して、収益不動産の生前贈与を行わない場合には、その収益不動産から生じる手取額は相続財産として蓄積されることになり、何もしなければ相続財産が増加することになる。

このような場合には、余裕資金は、積極的に現金贈与することも検討すべきであろう。その際、贈与契約書の整備や贈与税の申告など、相続時に名義預金としての疑義が生じないような対応を要することに留意が必要である。この点は、次の❹についても参照されたい。

実務では、収益不動産の生前贈与を検討する場合には、設例により検討してきた基本的な差異に加え、贈与時と相続時の市場環境がそれぞれの土地の評価額に与える影響、財産構成や家族構成、さらには毎年度の税制改正などにより特例の適用判断は当然に異なるのであるから、十分な検討をしたうえで、判断する必要がある。

なお、設例 3 によって貸家建付地が適用できるのは、使用貸借通達によるものである。

❹ 令和6年1月1日以後、毎年110万円を超える贈与を早期に実行する場合

継続的な贈与の実行に当たって注意すべきは、特に手続面において

であろう。税務においては、まず、定期金給付契約に基づき定期金に関する権利（相法24）に該当しないように注意する必要がある。これは、例えば、10年間にわたり100万円ずつの給付を受ける契約に係る権利として、贈与する期間と総額が当初から決定されているようなケースが該当する。この場合、贈与税の課税価格は、毎年の100万円ではなく、10年間の総額となる1,000万円で評価される。

次に重要なのは、適正な贈与手続きを踏襲することである。すなわち、毎年、贈与契約書を作成し、贈与金額や贈与の実行方法を明記した書面等を作成し、当事者の意思を明確にしておくことで、相続税計算時における名義預金としての指摘リスクが生じないように対策しておくことが肝要といえる。この点、国税庁ホームページで公表されている文書回答事例の「暦年贈与サポートサービスを利用した場合の相続税法第24条の該当性について」で紹介されている手続が参考になる。

5　その他の留意事項

税理士は、贈与税の課税方式について、暦年課税と本制度の2つの方法があることについて、どちらの方式によることが有利なのか、納税者が比較検討できるように十分な説明をする義務がある。

東京地方裁判所平成24年1月20日判決（東京地裁民事第5部）は、本制度の説明を怠り税理士（被告）が一部敗訴した事案である。この事案では、本制度を選択した場合の相続税の有無及び税額の説明義務を怠ったことが顧問契約上の説明義務に違反するとして、税理士に対し債務不履行に基づく100万円（原告請求は約940万円）の損害賠償を命じている。

納税者（原告）の主張には贈与税の課税方式に関するメリット・デメリットに関する十分な説明がなかった点を説明義務違反とする主張の他に、具体的に本制度を選択すべきとするアドバイスがなかった点を踏まえて損害賠償請求がなされているが、後者の主張については採用されていない。

判決では、「被告が説明義務を怠ったために、原告は想定する被相

続人となるべき A の財産状況の下で2つの納税方式のいずれが節税としてどれだけ有利であるかどうか、本件贈与の事実を他の相続人に知られないことで相続をめぐる新たな紛争を回避できる可能性の程度を総合勘案して、本制度と暦年課税のいずれを採るのが全体として有利かどうかを検討する機会を失ったというべきであり、これにより無形の損害を受けたというべきである。」と判示され、被告に対して100万円の損害賠償の支払いを命じている。

　ただ単に制度上のメリット・デメリットを説明するのではなく、可能な限り比較検証を行うなど、贈与税の申告にあたって本制度又は暦年課税のどちらによることが納税者にとって総合的に有利になるかについて、納税者が判断するために十分な情報を与える義務があることを税理士は理解しなければならない。

Ⅱ 暦年課税・相続時精算課税、贈与税特例の活用

長期間にわたる贈与は暦年課税を活用する

長期間にわたり生前贈与を行う場合に、暦年課税を積極的に活用することにより後継者への資産移転が可能となるため

1 長期間にわたる贈与に関する暦年課税の活用メリット

　将来的に相続税が課税されるであろう資産家にとっては、想定される相続税率より低い税率での贈与を繰り返し継続することで、結果的に相続税より少ない贈与税負担で財産を移転できる効果が期待できる。特に、相続時に想定される相続税率が高い場合に、長期にわたる資産移転は大きな効果を及ぼす。

　相続税の税率は、遺産に係る基礎控除額（3,000万円＋600万円×法定相続人の数）を超える価額の各法定相続人の法定相続分相当額に対し次の累進税率により課税される。

【相続税の速算表】

法定相続分に応ずる取得金額	税率	控除額
1,000万円以下	10%	－
3,000万円以下	15%	50万円
5,000万円以下	20%	200万円
1億円以下	30%	700万円
2億円以下	40%	1,700万円
3億円以下	45%	2,700万円
6億円以下	50%	4,200万円
6億円超	55%	7,200万円

2　長期間にわたる贈与は暦年課税を活用する

　仮に、将来の相続で相続税率30％程度の課税が生じると見込まれる場合に、その相続税率より低い贈与税率で贈与を行えば、相続時にその財産を受け取るよりも低い税負担で財産の移転を受けられるという結果が期待できる。具体的に次の 設例 1 で検討する。

設例 1

　下記を前提として、暦年課税による生前贈与をしない場合と生前贈与をする場合の贈与税と相続税の負担を比較する。

＜前提条件＞

・贈与者（将来の被相続人）：甲
・受贈者（将来の相続人）　：配偶者、子 2 人
・甲の財産　　　　　　　　：総額10億円
　　　　　　　　　　　　　　相続時に配偶者に 5 億円（法定相続分相当）
　　　　　　　　　　　　　　子供 2 人それぞれに贈与・相続で 2 億5,000万円
・今後財産の構成に大きく変動は見込まれない。
・なお、生前贈与は令和 6 年 1 月 1 日以後、子供 2 人に15年間、各700万円を贈与し、その後に甲の相続が発生することを前提とするが、相続開始前 7 年以内の生前贈与財産の加算（相法19）の適用はないものとする。

---

(1)　贈与税の計算

　子供 2 人に毎年700万円の生前贈与を実施した場合、 1 年あたり合計176万円の贈与税の課税となり、15年間合計で2,640万円の贈与税負担が生じる。

【贈与税の負担比較】

	贈与をしない場合	贈与をした場合
1 年あたり	－	1 年あたり176万円 〔（700万円－110万円）×20％－30万円〕× 2 人
15年合計	－	2,640万円 88万円×15年間× 2 人＝2,640万円

(2)　相続税の計算

　子供 2 人に700万円の現金贈与を15年間実施し、その後に甲の相続が始まった場合（生前贈与加算がない場合）、甲の相続財産が 2 億1,000

263

Ⅱ　暦年課税・相続時精算課税、贈与税特例の活用

万円減少していることになる。この前提で相続税を計算した場合、生
前贈与を実施しなかった場合との相続時の税負担は4,915万円（次の
(1) の合計1億7,810万円－次の(2) の合計1億2,895万円）減少するこ
とになる。

【相続税の負担比較】

(1)　生前贈与をしない場合 　　　　　　　　　　　　　　（単位：万円）

項目	配偶者	子	子	合計
課税財産	50,000	25,000	25,000	**100,000**
生前贈与による財産減少分 （各子に700万×15年）	－	－	－	－
課税価格の合計額	50,000	25,000	25,000	**100,000**
遺産に係る基礎控除額	－	－	－	**4,800**
課税価格の合計額	－	－	－	**95,200**
各人の算出税額	17,810	8,905	8,905	**35,620**
配偶者の税額軽減	17,810	－	－	**17,810**
相続税額	0	8,905	8,905	**17,810**

(2)　生前贈与をする場合

項目	配偶者	子	子	合計
課税財産	50,000	25,000	25,000	**100,000**
生前贈与による財産減少分 （各子に700万×15年）	－	10,500	10,500	**21,000**
課税価格の合計額	50,000	14,500	14,500	**79,000**
遺産に係る基礎控除額	－	－	－	**4,800**
課税価格の合計額	－	－	－	**74,200**
各人の算出税額	16,323	4,734	4,734	**25,790**
配偶者の税額軽減	12,895	－	－	**12,895**
相続税額	3,428	4,734	4,734	**12,895**

(3)　贈与税と相続税の総額の比較

　　　上記の計算結果から、贈与税と相続税の負担を比較すると、生前贈
　　与を実施した場合には贈与税と相続税の合計で資産移転に係る税負担
　　が2,275万円減少する。

　　　こうした前提による税負担の差違を、贈与の実施年数別に表現した
　　ものが、次ページの図表［連年贈与による税負担軽減の計算例］であ
　　る。贈与の積み重ねの期間が長いほど、税負担の減少効果が大きくなる。

【相続税と贈与税の負担比較】

	贈与をしない場合	贈与をした場合	差引き
贈与税	−	2,640万円	2,640万円
相続税	1億7,810万円	1億2,895万円	▲4,915万円
合計	1億7,810万円	1億5,535万円	▲2,275万円

【連年贈与による税負担軽減の計算例】

暦年課税の場合、贈与する期間が長いほど、相続のみで移転する場合と比べ、税負担が減少。

〇以下の前提で、各パターンごとに贈与税額と相続税額の合計を計算。
・被相続人（贈与者）の総財産は10億円。相続人は、配偶者・子2名の計3名。
・配偶者は、相続により5億円（法定相続分相当）を取得。
・子2名は、それぞれ贈与又は相続により計2億5,000万円（法定相続分相当）を取得。
・贈与額は、子2名にそれぞれ毎年700万円。

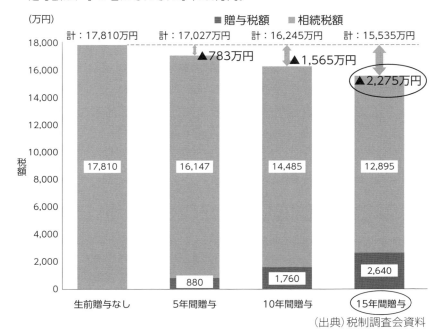

(出典)税制調査会資料

Ⅱ　暦年課税・相続時精算課税、贈与税特例の活用

2　令和 5 年度税制改正〜暦年課税制度における生前贈与加算期間の延長

　令和 5 年度税制改正により、令和 6 年 1 月 1 日以後、相続又は遺贈により財産を取得した者が、相続開始前 7 年以内（改正前は 3 年以内）にその相続に係る被相続人から暦年贈与により財産を取得している場合には、その 7 年以内の贈与により取得した財産の価額を相続財産へ加算した金額が相続税の課税価格とされることになった（相法19①）。令和 5 年12月31日以前の贈与であれば相続開始前 3 年以内あったが、資産の移転の時期に対する中立性を高めるために、諸外国の例も参考にして改められたものである。

　なお、加算期間が 4 年間延長されたことに伴い、延長された期間（相続開始前 3 年超 7 年以内）については、総額100万円までの金額は相続税の課税価格に算入されないことになったが、 7 年分の生前贈与加算が実施されるのは経過措置終了後（令和13年 1 月 1 日以後）になる。

　したがって、上記 設例 1 からも明らかなように令和 6 年 1 月 1 日以後であれば、贈与の時から相続開始の時まで 7 年を超える贈与財産は、贈与者の相続時に相続税の課税価格への加算対象から除かれるため、特に大きな相続税の課税が生じると見込まれる資産家においては、長期間にわたり暦年贈与を活用し、資産の移転を早めることが、税負担の計算上も有利になり得るのである。

266

2　長期間にわたる贈与は暦年課税を活用する

【令和5年度税制改正後の加算対象期間】

相続又は遺贈により財産を取得した日（注1）	加算対象期間	相続の開始前3年以内に取得した財産以外の財産に係る期間（100万円控除が適用される期間）
令和6年1月1日から令和8年12月31日まで	相続の開始の日から遡って3年目の応当日から当該相続の開始の日までの間	
令和9年1月1日から令和12年12月31日まで	令和6年1月1日から相続の開始の日までの間	令和6年1月1日から、相続の開始の日から遡って3年目の応当日の前日までの間（注2）
令和13年1月1日以後	相続の開始の日から遡って7年目の応当日から当該相続の開始の日までの間	相続の開始の日から遡って7年目の応当日から、当該相続の開始の日から遡って3年目の応当日の前日までの間

（注）1　原則として、「相続の開始の日（被相続人の死亡の日）」により判定することとなる（「相続の開始があったことを知った日」（相法27等）ではない）。

　　　2　相続又は遺贈により財産を取得した日が令和9年1月1日である場合には、相続の開始の日から遡って3年目の応当日が令和6年1月1日となることから、相続の開始前3年以内に取得した財産以外の財産に係る期間（100万円控除が適用される期間）は生じない。

（出典：資産課税課情報第12号（令和6年7月2日）国税庁資産課税課）

【加算期間・加算額の改正前後の比較】

	改正前	改正後
加算期間	相続開始前3年以内	相続開始前7年以内
加算額	贈与により取得した財産の価額の合計額	同左 （ただし、相続開始前3年超7年以内に贈与により取得した財産については、総額100万円までを控除）

267

Ⅱ 暦年課税・相続時精算課税、贈与税特例の活用

【加算対象期間と相続の開始前3年以内に取得した財産以外の財産に係る期間（イメージ）】

1 相続又は遺贈により財産を取得した日が令和6年1月1日から令和8年12月31日までの間である場合

例：令和8年4月1日相続開始

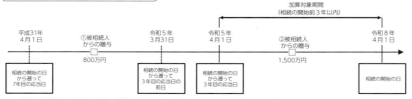

※1 相続の開始前3年以内の贈与（②）により取得した財産の価額（1,500万円）が相続税の課税価格に加算される。
※2 相続の開始前3年超7年以内の贈与は、加算対象期間内の贈与に該当しないことから、①の贈与により取得した財産の価額（800万円）は相続税の課税価格に加算されない。

2 相続又は遺贈により財産を取得した日が令和9年1月1日から令和12年12月31日までの間である場合

例：令和11年4月1日相続開始

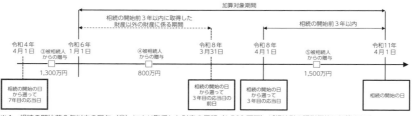

※1 相続の開始前3年以内の贈与（⑤）により取得した財産の価額（1,500万円）が相続税の課税価格に加算される。
※2 相続の開始前3年以内に取得した財産以外の財産に係る期間中の贈与（④）により取得した財産の価額（800万円）から100万円を控除した残額（700万円）が相続税の課税価格に加算される。
※3 令和6年1月1日前の贈与は、相続の開始前7年以内の贈与であっても加算対象期間内の贈与に該当しないことから、③の贈与により取得した財産の価額（1,300万円）は相続税の課税価格に加算されない。

3 相続又は遺贈により財産を取得した日が令和13年1月1日以後である場合

例：令和13年4月1日相続開始

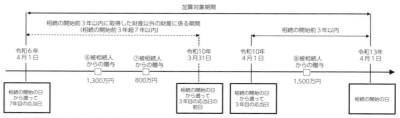

※1 相続の開始前3年以内の贈与（⑧）により取得した財産の価額（1,500万円）が相続税の課税価格に加算される。
※2 相続の開始前3年以内に取得した財産以外の財産に係る期間中の贈与（⑥及び⑦）により取得した財産の価額（1,300万円及び800万円）の合計額（2,100万円）から100万円を控除した残額（2,000万円）が相続税の課税価格に加算される。

（出典）資産課税課情報第2号（令和6年3月21日）（国税庁資産課税課）6頁

3 孫への暦年課税による生前贈与は原則として生前贈与加算の対象外

　生前贈与加算（相法19①）は、相続又は遺贈により財産を取得した者が対象となるため、例えば相続人でない孫に対する生前贈与は、贈与者の相続時であっても生前贈与加算の対象とはならない。このため、孫への贈与のように、世代を飛ばした財産移転に係る贈与については暦年課税によることで、相続時の相続税負担の軽減による財産移転の効率化を図ることができるだろう。

　ただし、生前贈与を受けた孫に対する遺贈が行われる場合や代襲相続人となる場合などは、令和6年1月1日以後の贈与は7年間（令和5年12月31日までの贈与は3年間）、生前贈与加算の対象となることに留意しておく必要がある。

"鉄則"に従ってはいけないケース

　贈与財産が次に掲げるような財産に該当する場合には、暦年課税ではなく相続時精算課税を選択することも一考である。

1　受贈者1人当たり毎年110万円の範囲内の贈与する場合
2　法人版事業承継税制を活用する場合

1　"鉄則"に従ってはいけない理由と効果

1　受贈者1人当たり毎年110万円の範囲内の贈与をする場合

　令和6年1月1日以後暦年課税による受贈者が贈与者である被相続人から相続又は遺贈により財産を取得した場合には、その被相続人から相続開始前7年以内に取得した財産については、相続税の課税価格

Ⅱ　暦年課税・相続時精算課税、贈与税特例の活用

に加算される（相法19①）。

　あわせて、相続開始時から3年超7年以内の期間内に贈与により取得した財産の価額のうち100万円までの金額は、相続税の課税価格に算入されない。

　一方で、令和6年1月1日以後の贈与については、年110万円までの相続時精算課税に係る贈与税の基礎控除額が設けられ、この基礎控除額については特定贈与者の相続開始時においても相続税の課税価格に加算されない（相法21の15①、21の16③）。

　このことから、受贈者1人当たり毎年110万円までの贈与であれば、相続時精算課税を選択した場合、相続開始前7年以内の贈与であっても相続税の課税価格に加算されない改正点を活用することにより、延長された4年間において最大100万円までの金額が控除される暦年課税より有利になる。

【相続時精算課税（暦年課税との選択制）】

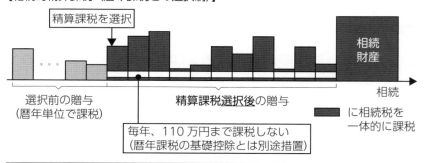

○贈与時に、軽減・簡素化された贈与税を納付
　（累積贈与額2,500万円までは非課税、2,500万円を超えた部分に一律20％課税）
※暦年課税のような基礎控除を新たに創設
※財産の評価は贈与時点での時価で固定
　⇒土地建物が災害で一定以上の被害を受けた場合は相続時に再計算
○相続時には、累積贈与額を相続財産に加算して相続税を課税（納付済みの贈与税は税額控除・還付）

2 長期間にわたる贈与は暦年課税を活用する

【暦年課税】

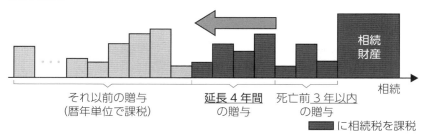

| それ以前の贈与（暦年単位で課税） | 延長4年間の贈与 | 死亡前3年以内の贈与 | 相続 |

■ に相続税を課税

○暦年ごとに贈与額に対し累進税率を適用。基礎控除110万円
○ただし、相続時には、死亡前3年以内の贈与額を相続財産に加算して相続税を課税（納付済みの贈与税は税額控除）
○加算期間を7年間に延長
○延長した4年間に受けた贈与については総額100万円まで相続財産に加算しない

（出典）自民党税制調査会資料（一部加工）

設例 2

5億円の現預金を有する父親が、令和6年1月1日以後、子供1人に毎年110万円を20年間（合計2,200万円）贈与した後にその父親の相続が開始した場合、その贈与について、(1) 暦年課税による場合と(2) 相続時精算課税を選択する場合を比較して、相続税の負担にどのような違いが生じるか。

なお、父親の相続に関して、相続人は子供1人のみとする。

(1) 暦年課税による場合
 ① 各年分の贈与税の計算
   贈与財産110万円－基礎控除額110万円＝贈与税の課税価格 0 円
 ② 相続時の相続税の計算

	合　計
相続財産（※1）	4億7,800万円
生前贈与加算	670万円（※2）
合　計	4億8,470万円
基礎控除	3,600万円

271

Ⅱ　暦年課税・相続時精算課税、贈与税特例の活用

差引き	4億4,870万円
相続税額	1億8,235万円
贈与税額控除	0万円
納付すべき相続税額	1億8,235万円

（※1）相続財産　5億円－2,200万円（贈与財産：110万円×20年間）＝4億7,800万円

（※2）贈与額110万円×相続開始前7年間－100万円＝670万円

(2)　相続時精算課税を選択する場合

	合　計
相続財産（※1）	4億7,800万円
生前贈与加算	0万円（※2）
合　計	4億7,800万円
基礎控除	3,600万円
差引き	4億4,200万円
相続税額	1億7,900万円
贈与税額控除	0万円
納付すべき相続税額	1億7,900万円

（※1）相続財産　5億円－2,200万円（贈与財産：110万円×20年間）＝4億7,800万円

（※2）贈与額110万円×20年間－相続時精算課税に係る贈与税の基礎控除額110万円×20年間＝0

(3)　相続時の税負担の比較

　設例 2 による相続時の相続税負担額を比較すると、下表のとおりとなる。

暦年課税の負担額	相続時精算課税の負担額	差　引
1億8,235万円	1億7,900万円	335万円

　設例 2 では、被相続人の相続税の課税対象財産と相続人の構成から、相続時に適用される限界税率は50％であり、生前贈与による相続税の課税価格へ670万円の加算額が生じる暦年贈与の方が、335万円（670万円×50％）相続時の税負担が増すことが分かる。

　令和5年度税制改正により、相続時精算課税に係る贈与税の基礎控除が設けられたことから、令和6年1月1日以後の贈与では、少額な贈与を継続するのであれば、相続時精算課税を選択する方が有利にな

272

る。これは、贈与期間が長くまた、被相続人が多額の財産を所有して
いる場合に、さらに効果が大きくなる。

2 法人版事業承継税制を適用する場合

(1) 贈与税の納税猶予取消時（期限確定）の負担軽減措置

　平成29年度税制改正前は、相続時精算課税に係る贈与者からの贈与
により取得をした非上場株式等について贈与税の納税猶予及び免除の
適用を受ける場合には、その適用に係る非上場株式等については相続
時精算課税の適用を受けることができないこととされていた。

　そのため、猶予期限の確定事由に該当した場合には、相続税よりも
累進度の高い暦年課税に基づく税率により計算された猶予税額の納付
が必要となることから、その税負担の可能性が制度の利用を躊躇させ
る一因となっているとの指摘があった。

　そこで、平成29年度税制改正においては、この税負担に対する不安
を軽減することで本制度の利用を促し、生前贈与による事業承継の更
なる円滑化を図る観点から、その非上場株式等について法人版事業承
継税制の適用を受けた場合であっても相続時精算課税の適用を受ける
ことができることとされた。

　具体的には、相続時精算課税の適用除外規定（旧措法70の7③）を
削除するとともに、法人版事業承継税制の適用に係る非上場株式等が
相続時精算課税の適用を受けるものである場合は、相続時精算課税に
基づき計算された納税猶予分の贈与税額に相当する金額について納税
が猶予されることとされた（措法70の7②五ロ）。

Ⅱ　暦年課税・相続時精算課税、贈与税特例の活用

【贈与税納税猶予取消時の負担軽減措置（相続時精算課税制度との併用）】
○贈与税の納税猶予の適用を受けても、認定が取り消された場合に高額の贈与税負担が発生するリスクが存在。相続時精算課税制度との併用を認めることにより、リスクの軽減を図る。

[事例]・総議決権株式数 100,000 株、1 株 30,000 円、株価総額 3 億円
・先代経営者は株式全体の 2/3（2 億円）を保有しており、株式の全株を移転する。その他の資産なし。
・相続人は後継者 1 名のみ

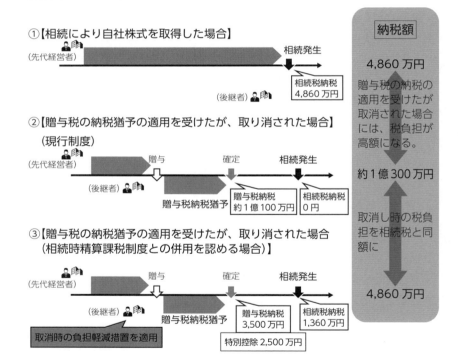

※納付税額は、先代経営者の息子が後継者になることを前提に算出（利子税は考慮外）
※親族外承継の場合、親族外の後継者には相続税の 2 割に相当する金額が加算される。また、贈与税額も高くなるケースがある。

(出典) 経済産業省資料（平成 29 年度）

(2) 相続時精算課税の選択による負担軽減

法人版事業承継税制（措法70の7、措法70の7の5他）（以下、「本特例」という）は、後継者である受贈者・相続人等が、いわゆる事業承継円滑化法の認定を受けている非上場会社の株式等を贈与又は相続等により取得した場合において、その非上場株式等に係る贈与税について、一定の要件のもと、その納税を猶予し、後継者の死亡等により、納税が猶予されている贈与税・相続税の納付が免除される制度であるが、本特例の特例措置の適用期限は令和9年12月31日までとなっている。

本特例においては、暦年贈与による株式の移転のほか、上記(1)により相続時精算課税を選択して併用する移転方法も認められている（措法70の2の8）。

非上場株式等の贈与税申告にあたって、本特例と合わせて、相続時精算課税を選択して併用することは、万が一、相続開始前に本特例の確定事由が生じ、猶予された贈与税額の打ち切り（期限確定）が生じた場合に、贈与税と相続税を通じた税負担を一定にする効果を有しており、贈与による本特例の期限確定に対するリスクヘッジ機能を有する。

例えば、生前贈与により本特例を適用し贈与税の納税猶予の適用を受ける場合で、相続税の納税猶予へ切り替わる前に確定事由が生じ、猶予税額の納付が生じたとする。暦年課税であれば、令和6年1月1日以後の相続開始前7年間の贈与について、相続税の計算時に期限確定により納付した相続税額は、贈与税額控除が可能である（ただし、控除できる贈与税額は、相続税額が限度）が、7年を超えた場合、生前贈与加算もないため、贈与税額控除の適用もない。

一方、相続時精算課税を選択した場合、仮に、相続開始前に贈与税の確定事由が生じ、猶予税額の納付が生じたとしても、相続時には相続時精算課税の効果として、納付した贈与税額の贈与税額控除を適用することが可能である。

275

Ⅱ　暦年課税・相続時精算課税、贈与税特例の活用

この点を、次の 設例 3 で具体的に確認する。

設例 3

・創業者の相続財産：非上場株式 5 億円
　（単純化のため、これ以外の相続財産はないものとする）
・後継者である子(40歳) に対して、上記①の非上場株式を贈与（令
　和 6 年 1 月 1 日以後）
・贈与から 3 年経過後に確定事由が生じ、猶予打ち切りとなった後に、
　創業者に相続が開始した。
　　この場合、暦年課税による場合と、相続時精算課税を選択する場合、
贈与から相続を通じてどのような効果があるか。

(1)　暦年課税による場合
　①　贈与税額（猶予→期限確定税額の計算）
　　　5 億円 (贈与財産)－110万円 (基礎控除) ＝ 4 億9,890万円 (課税価格)
　　　4 億9,890万円 （課税価格）×55％ －640万円 ≒ 2 億6,799万円 （贈与
　　　税額）
　②　相続税額の計算

	合　計
相続財産	0 万円
生前贈与加算	5 億円
合　計	5 億円
基礎控除	3,600万円
差引き	4 億6,400万円
相続税額	1 億9,000万円
贈与税額控除	1 億9,000万円 ※納付した贈与税額のうち、相続税額を超える金額(2 億6,799万円－ 1 億9,000万円＝7,799万円)は控除できない。
納付すべき相続税額	0 万円

(2)　相続時精算課税の場合
　①　贈与税額（猶予→期限確定税額）
　　　5 億円 （贈与財産）－2,500万円 （特別控除）－110万円 （基礎控除）
　　　＝ 4 億7,390万円 （課税価格）
　　　4 億7,390万円 （課税価格）×20％＝9,478万円 （贈与税額）

② 相続時の相続税額

	合　計
相続財産	0万円
相続時精算課税適用財産	4億9,890万円
合　計	4億9,890万円
基礎控除	3,600万円
差引き	4億6,290万円
相続税額	1億8,945万円
贈与税額控除	9,478万円
納付すべき相続税額	9,467万円

(3) 比較

	贈与税（期限確定）	相続税	合　計
暦年課税	2億6,799万円	0万円 （控除できない贈与税7,799万円がある）	2億6,799万円
相続時精算課税	9,478万円	9,467万円	1億8,945万円
差　引	1億7,321万円	▲9,467万円	7,854万円

　上記の比較から明らかなとおり、相続開始前に期限確定事由が生じると、暦年課税によれば贈与税額（2億6,799万円）を納める必要がある。仮に、贈与者の相続開始が贈与から7年以内であれば、生前贈与加算（相法19①）の適用により相続税の課税価格への加算と贈与税額控除の適用があるが、その場合の贈与税額控除は相続税額が限度となる。もし贈与から7年を超えた場合、期限確定により納付した贈与税は相続税の計算上、考慮されることはない。

　これに対し、相続時精算課税を選択すれば、相続開始前に確定事由が生じたとしても、そこで期限確定となった贈与税額（9,478万円）は、贈与税額控除が受けられる（相続税負担を超える場合は還付となる。）ため、贈与税と相続税を通じて税負担が一定化される効果がある。

Ⅱ　暦年課税・相続時精算課税、贈与税特例の活用

2　"鉄則"に従わない場合の留意点

❶　受贈者１人当たり毎年110万円の範囲内の贈与をする場合

(1)　相続時精算課税選択届出書の提出

　令和５年12月31日までの贈与に関して、相続時精算課税の適用を受けようとする者は、特定贈与者から贈与を受けた財産の価額にかかわらず贈与税の申告をする必要があったことから、相続時精算課税選択届出書は、贈与税の申告書に添付して贈与税の納税地の所轄税務署長に提出しなければならなかった。

　しかし、令和５年税制度改正により令和６年１月１日以後の贈与について、相続時精算課税に係る贈与税の基礎控除が設けられた結果、特定贈与者から贈与を受けた財産の価額が基礎控除以下である場合には、贈与税の申告が不要（相法28①②）となった。

　そのため、そのような場合には相続時精算課税選択届出書のみを提出することができることとされるとともに、その旨を相続時精算課税選択届出書に記載することとされた（相令５①、５の６①、相規10①四、②五）。

　したがって、令和６年１月１日以後の贈与について、贈与税が生じない範囲であれば、贈与税の申告書の提出は必要ないが、相続時精算課税選択書の提出を失念しないように留意すべきである。ただし、相続時精算課税選択届出書のみを提出している場合で、申告期限後になって贈与財産の申告漏れ等が発覚した場合、相続時精算課税に係る特別控除が認められないことに留意する必要がある（資産課税課情報第２号（令和６年３月21日）（国税庁資産課税課）７頁）。

(2)　その他の留意点

　当然のことながら、相続時精算課税を選択すると、その後は暦年課税に戻ることはできない。そのため、最初は特定贈与者からの贈与額が少額でスタートしたとしても、今後、贈与額が増額されることも想

定される場合には、相続時精算課税の選択には慎重な判断が必要である。

❷　法人版事業承継税制を適用する場合

　本特例を適用する場合、贈与税については、相続時精算課税を選択して併用することで、万が一の猶予取消しのリスクに備えることができるのは、前述のとおりである。

　一方で、確定事由の発生原因が、税理士の善管注意義務による場合には、税理士に対する損害賠償請求が起こされることが想定されるが、その場合、税理士職業賠償責任保険（税賠保険）の支払対象外となることに留意しておく必要がある。

　株式会社日税連保険サービスがウェブサイト上で公表している事故事例（2018年7月1日〜2019年6月30日）では、保険金が支払われなかった事例として、次の事故事例が紹介されているので引用する。

　＜事案の概要＞
　税理士は、依頼者が事業を引き継ぐため、非上場株式の贈与を受けたい旨の相談を受けた。株式評価を行ったところ、業歴の長い法人であったため、非上場株式の評価額も高く、贈与にあたり贈与税の納税負担が相応になるため贈与税の納税猶予制度の特例措置を提案し、依頼者は贈与税の納税猶予制度の特例措置を利用して株式の贈与を受けた。
　ところが税理士は、贈与税の申告期限内に申告は行ったものの、担保提供書類の提出を失念してしまい、結果的に本特例の適用が受けられず贈与税を支払うことになってしまった。
　これにより過大納付贈与税額等が発生し、税理士は依頼者から損害賠償請求を受けた。
　＜事故発覚の経緯＞
　担保提供の資料が無かったため、税務署より指摘を受けて事故が発覚した。
　＜事故の原因＞
　税理士が、贈与税の申告期限内に申告を行い、担保提供書を提出で

きる状況にあったにもかかわらず、既に提出したと思い込み、提出を
失念したため。

＜税賠保険における判断（保険金支払対象外と判断した理由）＞

　税理士が贈与税の申告期限までに担保提供書を提出していれば、依
頼者は贈与税の納税猶予を受けることができた。

　一方で、先代経営者は非上場株式以外で5億円程度の財産を所有し
ていたため、相応の相続税が発生する見込みであり、依頼者は贈与税
の申告時に相続時精算課税制度の選択届出書を提出していた。

　結果として、贈与税の納税猶予制度を利用した場合と、相続時精算
課税制度を適用した場合の税額に、差額が発生しないことが確認でき
た。

　本件は、税理士の善管注意義務が果たせているとは言えないが、発
生した債務不履行に因果関係のある損害が発生していないことから、
保険金支払の対象外と判断された。

　本件の結果として、納税者と税理士との間でどのような賠償が行わ
れたかは定かではないが、税賠保険の支払対象外と判断されたため（贈
与税の納税猶予制度を利用した場合と相続時精算課税制度を適用した
場合の税額に差額が発生しないため（274ページの経済産業省資料参
照））、もし、税理士側になんらかの損賠賠償支払が生じているのであ
れば、それは全額自己負担となる。本件は、事故発覚の原因から、制
度の適用手続きに対する税理士側の不注意であることがうかがえ、税
理士側に善管注意義務違反があったことは明らかと言えよう。

　善管注意義務違反が本税分の損害賠償相当の支払いに直結するわけ
ではないが、本特例と相続時精算課税の併用は、税賠保険の支払対象
外となることにも留意して、慎重に適用手続きを進める必要があろう。

Ⅱ 暦年課税・相続時精算課税、贈与税特例の活用

配偶者には居住用不動産の贈与を実行する

贈与税の配偶者控除の特例を活用した居住用不動産の贈与は、2,000万円まで贈与税が非課税であり、併せて将来の相続税対策となるため

　贈与税の配偶者控除の特例（以下「本特例」という）を活用して、配偶者に対し居住用不動産を贈与する基本的な考え方は次のとおりである。

(1) 婚姻期間20年以上の配偶者に対して居住用不動産を贈与する場合、本特例により2,000万円まで贈与税が課税されずに財産を移転することができる。
(2) 相続人又は受遺者に対して被相続人から相続開始前7年（※）以内に贈与された財産は相続税の課税価格に加算されるが、本特例の適用を受けた居住用不動産は、相続財産に加算する必要がない。
(3) 夫所有の居住用不動産（建物及びその敷地）の一部を妻に贈与することにより共有とし相当期間経過後に、その居住用不動産を譲渡した場合において、一定の要件を満たしていれば、「居住用財産を譲渡した場合の3,000万円の特別控除」（措法35①）の特例を夫婦それぞれで適用し、合計で6,000万円まで譲渡益を圧縮することができる。
(4) 従前、被相続人が配偶者への贈与・遺贈に際し持戻し免除の意思を明示していなかった場合、特別受益として相続財産へ持ち戻した上で各自の相続分の計算が行われ、被相続人の意思が反映されていない問題があった。
　　令和元年7月施行の民法改正により、婚姻期間が20年以上である

夫婦間で居住用不動産（居住用建物又はその敷地）の遺贈又は贈与がされた場合について、被相続人の持戻し免除の意思を推定するとされ、配偶者の保護に資することが期待されるため。
※令和6年1月1日前の暦年課税に係る贈与により取得した財産は、相続開始前3年以内。

"鉄則"に従ってはいけないケース

次に該当する場合には、本特例の適用に係る贈与を実行しないことも一考である。

1　相続税の課税がないと想定される場合
2　一次相続・二次相続の相続税負担を総額で低く抑えたい場合

1　"鉄則"に従ってはいけない理由と効果

❶　相続税の課税がないと想定される場合

本特例を適用すれば相続税の負担軽減効果はあるが、事前に贈与者の相続税の試算を行った結果、相続税の負担が生じないことが見込まれる場合には、本特例の適用に係る贈与による相続税の負担軽減効果はない。

(1)　相続財産が遺産に係る基礎控除額以下の場合

設例 1

＜前提条件＞
・配偶者（夫）の財産

　　居住用不動産　土地：相続税評価額2,100万円（150㎡）
　　　　　　　　　家屋：相続税評価額　900万円　　　　　　計3,000万円

3　配偶者には居住用不動産の贈与を実行する

```
その他の資産　　　　1,500万円
・居住用不動産の生前贈与：土地・建物の持分 2 / 3 を夫から妻へ贈与
・法定相続人：妻・子 A・子 B の計 3 人
・贈与時と相続時の財産に変動がないものと仮定
```

(1)　居住用不動産の贈与

土地：2,100万円× 2 / 3 ＝1,400万円

家屋：　900万円× 2 / 3 ＝　600万円

計　　　　　　　　　2,000万円　≦2,000万円（配偶者控除額）

∴　贈与税は、本特例の適用により非課税である。

(2)　相続財産の比較

	贈与を行った場合	贈与を行わなかった場合
相続財産		
土地	2,100万円－1,400万円 ＝700万円	2,100万円
家屋	900万円－ 600万円 ＝300万円	900万円
その他の資産	1,500万円	1,500万円
課税価格の合計額	2,500万円	4,500万円
基礎控除額（※）	△4,800万円	△4,800万円
課税遺産総額	0 万円	0 万円

(3)　遺産に係る基礎控除額

　　遺産に係る基礎控除額は、3,000万円と600万円に法定相続人の数を乗じて算出した金額の合計額であり、 設例 1 の法定相続人が配偶者と子 2 人の場合は以下の通り4,800万円となる。

　　3,000万円＋600万円× 3 名＝4,800万円

　　贈与の実行をしなかった場合においても、相続財産は基礎控除額以下となり、相続税の申告義務も相続税の負担もないため、相続税の負担軽減効果はない。

(4)　流通税の負担

　　不動産の所有権を移転する際には、いわゆる流通税である不動産取得税、登録免許税などの負担が生ずる。

　　流通税は、固定資産税評価額に対して、原則として以下の負担であ

283

Ⅱ　暦年課税・相続時精算課税、贈与税特例の活用

り、相続時の方が負担は軽い。

	贈与	相続
不動産取得税	3％（※）	負担なし
登録免許税	2％	0.4%

※宅地の場合、土地の固定資産税評価額の1／2に乗ずる。

(5)　結論

　　設例 1 においては、生前に居住用不動産の贈与を実行した場合、贈与による流通税や登記を依頼する司法書士の手数料などについて、負担が大きくなることとなる。贈与税以外の費用を負担しても相続時の負担軽減によるメリットがあるか、総合的に検討する必要がある。

(2)　小規模宅地等の減額特例の適用により相続税の納税がないと見込まれる場合

設例 2

＜前提条件＞

・配偶者（夫）の財産

　　居住用不動産　土地：相続税評価額2,100万円（100㎡）
　　　　　　　　　家屋：相続税評価額　900万円　}計3,000万円

　　その他の資産　3,000万円

・居住用不動産の生前贈与：土地・建物の持分2／3を夫から妻へ贈与

・法定相続人：妻・子Ａ・子Ｂの計3人

　　　　　　　なお、子Ａは当該居住用不動産に同居しており、特定居住用宅地等に係る小規模宅地等の減額特例は満額適用できるものとする。

・贈与時と相続時の財産に変動がないものと仮定

(1)　居住用不動産の贈与

　　土地：2,100万円×2／3＝1,400万円

　　家屋：　900万円×2／3＝　600万円

　　　　　　計　　　　　　　　2,000万円　≦2,000万円（配偶者控除額）

　　　　　　　　∴　贈与税は、本特例の適用により非課税である。

（2）　相続財産の比較

	贈与を行った場合	贈与を行わなかった場合
相続財産		
土地	2,100万円－1,400万円 ＝　　700万円	2,100万円
小規模宅地等の減額 　特例（80％）	700万円×80％ ＝△560万円	2,100万円×80％ ＝△1,680万円
家屋	900万円－　600万円 ＝300万円	900万円
その他の資産	3,000万円	3,000万円
課税価格の合計額	3,440万円	4,320万円
基礎控除額	△4,800万円	△4,800万円
課税遺産総額	0万円	0万円

【法定相続分に従った遺産分割の例】

	合計	配偶者（妻）	子A	子B
法定相続分	1	1／2	1／4	1／4
土地	2,100万円	1,400万円	700万円	
家屋	900万円	600万円	300万円	
その他の資産	3,000万円	1,000万円	500万円	1,500万円
計	6,000万円	3,000万円	1,500万円	1,500万円

（3）　結論

　設例 **2** のように、子Aが将来にわたり当該居住用不動産で妻（母）と同居を継続することが明らかであるような場合、居住用不動産は子Aに相続させても特定居住用宅地等に係る小規模宅地等の減額特例による相続税の負担軽減が期待できる。

　例えば、上記（2）のような遺産分割を行った場合には、小規模宅地等の減額特例も適用が可能であり、かつ法定相続分を充足する遺産分割を行った上で、配偶者に不動産以外の資産（預貯金等）を相続させることも可能となる。

　したがって本特例により配偶者へ生前に居住用不動産の贈与を行う必要はない。

Ⅱ　暦年課税・相続時精算課税、贈与税特例の活用

❷　一次相続・二次相続の相続税負担を総額で低く抑えたい場合

　本特例を適用して被相続人の資産を配偶者に移転した場合において、その相続（一次相続）においては相続税の負担軽減効果が生じた場合においても、次に配偶者の相続（二次相続）が発生した場合の相続税負担を考慮すると、総額では負担が増加する場合も考えられる。

　二次相続においては法定相続人の数が１人減少することで遺産に係る基礎控除額等が減少するうえ、一次相続では配偶者の税額軽減の適用により、配偶者が相続した財産の価額が配偶者の法定相続分又は１億6,000万円のいずれか多い金額を上限として、配偶者には相続税が課されない優遇規定の適用があるが、二次相続においては適用がない。

設例 3

＜前提条件＞
・配偶者（夫）の財産

　　居住用不動産　土地：相続税評価額2,100万円（100㎡）
　　　　　　　　　家屋：相続税評価額　900万円 ｝計3,000万円
　　その他の資産　3,000万円

・居住用不動産の生前贈与：土地・建物の持分２/３を夫から妻へ贈与
・法定相続人：一次相続　妻・子Ａ・子Ｂの計３人
　　　　　　　　　子は当該居住用不動産に同居していないものと仮定
　　　　　　　　　　なお、一次相続においては、妻が居住用不動産を、
　　　　　　　　　子がその他の資産を１/２ずつ取得するものと仮定
・二次相続における被相続人（妻）固有の財産
　　その他の資産　3,000万円
・贈与時と相続時の財産に変動がないものと仮定

---

(1) 居住用不動産の贈与

　　土地：2,100万円×２/３＝1,400万円
　　家屋：　900万円×２/３＝　600万円

　　　　　計　　　　　　　　　2,000万円　≦2,000万円（配偶者控除額）
　　　　　　　　　　　　∴　贈与税は、本特例の適用により非課税である。

286

3　配偶者には居住用不動産の贈与を実行する

(2)　相続財産の比較

　　一次相続（被相続人：夫）、二次相続（被相続人：妻）とし、相続人は法定相続分に応じて財産を取得するよう遺産分割を行うものと仮定する。

①　贈与を行った場合

　　夫の生前に本特例の適用のある居住用不動産の贈与を行った場合、一次相続において相続人である妻は、贈与後の財産4,000万円のうち、法定相続分である2,000万円について、居住用不動産1,000万円とその他の資産1,000万円を取得し、子2人は、その他の資産1,000万円ずつを取得するものとする。

【法定相続分に従った遺産分割の例】

	合計	配偶者（妻）	子A	子B
法定相続分	1	1／2	1／4	1／4
土地	700万円	700万円		
家屋	300万円	300万円		
その他の資産	3,000万円	1,000万円	1,000万円	1,000万円
計	4,000万円	2,000万円	1,000万円	1,000万円

②　贈与を行わなかった場合

　　一方、贈与を行わなかった場合には、一次相続において相続人である妻は、相続財産6,000万円のうち法定相続分に相当する3,000万円について、居住用不動産（土地・家屋）の持分の2／3（土地1,400万円と家屋600万円）とその他の資産1,000万円取得し、子2人は、居住用不動産の持分1／3（土地700万円＋家屋300万円）と、その他の資産2,000万円を法定相続分である1,500万円分ずつ取得するものとする。この場合、子の相続する居住用不動産には、小規模宅地等の減額特例の適用はない。

【法定相続分に従った遺産分割の例】

	合計	配偶者（妻）	子A	子B
法定相続分	1	1／2	1／4	1／4
土地	2,100万円	1,400万円	350万円	350万円
家屋	900万円	600万円	150万円	150万円
その他の資産	3,000万円	1,000万円	1,000万円	1,000万円
計	6,000万円	3,000万円	1,500万円	1,500万円

Ⅱ　暦年課税・相続時精算課税、贈与税特例の活用

		①贈与を行った場合	②贈与を行わなかった場合
一次相続	相続財産		
	土地	2,100万円－1,400万円 ＝700万円	2,100万円
	小規模宅地等の 減額特例(80%)	700万円×80% ＝△560万円	1,400万円×80% ＝△1,120万円
	家屋	900万円－600万円 ＝300万円	900万円
	その他の資産	3,000万円	3,000万円
	課税価格の合計額	3,440万円	4,880万円
	基礎控除額	△4,800万円	△4,800万円
	課税遺産総額	0万円	80万円
二次相続	相続財産		
	土地	2,100万円	一次相続より1,400万円
	家屋	900万円	一次相続より　600万円
	その他の資産	一次相続より1,000万円 固有の財産　3,000万円	一次相続より1,000万円 固有の財産　3,000万円
	課税価格の合計額	7,000万円	6,000万円
	基礎控除額	△4,200万円	△4,200万円
	課税遺産総額	2,800万円	1,200万円

(3)　結論

　　生前に妻に対して本特例の適用のある居住用不動産の贈与を行い、夫名義の財産を減少させることで、一次相続においては、相続税の基礎控除額の範囲内の遺産額となり相続税を0とすることができた。

　　しかし、二次相続において配偶者固有の財産がある場合、その多寡によっては相続税の合計額において不利になることがある。

2　"鉄則"に従わない場合の留意点

１　相続税の課税がないと想定される場合

　　相続税の試算をして、その負担がないと想定される場合であっても、あえて居住用不動産の贈与の検討が必要な場合もある。

法定相続人が配偶者と子であっても、それが先妻の子と後妻のような場合で"争族"の不安があるような場合、配偶者の住まいを確保するため居住用不動産を生前に贈与し、本特例を適用することを検討する。また、本特例の適用がある婚姻期間が20年以上の夫婦間で、居住用不動産の贈与がされたときは、持戻し免除の意思表示を行ったと推定されるため（民法903条④）、配偶者の相続分をより多く確保することが可能となる。

② 持戻し免除の意思表示の推定規定

民法（相続法）の見直しにより、配偶者保護のための方策（持戻し免除の意思表示推定規定）が設けられ、婚姻期間20年以上の夫婦間で居住用不動産の遺贈又は贈与がされたときは、持戻し免除の意思表示があったものと推定し、被相続人の意思を尊重した遺産分割ができるようになった（民法903④）。

(1) 改正前

改正前は、夫婦の一方が他方の配偶者に居住用不動産を生前贈与や遺贈した場合であっても、被相続人による持戻し免除の意思表示がない場合には、その不動産は特別受益として持戻しの対象とされ、各相続人の相続分を算定するにあたっては、相続財産に加えて算定され、そこから特別受益の額を控除した残額について具体的な相続分とされていた。

(2) 改正後

新設された民法903条4項は、婚姻期間が20年以上の夫婦について、一方が他方の配偶者に対して、居住用の不動産について生前贈与や遺贈を行った場合には、持戻し免除の意思表示を行ったものと推定することとされた。

そのため、同項の要件を満たす場合には、被相続人が持戻し免除の意思表示をしていないと認められるような事情が存在しない限り、持戻し免除の意思表示の存在が推定されることとなるため、同項が定める居住用不動産の生前贈与等については持戻しが行われないことに

Ⅱ 暦年課税・相続時精算課税、贈与税特例の活用

なった。

その結果、これまでよりも配偶者が実際に相続できる財産は増えることになる。

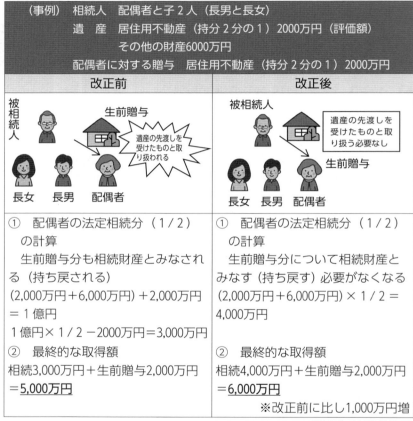

(参照) 法務省資料

(3) 適用時期

持戻し免除の意思表示の推定規定は、令和元年7月1日から施行されている。

Ⅱ 暦年課税・相続時精算課税、贈与税特例の活用

住宅取得等資金の贈与は積極的に実行する

住宅取得等資金の贈与を積極的に実行すれば相続税の負担軽減につながるため

住宅取得等資金の贈与の特例を積極的に行うべき理由としては、次のような項目が挙げられる。

---
(1) 住宅取得等資金の贈与の特例を利用することで、相続財産の圧縮が図られ、相続策として有効である。
(2) 相続時精算課税との組み合わせにより、多額の住宅取得等資金を一括で贈与することができる。

直系尊属からの住宅取得等資金の贈与を受けた場合の特例(以下「本制度」という)は、令和6年度税制改正により、令和6年1月1日から令和8年12月31日までの間に、父母や祖父母など直系尊属からの贈与により、受贈者の居住の用に供する住宅用の家屋の新築・取得又は増改築等(以下「新築等」という)の対価に充てるための金銭(以下「住宅取得等資金」という)を取得した場合において、一定の要件を満たすときは、次の非課税限度額までの金額について、贈与税が課税されない制度である(措法70の2)。

贈与年	質の高い住宅	一般住宅
令和6年1月1日から令和8年12月31日	1,000万円	500万円

Ⅱ　暦年課税・相続時精算課税、贈与税特例の活用

"鉄則"に従ってはいけないケース

本制度は、次の場合にはあえて贈与を実行しないことも一考である。

1. 「特定居住用宅地等の特例」の活用を検討する場合
2. 子供が住む住宅を親名義で取得する場合
3. 住宅取得に係る資金援助が少額な場合

1　"鉄則"に従ってはいけない理由と効果

1　「特定居住用宅地等の特例」の活用を検討する場合
(1)　特定居住用宅地等の特例の活用の検討

　本制度を適用した場合の非課税額と比較して、小規模宅地等（特定居住用宅地等）の減額特例（以下「特定居住用宅地等の特例」という）の適用により受けられる減額見込額が大きければ、優先して特定居住用宅地等の特例の適用を検討すべきである。

　例えば、次の 設例 1 のように、現在の居宅を二世帯住宅に建て替え、長男が同居親族として相続時に特定居住用宅地等の特例の適用を受ける方が有利になる場合には、本制度に係る贈与をしないことも考えるべきといえる。

　なお、同居親族に係る特定居住用宅地等の特例の適用要件等は以下のとおりである（措法69の4③二イ）。

【同居親族に係る特定居住用宅地等の特例の適用要件】

項目	要件
取得者	被相続人の居住の用に供されていた一棟の建物に居住していた親族
取得者ごとの要件	相続開始の直前から相続税の申告期限まで引き続きその建物に居住し、かつ、その宅地等を相続開始時から相続税の申告期限まで有していること

292

4 住宅取得等資金の贈与は積極的に実行する

(2) 二世帯住宅の場合の取扱い

「被相続人の居住の用に供されていた宅地等」が、いわゆる二世帯住宅（区分所有建物である旨の登記がされている建物を除く）の敷地の用に供されていたものであって、その敷地の用に供されていた宅地等のうち被相続人の親族の居住の用に供されていた部分がある場合には、その部分は特定居住用宅地等に該当することになる。

この場合、上記の取得者の要件に該当する親族については、次の①又は②のいずれに該当するかに応じ、それぞれの部分に居住していた親族のことをいう。

① 被相続人の居住の用に供されていた一棟の建物が、「区分所有建物である旨の登記がされている建物」である場合……被相続人の居住の用に供されていた部分

② ①以外の建物である場合……被相続人又は被相続人の親族の居住の用に供されていた部分

設例 1

父が下表の財産を所有しており、家族構成が生計別の長男家族の場合を前提として、父の居住用宅地等を活用する場合に、次の2つのケースによって相続税の課税価格に与える影響を検討する。

なお、相続人は、長男のみとする。

ケース1：生計別の長男の居宅建築のため1,000万円の住宅取得等資金の贈与を行う場合

ケース2：現在の居宅を長男との二世帯住宅（区分所有登記なし）に建て替え（父の持ち出しは5,000万円とする）、長男家族と同居する場合

[財産構成]

財産	相続税評価額
現金預金	8,000万円
居住用宅地等（330㎡）	1億円
居住用家屋	1,000万円
その他財産	5,000万円
合計	2億4,000万円

293

Ⅱ 暦年課税・相続時精算課税、贈与税特例の活用

　なお、この財産構成による相続税額は6,480万円（（2億4,000万円－3,600万円（基礎控除））×45％（相続税の税率）－2,700万円（速算控除））となる。

ケース1 ：生計別の長男に1,000万円の住宅取得等資金を贈与する場合

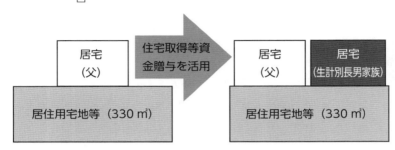

	現状	住宅取得等資金の贈与の実行による異動額	贈与後
現金預金	8,000万円	▲1,000万円	7,000万円
居住用宅地（330㎡）小規模宅地等の減額	1億円	－	1億円
居住用家屋	1,000万円	－	1,000万円
その他財産	5,000万円	－	5,000万円
課税価格	2億4,000万円	▲1,000万円	2億3,000万円
相続税額	6,480万円	▲420万円	6,060万円（※）

※（（2億3,000万円－3,600万円（基礎控除））×40％（相続税の税率）－1,700万円（速算控除））＝6,060万円

　この場合、財産構成としては、本制度による贈与金額相当の現金預金が減少するのみである。生計別の長男は住宅の取得等をし、相続時には持ち家があることから、贈与者（父）の居住用宅地について、相続時に特定居住用宅地等の特例の適用対象者に該当しない。

　設例1 による贈与後の相続税額は6,060万円となり、住宅取得等資金贈与を実行することで、相続税額が420万円（6,480万円－6,060万円）減少する。

ケース2 : 現在の居宅を5,000万円で二世帯住宅（区分所有登記なし）に建替え、長男家族と同居する場合

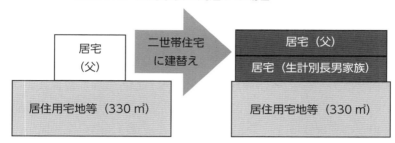

	現状	二世帯住宅に建て替えた場合の異動額	建替え後
現金	8,000万円	▲5,000万円	3,000万円
居住用宅地（330㎡）	1億円		1億円
小規模宅地等の減額		▲8,000万円	▲8,000万円
居住用家屋(旧家屋)	1,000万円	▲1,000万円	0万円
二世帯住宅（※1）	－	3,000万円	3,000万円
その他財産	5,000万円	－	5,000万円
課税価格	2億4,000万円	▲1億1,000万円	1億3,000万円
相続税額	6,480万円	▲4,360万円	2,120万円(※2)

※1 新築する共有の二世帯住宅（区分所有登記なし）の財産評価額を、3,000万円（5,000万円×6割を固定資産税評価額と想定）としている。

※2 （（1億3,000万円－3,600万円（基礎控除））×30％（相続税の税率）－700万円（速算控除））2,120万円

設例1 のように、居住用家屋を二世帯住宅（区分所有登記なし）に建て替え、長男が同居する場合には、被相続人の相続時には、長男は同居相続人として被相続人が居住の用に供していた家屋及び敷地を取得することになるため、その敷地について特定居住用宅地等の特例の適用が可能となり80％相当の減額をすることができる（措法69の4③二イ）。

財産構成の変動は上表のとおりであり、建替え後の相続税額は2,120万円になることから4,360万円（6,480万円－2,120万円）減少することになる。

Ⅱ　暦年課税・相続時精算課税、贈与税特例の活用

(3) 本制度と特定居住用宅地等の特例の比較

本設例による相続税額の比較は、次のとおりである。

ケース1の場合（贈与後）	6,060万円
ケース2の場合（建替後）	2,120万円
差引き	3,940万円

　本制度は、建築する住宅の種類で非課税となる金額が決まる。一方で、特定居住用宅地等の特例は、適用対象となる宅地等の評価額の80％相当の課税価格の減額となるため、この課税価格の減額幅が、本制度により非課税となる金額を上回る場合には、特定居住用宅地等の特例の適用を検討した方が有利と考えられる。

　設例 1 では、長男が本制度の適用により、自身の居住用家屋を取得した場合、その贈与を受けた資金は相続の際に除外される。ただし、住宅を取得した長男は、父の相続時に、父が居住の用に供していた宅地等を取得したとしても、同居親族に該当せず、自身の持ち家を持つことになるため、特定居住用宅地等の特例の適用対象外になる。

　一方で、本制度を適用するよりも、父が居住する家屋を5,000万円の資金で二世帯住宅に建て替えて長男（及び長男家族）が同居し、同居相続人として相続時に特定居住用宅地等の特例を適用する方が1億1,400万円（2億3,000万円－1億3,000万円）多く課税価格の圧縮が可能となり、相続税負担も本制度を適用するのに比べて3,940万円軽減されることになる。

② 子供が住む住宅を親名義で取得する場合

　本制度は、子や孫が親などからの資金援助を受けて、子や孫名義の住宅用家屋等を取得することを後押しするための制度であるが、本制度による資金贈与をするよりも、親名義の住宅用家屋等を取得等する方が、家屋及びその敷地の財産評価による相続財産の圧縮効果が生じることもある。

設例 2

　父が下表の財産を所有しており、家族構成が生計別の長男家族の場

4　住宅取得等資金の贈与は積極的に実行する

合を前提として、現金預金1億5,000万円について、長男家族が住む新築住宅7,000万円（敷地4,000万円（相続税評価額3,200万円）、家屋3,000万円（相続税評価額1,500万円））について、父名義で取得する場合の相続税負担への影響を検証する。

なお、父の相続人は長男のみである。特定居住用宅地等の特例については考慮しない。

<財産構成>

財産	相続税評価額
現金預金	1億5,000万円
その他の財産	2億円

	現状	親名義の家屋及び敷地を取得した場合の異動額	親名義の家屋及び敷地を得後
現金預金	1億5,000万円	▲7,000万円	8,000万円
その他の財産	2億円	－	2億円
長男居住家屋	－	1,500万円	1,500万円
長男居住家屋の敷地	－	3,200万円	3,200万円
課税価格	3億5,000万円	▲2,300万円	3億2,700万円
相続税額	1億1,500万円 （※1）	▲1,105万円	1億0,395万円 （※2）

※1　（3億5,000万円－3,600万円（基礎控除））×50％（相続税の税率）－4,200万円（控除額）＝1億1,500万円

※2　（3億2,700万円－3,600万円（基礎控除））×45％（相続税の税率）－2,700万円（控除額）＝1億0,395万円

長男が住む家屋及び敷地を父名義で取得する場合に、親の財産構成の異動額（財産評価による課税価格の減少額）が、本制度により非課税となる贈与金額よりも大きい場合は、あえて本制度を活用しないことも検討すべきである。

設例 2 の場合には、親名義の家屋及び敷地を7,000万円により取得した結果、財産構成額は▲2,300万円となる。長男にとっては住宅取得等資金贈与（最大1,000万円）を受けて自身の名義で取得する住宅に比べて、自己負担をすることなく、より質の高い住宅に住むことができるという点もメリットとなり得るだろう。

297

Ⅱ　暦年課税・相続時精算課税、贈与税特例の活用

　設例　2　による相続税額は、親名義の住宅を取得することにより、長男の相続税額の負担が1,105万円減少することになる。

3　住宅取得に係る資金援助が少額な場合

　親から住宅取得の資金援助が、例えば頭金等の少額な金額に限られる場合には、あえて本制度を適用するのではなく、暦年課税による贈与を受けることの検討も必要である。

　暦年課税は1年あたりの基礎控除が110万円あるため、毎年、この基礎控除の範囲内で贈与を受けたとしても贈与税の負担は生じない。住宅の取得にあたって贈与を受ける金額が少額である場合には、暦年課税による贈与を数回にわたって受ける方が、本制度の適用要件等に比較して実務的な負担も少ないため、本制度を適用する必要もなくなる。

　ただし、令和5年度税制改正により、暦年贈与の生前贈与加算の期間が相続開始前3年間から、相続開始前7年間に伸長されたため、今後は相続時精算課税の選択も合わせて検討すべきであろう。

2　"鉄則"に従わない場合の留意点

1　特定居住用宅地等の特例を検討する場合

　特例居住用宅地等の特例の適用については、相続開始直前から相続税の申告期限において要件を満たしているかどうかによる判定が必要になるため、住宅取得等資金の贈与の実行が、贈与者の相続時の課税価格計算にどのような影響を与えるのかについては慎重に判断する必要がある。

　また、小規模宅地等の特例については、例えば、平成30年度の税制改正によりいわゆる「家なき子」に該当する相続人に対する規制が行われるなど、制度趣旨に併せて頻繁に見直し等が行われる制度であるから、毎年度の税制改正の動向並びに経過措置にも注意する必要があるであろう。

298

② 子供が住む住宅を親名義で取得する場合

設例 2 では、単純に子名義か親名義かという前提で計算しているが、本制度の非課税限度額が以前と比べて少額となっているので、設例 1 の ケース2 のように、二世帯住宅の取得も考えられる。

どのようなパターンによる方法が良いかは、親と子が生計を一にしているか又は別にしているかの関係や、税負担に与える影響や将来の遺産分割等に与える影響なども踏まえた議論を十分に検討して選択する必要がある。

また、あえて本制度によらずに、親名義の住宅を取得する場合には、相続時には親の財産として遺産分割の対象となるため、相続人が複数いる場合には、その親名義の住宅を遺贈する旨の遺言を活用するなど、確実にそこに住む相続人に相続させるための配慮も必要となる。

遺言に関しては、公正証書遺言による作成に不備がないと思慮されるが、民法改正により自筆証書遺言の方式緩和が図られ、自筆でない財産目録等を添付して自筆証書遺言の作成ができるようになり（民法968）、平成31年1月13日より施行されている。

また、令和2年7月10日より法務局による自筆証書遺言の保管制度も始まっている。

③ 住宅取得に係る資金援助が少額な場合

住宅の取得に係る資金援助が少額な場合に、あえて本制度を適用せず、毎年の贈与により資金援助を受ける場合、すなわち、例えば毎年110万円を定期的に贈与するような場合には、「定期金給付契約に関する権利」の贈与として、その総額について贈与税の課税が生じる可能性があるので、贈与金額や贈与の時期については注意が必要である。

この場合、毎年の贈与の実行に併せて、贈与時期や贈与金額などを明確にした贈与契約書を作成し、贈与者及び受贈者双方の合意を明確にしたうえで資金移動するなど、また、贈与税が生じない場合であっても、あえて贈与税の申告書を提出するなどの対応を検討すべきである。

Ⅱ　暦年課税・相続時精算課税、贈与税特例の活用

4　その他の留意事項

(1)　住宅ローン控除との適用関係

　住宅取得等資金贈与の特例を受け、かつ、住宅ローン控除の適用も受ける場合には、住宅ローン控除の対象となる金額の判定にあたって、「借入金の年末残高」と住宅取得等資金贈与の特例の適用を受けた金額を差し引く前の「家屋等の取得対価の額」のどちらか少ない方とする判定では、「家屋等の取得対価の額」からは、贈与を受けた住宅取得等資金の額は差引くことになるので、留意が必要である（措令26⑥㉕）。

(2)　税理士損害賠償事故事例

　株式会社日税連保険サービスが、ホームページ上で公表している事故事例（2022年7月1日〜2023年6月30日）には、「住宅取得等資金の贈与を受けた場合の非課税を受けるための書類の提出を失念したことにより、過大納付贈与税額が発生した事例」が掲載されている。

　この事例は、「依頼者が令和2年12月に省エネ等住宅を約4,500万円で新築取得した際に、住宅取得資金として実父から贈与を受けた1,500万円について、直系尊属から住宅取得等資金の贈与を受けた場合の贈与税の非課税を適用して贈与税の申告をしたが、申告書第1表の2（筆者注：相続時精算課税選択届出書）の提出を失念したため、非課税の特例が認められず、暦年課税で修正申告」（注）をすることになり、これにより発生した納付過大贈与税額について、依頼者から損害賠償請求を受けたものである。

　本事例は、単純な申告書類の提出漏れの事案であり、税理士に対しては過大納付贈与税額約300万円から、免責額30万円を控除した約270万円が保険金として支払われている。

　(注)　㈱日税連保険サービス「税理士職業賠償責任保険事故事例（2022年7月1日〜2023年6月30日（電子ブック))」24頁

　また、過去には、本制度の適用要件（床面積要件）の確認誤りにより、本制度が適用できないにもかかわらず贈与税の申告をした結果、

納税者に不利益を与えた事例も紹介されている（同電子ブック（2019年7月1日〜2020年6月30日）33頁）。

　この事例では、そもそも税理士の善管注意義務違反を認めつつも、床面積要件の確認誤りはそれによって是正できるものではないことなどから、保険金は支払対象外とされている。

　このように、本制度の適用は度々税理士職業損害賠償責任保険の事故事例として取り上げられている。税制改正により適用要件も少しずつ改正が行われているので、適用にあたっては十分な注意が必要であることは言うまでもない。

Ⅱ 暦年課税・相続時精算課税、贈与税特例の活用

子よりも孫を優先して教育資金の一括贈与を実行する

相続財産を生前に移転することで、相続税の負担軽減につながるため

　教育資金の一括贈与（以下「本制度」という）は、平成25年４月１日から令和８年３月31日までの間に、一定の個人が、その直系尊属と受託者との間の教育資金管理契約に基づき信託受益権等を取得した場合その他一定の場合に、その信託受益権等の価額のうち1,500万円までの金額（既に本制度の適用を受けて贈与税の課税価格に算入しなかった金額がある場合には、その算入しなかった金額を控除した残額）に相当する部分の価額については、贈与税の課税価格に算入しない制度である（措法70の２の２）。

　本制度を積極的に実行する理由としては、次のものが考えられる。

(1) 入学など、長期間に多額の支出が見込まれる場合には、その資金を一括して贈与すると贈与税の課税関係が生じることになる。
(2) 毎年その都度贈与を行うことは贈与者側の手間がかかり、受贈者側として将来に必要な時にタイミングよく贈与してもらえるかどうか見通しが不確実な場合がある。
(3) 祖父母が孫の教育資金を負担することで、一世代飛ばした相続対策ができるとともに、親の経済的負担が軽減される効果が見込まれる。
(4) 一定額の一括贈与資金は原則として非課税となることから、贈与者である祖父母が高齢であれば、相続対策として有効に活用できる。

"鉄則"に従ってはいけないケース

本制度は、富裕層の子や孫に対する教育資金贈与を念頭にした制度であり、贈与の実行については、次の点を踏まえて判断する必要があろう。

1 扶養義務者相互間でその都度、必要な範囲内で贈与する場合
2 贈与の時期から7年以内に贈与者の相続が見込まれる場合

1 "鉄則"に従ってはいけない理由と効果

1 扶養義務者相互間でその都度必要な範囲内で贈与する場合

相続税法では、扶養義務者相互間において、その都度必要な範囲で生活費又は教育費に充てるために贈与を受けた財産のうち「通常必要と認められるもの」については、贈与税が非課税になる（相法21の3①二）。

(1) 扶養義務者の範囲

扶養義務者とは次の者をいい、扶養義務者に該当するかどうかは、贈与時の状況により判断する。

① 配偶者
② 直系血族及び兄弟姉妹
③ 家庭裁判所の審判を受けて扶養義務者となった三親等内の親族
④ 三親等内の親族で生計を一にする者

(2) 非課税の範囲

非課税となる「生活費」とは、その者の通常の日常生活を営むのに必要な費用（教育費を除く）をいい、治療費や養育費その他これらに

準ずるもの（保険金又は損害賠償金により補てんされる部分の金額を除く）を含む。

　また、非課税となる「教育費」とは、被扶養者（子や孫）の教育上通常必要と認められる学資・教材費・文具費等をいい、義務教育費に限られない。

　扶養義務者相互間での教育費等の贈与が非課税とされるのは、必要な都度直接これらに充てるために贈与を受けた財産に限られているため、数年間分の教育費等を贈与するなどした場合には、その贈与した金額は贈与税の課税対象となる。

　本制度は、子や孫に係る教育費について、ある程度まとまった資金を一括で贈与したいという、特に高齢の富裕層のニーズを前提にした制度であり、相続税の課税が生じないような場合や本制度による一括贈与の結果、相続税の納税資金に不足が生じてしまう可能性がある場合、あるいは、一括贈与を受ける金額に比べて、金融機関等での非課税手続が煩雑となる場合など、個々の財産状況によっては、あえて本制度を活用せず、扶養義務者相互間の贈与として必要な都度贈与するといった対応も検討すべきである。

❷　贈与の時期から7年以内に贈与者の相続が見込まれる場合

　本制度は、平成25年の制度創設当初は、贈与により取得した信託受益権等について、その贈与者の死亡時に使い残し（管理残額）があったとしても、その管理残額については、相続財産への加算対象から除外されていた。その後、令和元年度税制改正及び令和3年度税制改正を経て、贈与者の死亡時に管理残額が生じる場合には、贈与者の死亡時に相続財産への加算対象となり、受贈者が相続により取得したものとみなされることとなった。

　具体的には、平成31年4月1日以後の拠出により取得した信託受益権等については、相続開始時に受贈者が23歳未満である場合等を除いて、相続税の課税対象となった。

　また、令和3年4月1日以後の拠出により取得した信託受益権等に

係る管理残額については、その受贈者が孫等である場合には、贈与者の死亡時には相続税の2割加算が適用されることになった。

さらに、令和5年4月1日以後の拠出により取得した信託受益権等に関しては、贈与者の死亡時の相続財産が5億円を超える場合には、受贈者が23歳未満である場合等であっても、相続税の課税対象とされることになった。

なお、「受贈者が23歳未満である場合等」とは、受贈者が贈与者の死亡の日において、①23歳未満である場合、②学校等に在学している場合又は③教育訓練給付金の支給対象となる教育訓練を受けている場合をいう。

したがって、令和3年4月1日以後の本制度の活用による教育資金の一括贈与は、贈与者の相続時に2割加算が適用されるリスク（受贈者となる孫等の年齢等）も勘案して、その適用を検討する必要があろう。

【管理残額の計算方法と2割加算の関係】
●贈与者の死亡日における管理残額の計算方法等（イメージ）※

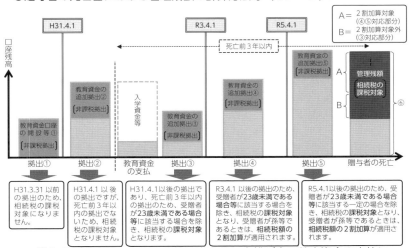

※ 贈与者が1人で、口座から払い出された金銭が全て教育資金の支払に充てられている場合とします。

305

Ⅱ　暦年課税・相続時精算課税、贈与税特例の活用

○管理残額の計算

$$管理残額 ＝ ⑥ \times \frac{③ ＋ ④ ＋ ⑤ （注）}{① ＋ ② ＋ ③ ＋ ④ ＋ ⑤}$$

(注)　贈与者の死亡日において、受贈者が23歳未満である場合等に該当する場合は、分子の③及び④は除かれます。この場合において、贈与者に係る相続税の課税価格の合計額が5億円以下のときには、管理残額は相続等により取得したものとはみなされません。

○２割加算の対象となる部分の計算(注)

$$管理残額 \times \frac{④ ＋ ⑤}{③ ＋ ④ ＋ ⑤}$$

(注)　贈与者の死亡日において、受贈者が孫等であり、かつ、23歳未満である場合等に該当し、管理残額が相続等により取得したものとみなされる場合には、その管理残額の全額が２割加算の対象となります。

（出典）国税庁「祖父母などから教育資金の一括贈与を受けた場合の贈与税の非課税制度のあらまし（令和５年５月）」（一部加工）

設例

　甲は、手持資金3,000万円から、孫Ａ（長男の子（相続開始時の年齢23歳））の教育資金として、令和５年に150万円、令和６年に250万円を支出し、令和７年に死亡した。この場合に、次のケースによって甲の相続税にどのような影響を与えるか。

　ケース１：必要な都度、甲がこれらの負担をしていた場合

　ケース２：手持資金のうち、1,000万円を、孫Ａを受益者とする教育資金管理契約を締結していた場合（管理残額600万円）

＜相続の状況＞

・甲の相続人：長男と次男の２名

・相続財産（課税価格）：上記手持資金3,000万円、預貯金３億円

・遺産分割：法定相続分による

＜生前贈与の状況＞

・孫Ａはこの相続の前年（令和６年）に甲から200万円の現金贈与を受け、９万円の贈与税を納付しているが、孫Ａは学校等には在籍しておらず、教育訓練給付金の支給対象となる教育訓練は受講していない（下記「○比較」の「なお書」参照）。

ケース１：必要な都度、甲が孫Ａの教育費の負担をする場合

	合計	長男	次男	孫Ａ
手持資金（※）	2,600万円	1,300万円	1,300万円	－
その他の相続財産	３億円	１億5,000万円	１億5,000万円	－

5　子よりも孫を優先して教育資金の一括贈与を実行する

課税価格合計	3億2,600万円	1億6,300万円	1億6,300万円	－
按分割合	－	0.50	0.50	－
基礎控除	4,200万円	－	－	－
差引き	2億8,400万円	－	－	－
各人の相続税額	7,960万円	3,980万円	3,980万円	－

※3,000万円（手許資金）－400万円（教育資金支出（150万円＋250万円））＝2,600万円

ケース2 ：手持資金のうち、1,000万円を、孫Aを受益者とする教育資金管理契約を締結する場合

	合計	長男	次男	孫A
手持資金（※1）	2,000万円	1,000万円	1,000万円	－
教育資金管理残高（※2）	600万円	－	－	600万円
その他の相続財産	3億円	1億5,000万円	1億5,000万円	－
課税価格合計	3億2,600万円	1億6,000万円	1億6,000万円	600万円
按分割合	－	0.49	0.49	0.02
基礎控除	4,200万円	－	－	－
差引き	2億8,400万円	－	－	－
各人の相続税額	7,960万円	3,900万円	3,900万円	160万円
相続税の2割加算	32万円	－	－	32万円
納付相続税額	7,992万円	3,900万円	3,900万円	192万円

※1　3,000万円（手許資金）－1,000万円（教育資金拠出額）＝2,000万円

※2　1,000万円（教育資金拠出額）－400万円（教育資金移出（150万円＋250万円））＝600万円

○比較

　　本設例において、上記 ケース1 の場合には、上記 ケース2 と比較して、孫Aが相続時の信託受益権等の管理残高600万円について遺贈により取得したものとみなされ、160万円の相続税負担が生じることになり、さらに孫Aに対しては2割加算の適用により32万円が相続税額に加算され、相続税の申告書に名を連ねることになる点に留意しておく必要がある。

　　このように、現在の本制度は、駆け込み的な活用の結果、受贈者に対し思わぬ税負担を生じさせることになる可能性があるため、留意が必要である。

307

Ⅱ　暦年課税・相続時精算課税、贈与税特例の活用

　なお、孫Ａが教育資金贈与以外に受けていた200万円の生前贈与については、甲の相続時に遺贈等により取得した財産がないので、生前贈与加算（相法19）の適用はない（措法70の２の２⑫四）。

2 "鉄則"に従わない場合の留意点

1　扶養義務者相互間でその都度必要な範囲内での贈与する場合

　扶養義務者相互間の非課税の対象となる「教育費」は、被扶養者の教育上通常必要と認められる学資・教材費・文具費等をいい、義務教育費に限らないとされている。

　幼稚園・高校・大学・各種学校等の義務教育以外の教育に要するものも含まれるが、非課税となるのは、これらの教育費に充てることを直接の目的として必要な都度なされたものとなるので、贈与のタイミングには十分な注意が必要である。また、後日の疎明のためには、教育費等の領収書等についても保存等しておく必要がある。

2　贈与の時期から７年以内に贈与者の相続が見込まれる場合

　本制度は、高齢な富裕層から子や孫などの若年世代への教育資金の一括贈与のニーズに着目して創設された制度であるが、非課税金額の枠組みなどは、子や孫が幼いころから大学を卒業するまでといった比較的長期間にわたる資金ニーズを前提している。

　また、令和５年度税制改正により相続開始前７年以内の贈与については、相続税の課税関係が生じることになったため、駆け込み的な利用については慎重な対応が求められることに留意しなければならないことになる。

　ただし、改正後の本制度による影響は限定的なケースに限られることが想定される。したがって、本制度による一括贈与をした場合に、７年以内に贈与者の相続があったとしても相続税の課税関係が生じないようであれば、本制度による一括贈与を実行するという判断もあり

308

得るため、十分な検討が必要であろう。

❸　その他

　本制度は、特に高齢者からの早期の資産移転を目的に創設された制度ではあるが、その後の、本制度の適用が富裕層である資産家に偏りがみられることから、近年では教育格差を生み出す要因としての批判の声が強まっている。

　そのため令和5年度自民党税制改正大綱では、以下の記述があり、結婚・子育て資金の一括贈与に係る贈与税の非課税措置と合わせて、適用期限をもって縮減・廃止となる可能性があることに留意しておく必要がある。

　なお、教育資金の一括贈与に係る贈与税の非課税措置は令和8年3月31日、結婚・子育て資金の一括贈与に係る贈与税の非課税措置は令和7年3月31日がそれぞれ適用期限となっている。

　教育資金の一括贈与に係る贈与税の非課税措置については、近年利用件数が減少しており、また、資産を多く保有する者による利用が多い等の状況にある。節税的な利用につながらないよう所要の見直しを行った上で、適用期限を3年延長するが、次の期限到来時には、利用件数や利用実態等を踏まえ、制度のあり方について改めて検討する。

　結婚・子育て資金の一括贈与に係る贈与税の非課税措置についても、節税的な利用につながらないよう所要の見直しを行った上で、適用期限を2年延長する。令和3年度税制改正大綱で「制度の廃止も含め、改めて検討」とされた後も、引き続き利用件数が低迷している等の状況にあり、次の適用期限の到来時には、利用件数や利用実態等を踏まえ、制度の廃止も含め、改めて検討する。

（出典）令和5年度自民党税制改正大綱（下線は筆者による））

III 相続税評価額の生前引下げ策

更地には貸家を建築する

更地に貸家を建築することで貸家建付地評価となり、相続税評価額が下がるため

　更地である土地の上に、貸家を建築することで、次に掲げるような効果が生じ、相続対策として有効となり得ることから、更地の上には貸家を建築し、有効活用をすべきである。

---
(1) 更地に貸家を建築すると、宅地の評価が自用地評価から貸家建付地評価になる。
(2) 建築資金相当額の預貯金を相続するよりも、貸家として相続した方が相続税評価額は引き下げられ、土地の評価減の効果も含めて相続税負担の軽減となる（銀行借入金等を活用して貸家を建築する場合にも同様の効果が認められる）。
(3) 小規模宅地等の減額特例(貸付事業用宅地等)の選択が可能になる。
(4) 貸家が住宅用の場合、住宅用地の特例により固定資産税の負担が軽減される。

　例えば、有効活用により宅地が自用地評価から貸家建付地評価になることで、相続税評価額及び相続税額が設例のように引き下げられる。

設例

　次の前提条件のもとで、①宅地を更地のまま相続する場合と、②貸家を建築して貸家建付地として相続する場合の相続税を比較する。

310

1　更地には貸家を建築する

<前提条件>
・相続人……1人
・宅地の自用地評価額……1億円
・貸家……金融機関からの借入金：1億円で建築
　　　　　　固定資産税評価額：7,000万円
・借地権割合70％、借家権割合30％、賃貸割合100％
・小規模宅地等の減額特例は、その他宅地等において、限度面積まで
　減額しているものとする。

	①更地のまま相続	②貸家を建築し相続	差額（② － ①）
預貯金	5,000万円	5,000万円	0万円
宅地A	（更地） 1億円	（貸家建付地） 7,900万円	△2,100万円
その他宅地等	2億円	2億円	0万円
建物A	0万円	（新築貸家） 4,900万円	4,900万円
その他家屋等	2,000万円	2,000万円	0万円
借入金	0万円	▲1億円	▲1億円
課税価格	3億7,000万円	2億9,800万円	△7,200万円
基礎控除	3,600万円	3,600万円	0万円
相続税額	1億2,500万円	9,090万円	△3,410万円

【算式】

1　貸家建付地の評価　[財産評価基本通達26]

（宅地の評価額）（宅地の評価額）（借地権割合）（借家権割合）（賃貸割合）
　　1億円　　－　　1億円　　×　　0.7　　×　　0.3　　×　　100％
＝ 7,900万円

2　新築貸家の評価　[財産評価基本通達93]

（固定資産税評価額）（固定資産税評価額）（借家権割合）（賃貸割合）
　　7,000万円　　－　　7,000万円　　×　　0.3　　×　　100％　＝ 4,900万円

　上記のそれぞれのケースを比較すると、宅地が自用地評価から貸家建付地評価になることで相続税評価額が引き下げられている。また、借入金が建築資金に充当されたことも相続税評価額が引き下げられた要因になっている。

III　相続税評価額の生前引下げ策

"鉄則"に従ってはいけないケース

　次に該当する場合は、あえて宅地を更地のまま相続をすることも一考である。

1　資金調達のために更地の譲渡を検討している場合
2　物納を検討する必要がある場合

1　"鉄則"に従ってはいけない理由と効果

1　資金調達のために更地の譲渡を検討している場合

　相続税は、申告期限内（相続開始の日の翌日から10か月以内）に金銭による一時納付を原則としている。実際の相続にあたっては相続税以外にも、被相続人の債務の弁済、公租公課の負担、葬式費用や登録免許税などの名義書換費用などを支払う必要がある。あるいは、遺産分割に争いが生じた場合には、代償分割等の方法がとられることも想定される。

　これらの納税資金の調達対策は、節税対策と同様に重要な検討課題である。

　上記 設例 の場合、貸家の建築により相続税負担が減少する効果は認められるが、どちらのケースにおいても、相続する預貯金より納税すべき相続税額の方が大きく、その納税資金をどのように調達するかという課題がある。

　 設例 の①の更地のまま相続した場合には、宅地Aを譲渡することで、相続税の納税資金を手当てすることが可能となろう。その宅地等の立地条件等にもよるが、一般的には路線価による宅地等の評価額は

312

公示価格の8割程度に設定されていることから、実際の譲渡の際には相続税評価額を上回る金額で譲渡収入が期待できる。

　また、相続又は遺贈により取得した財産を、相続開始の日の翌日から、一定期間内に譲渡すれば、取得費加算の特例（措法39）が適用できるため、譲渡所得税等の負担が減少する分について相続税の納税資金に充当できる金額が増加する効果もある。譲渡が相続税の申告期限後となる場合でも、一時的に納税資金相当額を金融機関から借り入れる場合の担保や延納の場合の担保としても、更地を所有しておくことは効果的であろう。

　これに対して、ケース②の貸家を建築した場合には、宅地A及びその上の貸家（建物A）を譲渡することは更地の場合に比べて難しいと考えられ、また、仮に譲渡できたとしても、金融機関からの借入れがあることから、譲渡代金を相続税の納税資金として活用することは困難となることが想定される。

　このように、複数の宅地を所有している一方で、相続時に納税資金に充当できる預貯金に不足が生じる懸念がある場合には、納税資金対策として宅地の譲渡を検討する必要があるが、一般的には、貸家の敷地よりも更地の方が譲渡等の処分はしやすいといえる。更地による相続は、貸家の敷地として有効活用する場合に比べて相続税負担が大きいとしても、資金調達手段としての活用が見込めるのであれば、あえて更地として所有し続けることも円滑な相続に向けた活用方法として一考であろう。

　また、相続人間の遺産分割に懸念があるような場合には、換価分割や代償分割のための処分対象地としての活用を念頭に、あえて更地としておくことも考えられよう。

② 物納を検討する必要がある場合

　相続税の納付は、金銭一時納付が原則であるが、金銭納付が困難であり、延納によっても金銭で納付することを困難とする事由がある場合には、その納付を困難とする金額を限度として、相続財産による物

Ⅲ　相続税評価額の生前引下げ策

納が認められている（相法41）。納税資金に不足が生じる懸念があり、更地譲渡による資金調達も難しいような宅地の場合には、物納を念頭にした対策を検討しておく必要がある。

　なお、物納による収納価額は相続税評価額となる。また、物納による相続財産の処分は、譲渡税（所得税及び住民税）が非課税となるから、市場価額が相続税評価額を下回る更地であれば、譲渡よりも物納を選択することも一考であろう。

2 　"鉄則"に従わない場合の留意点

❶　資金調達のために更地の譲渡を検討している場合

　相続財産の構成によっては、相続時の納税資金調達のために、所有する宅地をあえて更地としておくことも必要な判断ではある。更地（自用地）としておく場合も、例えばアスファルト敷きの月極駐車場程度の活用は、譲渡をする場合でも支障は生じないと考えられる。その場合には、小規模宅地等（貸付事業用宅地等）の減額特例（措法69の4）の選択も可能となる場合もある。

　ここで、貸付事業用宅地等とは、相続開始の直前において被相続人等の事業（不動産貸付業、駐車場業、自転車駐車場業及び準事業（事業と称するに至らない不動産の貸付けその他これに類する行為で相当の対価を得て継続的に行うものをいう）に限る。以下「貸付事業」という）の用に供されていた一定の宅地等（その相続開始前3年以内に新たに貸付事業の用に供された宅地等（相続開始の日までに3年を超えて引き続き特定貸付事業（貸付事業のうち、準事業以外のものをいう）を行っていた被相続人等のその特定貸付事業の用に供された宅地等を除く））で、次ページの表の区分に応じ、それぞれに掲げる要件のすべてに該当する被相続人の親族が相続又は遺贈により取得したものをいう。

　ただし、納税資金調達のために譲渡を検討すべき所有不動産につい

314

て、小規模宅地等（貸付事業用宅地等）の減額特例の選択を予定している場合には、これら事業継続要件及び保有継続要件については注意が必要である。いずれも申告期限までの要件として設けられているので、譲渡の時期については慎重な対応が必要である。

【貸付事業用宅地等の要件】

区分		特例の適用要件
被相続人の貸付事業の用に供されていた宅地等	事業承継要件	その宅地等に係る被相続人の貸付事業を相続税の申告期限までに引き継ぎ、かつ、その申告期限までその貸付事業を行っていること。
	保有継続要件	その宅地等を相続税の申告期限まで有していること。
被相続人と生計を一にしていた被相続人の親族の貸付事業の用に供されていた宅地等	事業継続要件	相続開始前から相続税の申告期限まで、その宅地等に係る貸付事業を行っていること。
	保有継続要件	その宅地等を相続税の申告期限まで有していること。

　また、会計検査院による「租税特別措置（相続税関係）の適用状況等についての報告」（平成29年11月）では、小規模宅地等の減額特例の対象となった宅地等が、相続税の申告期限後、短期間に譲渡されている事例が見受けられることから、「事業又は居住の継続等への配慮という政策目的にかなっていないと思料される状況」であることが指摘されていることを踏まえ、毎年度の税制改正にも留意しておきたい。

　なお、この判断は相続開始後に円滑に対象とする宅地の処分ができることが前提にあることはいうまでもない。そのため、その所有不動産の立地条件などを踏まえた精通者の意見なども参考にする必要がある。

2　物納を検討する必要がある場合

　所有する更地の物納を申請するにあたって、未分割財産は物納申請をすることができないため、物納申請の時において承継する相続人が特定されている必要がある。したがって、遺言等で取得者等を指定す

Ⅲ　相続税評価額の生前引下げ策

るなど、遺産分割のプランニングも重要になる。

　また、物納申請する土地等は、原則として、物納申請する税額に見合った価額であることが必要であるから、相続開始後、早急に相続税額を確定し、物納申請財産の選定と物納申請する税額に見合った宅地の測量・分筆等の作業が必要となることには留意が必要である。

　その他、物納申請する財産の状況に応じて、申請書に添付する書類の準備内容が異なるため、国税庁が交付している「物納の手引」及びチェックリストを活用して早目に対応することが必要である。

　なお、相続財産の中に、他に適当な財産がなく、物納に充てる財産の性質、形状その他の特徴により延納によっても金銭で納付することが困難な金額（物納申請税額）を超えて物納を許可することについて、やむを得ない事情があると税務署長が判断した場合には、物納申請税額を上回る価額の財産を物納することができる。これを「超過物納」という。超過物納の許可があった場合には、次の点に留意が必要である。

(1) 譲渡所得税の課税

　物納があった場合の譲渡所得税の非課税措置は、物納許可限度額の範囲に限定されるため、超過部分については、譲渡所得税の課税の対象となる。

(2) 取得費加算の特例の適用

　上記(1)により、譲渡所得課税の対象となる金額については、取得費加算の対象となる。

Ⅲ 相続税評価額の生前引下げ策

同族会社オーナーには生前退職金を支給する

  計画的に株価を引き下げ、税負担が少なく事業承継を行うことができるため

　同族会社のオーナーがその法人の代表取締役等に就任している場合には、生前退職金を支給することで次のようなメリットがある。

---
(1) 計画的に株価を引き下げることができ、事業承継に係る税負担を少なくできる。
(2) 退職所得に対する所得税等の負担が少ない。
(3) 退職金を後継者への贈与の原資にするなど資金使途の自由度が増す。

---

1 計画的に株価を引き下げることができ、事業承継に係る税負担を少なくできる

　生前退職金を支給すると、同族会社の株価計算における類似業種比準価額及び純資産価額の両者が引き下がり、株価を引き下げることができる。

　死亡退職金と違い、生前退職金は支給時期を選ぶことができるため、株価を引き下げたタイミングで後継者に同族会社株式を贈与等すれば、計画的に、税負担が少なく事業承継を行うことができる。

Ⅲ　相続税評価額の生前引下げ策

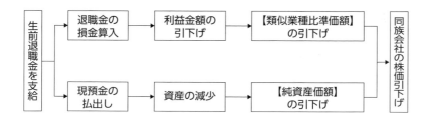

②　退職所得に対する所得税等の負担が少ない

　退職金は、長年の功労に報いるための性格や退職後の生活資金といった性質があるため、退職所得控除を設けたり、他の所得と分離して課税されるなど税負担が軽くなるように配慮されている（所法30）。

　具体的には、原則として退職金の額から退職所得控除額を差し引いた額の2分の1が課税退職金額になり、これに所得税率を掛けて所得税等の額が算出される。

③　退職金を後継者への贈与の原資にするなど資金使途の自由度が増す

　同族会社に留保されていた資金が退職金として個人に移転するため、生前贈与の原資にしたり、不動産を購入して節税対策を行うなど資金使途の自由度が増す。特に、生前贈与の原資にした場合には、資金を必要とする後継者へ早期に資金を移転できること自体が大きなメリットといえる。

④　その他留意点

(1) 分掌変更による生前退職金の支給

　次のように、分掌変更により役員としての地位や職務の内容が激変し、実質的に退職したと同様の事情にある場合に、退職金として支給したものは退職金として取り扱うことができる（法基通9-2-32）。

---
①　常勤役員が非常勤役員になったこと。
　　ただし、常勤していなくても代表権があったり、実質的にその法人の経営上主要な地位にある場合は除かれる。
---

② 取締役が監査役になったこと。
　　ただし、監査役でありながら実質的にその法人の経営上主要な地位を占めている場合や、使用人兼務役員として認められない大株主である場合は除かれる。
③ 分掌変更の後の役員の給与がおおむね50％以上減少したこと。
　　ただし、分掌変更の後においても、その法人の経営上主要な地位を占めていると認められる場合は除かれる。

　このように分掌変更による生前退職金は、その者が「その法人の経営上主要な地位にある場合」には退職金として取り扱うことができず、いわゆる「役員賞与」として法人税法上では損金算入が否認される。この場合には、支給した法人側は、利益金額が引き下がらず、よって株価も引き下がらない。また、利益の引下げを織り込んだ株価で同族会社株式の贈与等をしていた場合には、過少申告であるとして贈与税等が追徴される。一方、支給を受けた役員は、給与所得として他の所得と合算され累進税率が適用されるため、所得税等が追徴される。

　なお、分掌変更による生前退職金を支給し株価を引き下げた後に、非上場株式等の納税猶予及び免除の規定の適用を考えている場合には、本規定は先代経営者が代表権を有しないこととなっても経営上のアドバイスを行うことが想定されているため、先代経営者はいまだ「その法人の経営上主要な地位にある」として退職金の損金算入が否認され、納税猶予される贈与税額が引き上がり、納税猶予打切りの際の延滞税等の負担のリスクが大きくなることに留意すべきである。

(2) 過大役員退職給与

　法人がその役員に対して支給する退職金の額のうち不相当に高額な部分の金額は損金の額に算入されない（法法34②）。

　「不相当に高額な部分の金額」とは、その退職した役員に対して支給した退職給与の額が、退職した役員のその法人の業務に従事した期間、その退職の事情、その法人と同種の事業を営む法人でその事業規模が類似するものの役員に対する退職給与の支給の状況等に照らし、

その退職した役員に対する退職給与として相当であると認められる金額を超える場合におけるその超える部分の金額をいう（法令70二）。

実務上は、次の算定方法により決定されることが一般的である。

役員退職金の適正額 ＝ 最終役員報酬月額 × 役員勤続年数 × 功績倍率

「最終役員報酬月額」については、退任時の事業年度の役員報酬月額を増加させれば役員退職金は増額となるが（退職直前の増額が認められなかった裁判例がある）、役員退職金同様、役員報酬月額も不相当に高額な部分は損金に算入されないため、適正な役員報酬の支給が求められる。

また、「功績倍率」は役職により異なるが、2～3倍が一般的な水準とされる。適正な功績倍率を決定し、退職金の支給額の算定根拠として役員退職金規程に明記しておくなどすると、税務上否認されるリスクが回避できる。

(3) 役員退職金の支給手続

役員退職金の支給金額・支給時期・支給方法等については、定款の定めもしくは定款の定めがない場合には、株主総会で決議するか、株主総会で取締役会に一任する決議をし取締役会で決定することとなるが、決議した際の議事録や算定根拠となった役員退職金規程などを整備、保管しておく必要がある。

"鉄則"に従ってはいけないケース

次に該当する場合には、生前退職金を支給せず、オーナーは経営に参画し続けることにより、相続開始時において相続人が死亡退職金の支給を受けることも一考である。

ケース
1 死亡退職金の支給により株価が引き下げられ相続財産が圧縮できる
2 死亡退職金の支給により相続税の退職金の非課税枠を活用できる
3 死亡退職金の支給により所得税等が非課税となる

1 "鉄則"に従ってはいけない理由と効果

❶ 死亡退職金の支給により株価が引き下げられ相続財産が圧縮できる

死亡退職金については、株式評価において負債の部に未払退職金を計上するため純資産価額が引き下がり、その結果として株価が引き下がるため、相続財産を圧縮することができる。

❷ 死亡退職金の支給により退職金の非課税枠を活用できる

オーナー経営者の死亡によって、被相続人に対し支給されるべきであった退職金等で、被相続人の死亡後3年以内に支給が確定したものについては、次の非課税限度額が設けられている。この額を超える部分の金額及び相続人以外の者が受け取った退職金等の金額が、相続財産とみなされて相続税の課税対象となる。

500万円 × 法定相続人の数 (※) = 非課税限度額
　※1　相続の放棄をした人がいても、その放棄がなかったものとした場合の相続人の数
　　2　法定相続人の数に含める養子の数は、実子がいるときは1人、いないときは2人まで

このように、死亡退職金は全額が課税されるわけではないため、相続税額の負担軽減に効果がある。

Ⅲ　相続税評価額の生前引下げ策

❸　死亡退職金の支給により所得税が非課税となる

　上記❷で説明したように、死亡退職金は、みなし相続財産として相続税の課税対象にはなる。しかし、被相続人である役員や従業員に対して支給されるものではなく、相続人に対して支給されるものであるため、所得税等は課税されない。

設例

　①生前退職金を支給した場合（その後、生前贈与を行う場合）と、②死亡退職金を支給した場合（①の10年後、株価の上昇あり）の税負担の比較。

＜前提条件＞

　・相続人……配偶者、長男（後継者）、長女
　・退職金の額……１億円
　・同族会社の発行済株式の総数……10,000株

①　生前退職金の支給前提条件

　・支給日……令和６年９月
　・勤続年数……40年
　・同族会社の株価への影響
　　生前退職金支給前の株式評価額…… １株当たり10,000円、
　　　　　　　　　　　　　　　　　　　　　総額１億円
　　生前退職金支給直後の株式評価額… １株当たり　　０円、総額０円
　・生前退職金支給直後に長男（後継者）に同族会社株式の全部を贈与
　・生前退職金は、所得税等を支払った後の残額（１億円－1,697.2万円＝8,302.8万円）を、支給後10年間にわたり５人（長男の子３人、長女の子２人）に各年１人当たり166万円ずつ贈与（受贈者は全員18歳以上）
　・遺産
　　退職金に係る現預金……０円（贈与済み）
　　１億円 － 1,697.2万円（所得税等） － 166万円 × ５人 × 10年
　　≒ ０円（贈与済み）
　　同族会社株式……０円（贈与済み）
　　その他の資産……１億円

②　死亡退職金の支給前提条件
　　・相続開始……令和16年10月
　　・同族会社の株価への影響

【1株当たりの株式評価額（毎期5％上昇するものとする）】

令和6年9月	令和16年9月 （死亡退職金支給前）	令和16年10月 （死亡退職金支給後）
10,000円	16,284円	6,284円※

※（@16,284円 × 10,000株 － 1億円）÷ 10,000株 = @6,284円

　　・遺産
　　　同族会社株式……6,284万円（@6,284円 × 10,000株）
　　　その他の資産……1億円
　　　死亡退職金（みなし相続財産）……1億円
③　その他
　　・相続人は遺産を法定相続分で相続
　　・株式評価は純資産価額方式
　　・配偶者は軽減特例を適用
　　・退職金の原資となる保険金の受取りはない

(1)　生前退職金を支給した場合
①　所得税・復興特別所得税・住民税課税
　　(イ)　所得税・復興特別所得税
　　　退職所得金額 {1億円 － (800万円 + 70万円 × (40年 － 20年))}
　　　　× 1／2 = 3,900万円
　　　所得税　3,900万円 × 40％ － 279.6万円 = 1,280.4万円
　　　復興特別所得税　所得税 × 2.1％ = 26.8万円
　　(ロ)　住民税
　　　3,900万円 × 10％ = 390万円
　　(ハ)　所得税・復興特別所得税・住民税の合計　(イ) + (ロ) = 1,697.2万円
②　贈与税
　　(イ)　1年当たりの贈与税額の合計
　　　{(166万円 － 110万円) × 10％} × 5人 = 28万円
　　(ロ)　10年間合計　(イ) × 10年 = 280万円

Ⅲ　相続税評価額の生前引下げ策

③　相続税

1億円（その他の資産）－ 4,800万円 ＝ 5,200万円

5,200万円 × 1／2 × 15％ － 50万円 ＝ 340万円

（5,200万円 × 1／2 × 1／2 × 15％ － 50万円）× 2人 ＝ 290万円

相続税の総額　630万円

配偶者の税額軽減　630万円 ×（1億円 × 1／2）／1億円 ＝ 315万円

相続税の納付額　315万円

④　合計　①＋②＋③ ＝ 2,292.2万円

(2) 死亡退職金を支給した場合

①　所得税・復興特別所得税・住民税課税…なし

②　相続税

(イ)　退職金の非課税枠と課税対象となる退職金

非課税枠　500万円 × 3人 ＝ 1,500万円

課税対象額　1億円 － 1,500万円 ＝ 8,500万円

(ロ)　相続財産

6,284万円（同族会社株式）＋ 1億（その他の資産）＋ 8,500万円（退職金）－ 4,800万円 ＝ 1億9,984万円

(ハ)　相続税

1億9,984万円 × 1／2 × 30％ － 700万円 ＝ 2,297.6万円

（1億9,984万円 × 1／2 × 1／2 × 20％ － 200万円）× 2人
＝ 1,598.4万円

相続税の総額　3,896万円

配偶者の税額軽減　3,896万円 ×（2億4,784万円 × 1／2）／
2億4,784万円 ＝ 1,948万円

相続税の納付額　1,948万円

【まとめ】

税目	①生前退職金を支給した場合	②死亡退職金を支給した場合	差額 ②－①
所得税等・住民税	1,697.2万円	0円	△1,697.2万円
贈与税	280万円	0円	△280万円
相続税	315万円	1,948万円	1,633万円
合計	2,292.2万円	1,948万円	△344.2万円

本設例のように、生前退職金を支給した場合よりも死亡退職金を支給した場合の方が税負担は軽くなる場合があるが、株価の変動や他の資産の有無など、条件によっては結果は異なることもあることに留意しなければならない（次の「2 "鉄則"に従わない場合の留意点」 **1** 参照）。

2 "鉄則"に従わない場合の留意点

1 株価が上昇することが見込まれる場合や先代経営者に他の財産がある場合

上記の設例では、同族会社の株価が毎期5％上昇した場合には、死亡退職金を支給した方が税負担は軽いと試算されたが、さらに株価が上昇する状況にあっては、株価が低いうちに生前退職金を支給して株価を下げ、贈与等で後継者に株を移した方が、トータルの税負担は軽くなると考えられる。

また、上記の設例では、先代経営者が所有する「その他の資産」は1億円としたが、より多くの財産を所有している場合には、生前退職金を支給した場合の方が税負担が軽くなる可能性がある。

これは、相続税の計算は超過累進税率を採用しているため、相続財産が多くなるほど課税価格が大きくなり、適用される税率が高くなるからである。つまり、生前退職金を支給した場合に比べて死亡退職金を支給した場合の方が、「同族会社株式」と「課税対象となる退職金」が相続財産をすでに構成している分、上積みされる部分に適用される税率が高くなっていくため、結果が逆転する分岐点が訪れる。

先代経営者や後継者の年齢や同族会社の業績、事業計画及び先代経営者の所有資産の構成などを考慮した綿密なシミュレーションを行い、退職金を支給するタイミングを検討する必要がある。

2 死亡保険金は資産に計上する

同族会社が生命保険金を受け取った場合には、株式の評価上、その

額を生命保険金請求権として資産に計上するため、退職金の支払いに係る株価の引下げの効果は小さくなる。なお、この場合、その保険料（掛金）が資産に計上されているときは、その金額を資産から除外する。

また、その生命保険金を原資として被相続人に係る死亡退職金を支払った場合には、その支払退職金の額を負債に計上するが、支払退職金を控除した後の保険差益について課されることとなる法人税額等についても負債に計上することとなる。

３ 生前退職金を支給するメリット

上記の設例で示したように、生前退職金を支給するよりも死亡退職金を支給した方が、税負担が軽減される場合があるが、生前退職金を支給した場合には、冒頭のようなメリットがあることから（その理由参照）、生前退職金の支給と死亡対象金の支給の優劣は、個別に判断が異なることになろう。

さらに、死亡退職金や同族会社株式を配偶者が相続した場合は、二次相続における税負担を考慮して対策を行う必要が生ずることもあり得るため、留意されたい。

3 個別通達が適用される分譲マンションの取得は、節税効果が薄れたため避ける

Ⅲ 相続税評価額の生前引下げ策

個別通達が適用される分譲マンションの取得は、節税効果が薄れたため避ける

最高裁判決を受けた分譲マンションに対する評価方法の見直しによって、節税効果が薄れたため

1 これまでの分譲マンション節税策

(1) 分譲マンションの取得による節税策の仕組み

分譲マンションの取得による節税策の仕組みは、次のように相続財産の種類（現金と分譲マンション）による評価の開差を利用することにあった。

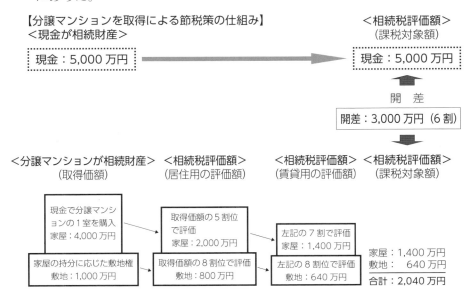

327

Ⅲ　相続税評価額の生前引下げ策

　前ページの図のように、現金5,000万円が相続財産であれば、相続税評価額も同額の5,000万円になる。

　しかし、相続開始前に現金で分譲マンションの１室を5,000万円で購入し、取得直後に相続が開始すると、その分譲マンションの相続税評価額（賃貸用の場合）は、前ページの図のように約2,000万円に引き下げられ、相続税が節税（5,000万円－2,000万円＝3,000万円に対する相続税の税額）となる。

(2)　分譲マンションが居住用の場合

　分譲マンションが居住用であれば、分譲マンションのうち家屋は固定資産税評価額により評価され、通常は取得価額の50％から60％で評価される（前ページの図では取得価額の50％の2,000万円とした）。

　分譲マンションのうち敷地は、家屋の持分に応じた地積となるが、敷地は路線価評価により評価される場合であれば、通常は取得価額の80％を目安に評価される（前ページの図では取得価額の80％の800万円とした）。

　そうすると、取得価額5,000万円の分譲マンションが居住用であれば、相続税評価額は2,800万円（家屋：2,000万円＋土地：800万円）となり、現金で相続するより2,200万円の節税効果があることになる。

　さらに、居住用の分譲マンションの敷地が小規模宅地等の減額特例（特定居住用宅地等）の適用要件を満たせば、敷地の評価額に対し80％の減額（800万円×80％＝640万円）が可能になり、その減額特例適用後の評価額は2,160万円（家屋：2,000万円＋（敷地：800万円－640万円＝160万円））になることから、一層の節税効果が得られる。

(3)　分譲マンションが貸付用の場合

　分譲マンションが貸付用であれば、居住用の評価額から借家人の権利を控除することになり、家屋は固定資産税評価額から借家権割合（30％）を控除して評価する（家屋の固定資産税評価額：2,000万円×（１－0.3）＝1,400万円）。

　敷地は、路線価評価額から借家人の権利が評価減されるが、前ペー

328

3　個別通達が適用される分譲マンションの取得は、節税効果が薄れたため避ける

ジの図では20％とし路線価の80％評価（640万円）とした）。

したがって、取得価額5,000万円の分譲マンションが貸付用であれば、相続税評価額は約2,000万円（家屋：1,400万円＋敷地：640万円＝2,040万円）となり、現金で相続するより約3,000万円の節税効果があることになる。

さらに、貸付用の分譲マンションの敷地が小規模宅地等の減額特例（特定貸付用宅地等）の適用要件を満たせば、敷地の評価額に対し50％の減額（640万円×50％＝320万円）が可能であり、その減額特例適用後の評価額は1,720万円（家屋：1,400万円＋（敷地：640万円－320万円＝320万円））になり、更なる節税効果が得られる。

2　分譲マンションに対する評価方法の見直し

令和4年4月19日の最高裁判決（国側勝訴：下記の図表参照）により、相続対策として銀行借入金により分譲マンションを取得して市場価格と通達評価額との乖離を利用する節税策が封じられるとともに、「居住用の区分所有財産（いわゆる分譲マンション）」における評価方法の見直しが行われた（個別通達の発遣）。

【マンションの市場価格と相続税評価額の乖離の事例（最判令4.4.19に係る乖離）】

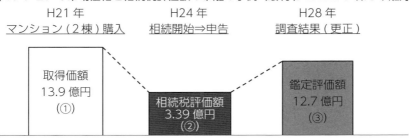

（出典）自民党税制調査会資料

(1) 個別通達発遣の背景

① 評価の原則

　相続税法では、相続等により取得した財産の価額は「当該財産の取得の時における時価(客観的な交換価値)」によるものとされており(時価主義)(相法22)、その評価方法は国税庁の財産評価基本通達によって定められている(評基通１)。

② マンションの評価に対する課題

　令和４年４月19日最高裁判決以降、マンションの評価額と市場価格との乖離に対する批判の高まりや、取引の手控えによる市場への影響を懸念する向きも見られ、課税の公平を図りつつ、納税者の予見可能性を確保する観点からも、早期にマンションの評価に関する通達を見直す必要が指摘されていた。

③ 有識者会議の設置

　マンションの評価に対する課題を解決するため、不動産業界関係者だけでなく税理士・不動産鑑定士・大学教授等の構成員により「マンションに係る財産評価基本通達に関する有識者会議」が設置され、三回の会議(令和５年１月30日から６月22日)が開催されたが、会議には総務省・自治税務局、財務省・主税局、国土交通省・住宅局、不動産・建設経済局がオブザーバーとして参加していた。

④ 乖離を是正するための見直しのイメージ

　上記③の有識者会議での議論の結果、相続税評価額が市場価格と乖離する要因となっている築年数・総階数(総階数指数)・所在階・敷地持分狭小度の４つの指数に基づいて、評価額を補正する方向で通達の整備を行うことになった。

　具体的には、これら４指数に基づき統計的手法により乖離率を予測し、その結果、評価額が市場価格理論値の60％(一戸建ての評価の現状を踏まえたもの)に達しない場合は60％に達するまで評価額を補正することになった。

3 個別通達が適用される分譲マンションの取得は、節税効果が薄れたため避ける

【評価方法の見直しのイメージ】

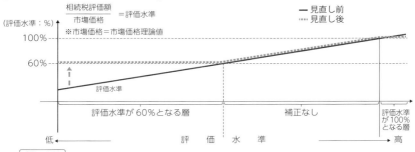

概 要
① 一戸建ての物件とのバランスも考慮して、相続税評価額が市場価格理論値の60%未満となっているもの（乖離率1.67倍を超えるもの）について、市場価格理論値の60%（1.67倍）になるよう評価額を補正する。
② 評価水準60%〜100%は補正しない（現行の相続税評価額×1.0）
③ 評価水準100%超のものは100%となるよう評価額を減額する。

（出典）国税庁資料

(2) 個別通達による評価方法

令和6年1月1日以後に相続・遺贈又は贈与により取得した「居住用の区分所有財産」（いわゆる分譲マンション）の価額は、新たに定められた個別通達（令和5年9月28日付課評2－74ほか1課共同「居住用の区分所有財産の評価について」（法令解釈通達））により評価することになった。

① 概要

区分所有者が存する家屋で、居住の用に供する専有部分のあるもの（以下「一棟の区分所有建物」という）に存する居住の用に供する専有部分一室に係る区分所有権及び敷地利用権（以下「一室の区分所有権等」（居住用の区分所有財産）という）については、その一室の区分所有権等に係る敷地利用権（土地部分）の「自用地としての価額」及び区分所有権（家屋部分）の「自用家屋としての価額」のそれぞれに「区分所有補正率」を乗じて計算した価額を、その「自用地としての価額」及びその「自用家屋としての価額」とみなして評価基本通達

を適用して計算した価額によって評価することになった。

したがって、個別通達適用後の「一室の区分所有権等に係る敷地利用権」の「自用地としての価額」又は「一室の区分所有権等に係る区分所有権」の「自用家屋としての価額」は、次の算式により計算することになった。

ただし、評価水準が0.6以上１以下の場合は、区分所有補正率を乗じて計算せず、評価する。

------ (算式) ------
① 一室の区分所有権等に係る敷地利用権の「自用地としての価額」
  個別通達適用前の自用地としての価額（路線価方式又は倍率方式）
  ×区分所有補正率
② 一室の区分所有権等に係る区分所有権の「自用家屋としての価額」
  個別通達適用前の自用家屋としての価額（固定資産税評価額×1.0）
  ×区分所有補正率

② 「区分所有補正率」の計算方法

「区分所有補正率」は、「評価乖離率」・「評価水準」・「区分所有補正率」の順に、以下のとおり計算する。

（ア）評価乖離率

「評価乖離率」は、次の算式により計算する。

------ (算式) ------
評価乖離率＝ A ＋ B ＋ C ＋ D ＋3.220
「A」＝一棟の区分所有建物の築年数×△0.033（1年未満の端数は１年）
「B」＝一棟の区分所有建物の総階数指数×0.239（小数点以下第４位切捨て）
「C」＝一室の区分所有権等に係る専有部分の所在階×0.018
「D」＝一室の区分所有権等に係る敷地持分狭小度×△1.195（小数点以下第４位切上げ）

（イ）評価水準

「評価水準」は、次の算式（評価乖離率の逆数）により計算する。

----(算式)
評価水準＝1÷評価乖離率

(ウ) 区分所有補正率

「区分所有補正率」は、評価水準の区分に応じて次のようになる。

区分	区分所有補正率
評価水準＜0.6	評価乖離率×0.6
0.6≦評価水準≦1	補正なし
1＜評価水準	評価乖離率

(注1) 評価乖離率が零又は負数の場合には、一室の区分所有権等に係る敷地利用権及び区分所有権の価額は評価しない（評価額を零とする）（注2）の場合を除く）。

(注2) 区分所有者が「一棟の区分所有建物に存する全ての専有部分」及び「一棟の区分所有建物の敷地」（全ての専有部分に係る敷地利用権）のいずれも単独で所有している場合には、一室の区分所有権等に係る「敷地利用権」の価額の評価における区分所有補正率は「1」を下限とする。

(3) 具体的な評価方法

「居住用の区分所有財産の評価に関するＱ＆Ａ」（令和6年5月：国税庁資産評価企画官）（以下「Ｑ＆Ａ」という）」問10では、分譲マンションの評価方法の具体例が示されている。

問10　具体的な評価方法について教えてください。
【具体例1：敷地利用権が敷地権である場合（登記簿上、敷地権の表示がある場合）】

答　【具体例】
　　　建物の種類：居宅　　　　　　　築年数：10年
　　　総階数：38階　　　　　　　　所在階：8階
　　　専有部分の面積：63.52㎡　　　敷地の面積：2,500.60㎡
　　　敷地権の割合：1,930,000分の6,600

Ⅲ　相続税評価額の生前引下げ策

1　一室の区分所有権等に係る敷地利用権の評価
(1)　居住用の区分所有財産の評価に係る区分所有補正率の計算明細書

<table>
<tr><td rowspan="13">区 分 所 有 補 正 率 の 計 算</td><td>A</td><td colspan="3">① 築年数（注1）

　　10　　　年</td><td>①×△0.033

△ 0.330</td><td rowspan="5">一日以降用</td></tr>
<tr><td rowspan="2">B</td><td>② 総階数（注2）

　38　　階</td><td colspan="2">③ 総階数指数（②÷33）
（小数点以下第4位切捨て、1を超える場合は1）

　1.000</td><td>③×0.239
（小数点以下第4位切捨て）

0.239</td></tr>
<tr><td colspan="3"></td><td></td></tr>
<tr><td rowspan="2">C</td><td colspan="3">④ 所在階（注3）

　　8　　　階</td><td>④×0.018

0.144</td></tr>
<tr><td colspan="3"></td><td></td></tr>
<tr><td rowspan="4">D</td><td>⑤ 専有部分の面積

63.52　㎡</td><td>⑥ 敷地の面積

2,500.60　㎡</td><td>⑦ 敷地権の割合（共有持分の割合）

6,600
1,930,000</td><td rowspan="2">⑨×△1.195
（小数点以下第4位切上げ）

△ 0.162</td><td rowspan="8"></td></tr>
<tr><td>⑧ 敷地利用権の面積（⑥×⑦）
（小数点以下第3位切上げ）

8.56 ㎡</td><td>⑨ 敷地持分狭小度（⑧÷⑤）
（小数点以下第4位切上げ）

0.135</td><td></td></tr>
<tr><td colspan="4">⑩　評　価　乖　離　率（A＋B＋C＋D＋3.220）

　　　　　　　　　　　　　　　　　　　　　　3.111</td></tr>
<tr><td colspan="4">⑪　評　価　水　準　（　1　÷　⑩　）

　　　　　　　　　　　　　　　　　　　0.3214400514</td></tr>
<tr><td colspan="4">⑫　区　分　所　有　補　正　率（注4・5）

　　　　　　　　　　　　　　　　　　　　　1.8666</td></tr>
</table>

(2)　土地及び土地の上に存する権利の評価明細書（第1表）

<table>
<tr><td rowspan="2">自用地の評価額</td><td colspan="3">円　×　（　1　－　0.　　　）
10　私　　道
（AからKまでのうち該当するもの）
　　　　　　円　×　0.3</td><td colspan="2">（1㎡当たりの価額）　　　円</td><td>L</td></tr>
<tr><td colspan="2">自用地1平方メートル当たりの価額
（AからLまでのうちの該当記号）
（　F　）　　　1,300,000　円</td><td>地　　積

2,500.60 ㎡</td><td colspan="2">総　　　　　額
（自用地1㎡当たりの価額）×（地　積）

3,250,780,000　円</td><td>M</td></tr>
</table>

(3)　土地及び土地の上に存する権利の評価明細書（第2表）

<table>
<tr><td rowspan="2">区分所有財産に係る敷地利用権の評価額</td><td>（自用地の評価額）

3,250,780,000 円　×</td><td>（敷地利用権（敷地権）の割合）
6,600
1,930,000</td><td>（自用地の評価額）
円
11,116,656</td><td>R</td></tr>
<tr><td>居住用の区分所有財産の場合</td><td>（自用地の評価額）

11,116,656　円　×</td><td>（区分所有補正率）

1.8666</td><td>（自用地の評価額）
円
20,750,350</td><td>S</td></tr>
</table>

<table>
<tr><td rowspan="2">利用区分</td><td>算</td><td>式</td><td>総　　額</td><td>記号</td></tr>
<tr><td>貸宅地</td><td>（自用地の評価額）　　　（借地権割合）</td><td>円</td><td>T</td></tr>
</table>

2　一室の区分所有権等に係る区分所有権の評価

（固定資産税評価額）　　　（倍率）　　（自用家屋としての価額）
10,300,000円　　×　　1.0　　＝10,300,000円

（自用家屋としての価額）（区分所有補正率）（みなされた自用家屋としての価額）
10,300,000円　　×　1.8666　　＝19,225,980円

3　個別通達が適用される分譲マンションの取得は、節税効果が薄れたため避ける

"鉄則"に従ってはいけないケース

次の1から4の物件は個別通達が適用されないため、市場価格の約4割を超える節税効果が期待できることから、各物件の取得を検討すべきである。

ケース
1　事業用のテナント物件
2　一棟所有の賃貸マンション
3　二世帯住宅
4　低層階の分譲マンションの取得

1 "鉄則"に従ってはいけない理由と効果

1 個別通達の確認
(1) 個別通達の概要

令和6年1月1日以後に取得した分譲マンションは、一戸建ての物件とのバランスも考慮して、通達評価額が評価水準（通達評価額÷市場価格（市場価格理論値））の60％未満となっているもの（乖離率1.67倍を超えるもの）について、評価水準の60％になるよう通達評価額を補正する仕組みになった。

具体的には、下図のように取得価額1億円の分譲マンションを取得して、その分譲マンションの通達評価額（3,000万円：評価水準30％）が60％未満であれば、評価水準を60％まで補正（増額）されることになる（1億円×60％＝6,000万円）。

【評価水準が60％未満　⇒　評価水準の60％(乖離率1.67倍)になるよう補正（増額）】

335

Ⅲ　相続税評価額の生前引下げ策

(2) 個別通達の適用がないもの

　居住用の区分所有財産は、前ページのとおり個別通達により評価されるが、次の財産は個別通達の適用がない。

財産の区分	構造等
① 事業用のテナント物件など	構造上、主として居住の用途に供することができるもの以外のもの
② 一棟所有の賃貸マンションなど	区分建物の登記がされていないもの
③ いわゆる二世帯住宅など	一棟の区分所有建物に存する居住の用に供する専有部分一室の数が3以下であって、その全てを区分所有者又はその親族の居住の用に供するもの

（注）総階数2以下の低層の集合住宅など、たな卸商品等に該当するものや借地権付分譲マンションの敷地の用に供されている「貸宅地（底地）」の評価をする場合などにも、個別通達の適用がない。

2　事業用のテナント物件の取得
(1) 事業用のテナント物件を取得した場合の節税効果

　事業用のテナント物件の取得をしても上記の個別通達が適用されないことから、事業用のテナント物件の通達評価額が評価水準の60％未満となっていたとしても、評価水準を60％まで補正（増額）する必要はない。

　具体的には、次ページの図のように取得価額1億円の事業用のテナント物件を取得して、その事業用のテナント物件の通達評価額（4,000万円：評価水準40％）が40％であったとしても、評価水準を60％まで補正（増額）する必要はないことから、事業用のテナント物件を取得すれば分譲マンションの取得を超える節税効果が期待できる。

　ただし、事業用のテナント物件を取得すれば、必ず評価水準が40％程度になると限られているわけではないことから、取得を検討する際に不動産業者や金融機関に市場価格及び通達評価額等の情報を得て、節税効果を事前に確認することが必要になる。

336

また、後述の総則6項の適用の可能性についても留意しなければならない。

【評価水準が60％未満　⇒　評価水準の補正（増額）は不要】

取得価額 （市場価格理論値と同額） 1億円	節税効果 6,000万円　⇒	通達評価額 4,000万円

(2) 事業用のテナント物件の範囲

個別通達により評価する居住用の区分所有財産のうち「居住の用に供する専有部分」における「居住の用」とは、一室の専有部分について、構造上、主として居住の用途に供することができるものをいい、原則として、登記簿上の建物の種類に「居宅」を含むものがこれに該当する。

しかし、事業用のテナント物件は、「一室の専有部分が、構造上、居住の用途に供することができるもの以外のもの」をいうことから、個別通達の適用対象から除外されている。

なお、一棟の区分所有建物のうちの一部について、例えば、登記簿上の建物の種類が「共同住宅」とされているものがあるが、これは一般に、その一部が数個に独立して区画され、数世帯がそれぞれ独立して生活できる構造のものであるため、登記簿上の建物の種類に「居宅」を含むものと異なり、その流通性・市場性や価格形成要因の点で一棟所有の賃貸マンションに類似するものと考えられる。

したがって、原則として、登記簿上の建物の種類が「共同住宅」とされているものについては、個別通達の「居住の用に供する『専有部分一室』」に該当しないものとして差し支えない。

（注）上記は「Q＆A」問3を抜粋し引用している。

❸　一棟所有の賃貸マンションの取得

(1) 一棟所有の賃貸マンションを取得した場合の節税効果

一棟所有の賃貸マンションを取得した場合にも、前記の個別通達が

適用されないことから、前記**2**(1)と同様の節税効果がある。

(2) 一棟所有の賃貸マンションの範囲

　個別通達が適用される「一室の区分所有権等」とは、一棟の区分所有建物に存する居住の用に供する専有部分一室に係る区分所有権及び敷地利用権をいい、この「一棟の区分所有建物」とは、区分所有者が存する家屋で、居住の用に供する専有部分のあるものをいう。

　そして、この「区分所有者」とは、区分所有法第1条（（建物の区分所有））に規定する建物の部分を目的とする所有権（区分所有権）を有する者をいうが、この区分所有権は、一般に、不動産登記法第2条（定義）第22号に規定する区分建物の登記がされることによって外部にその意思が表示されて成立するとともに、その取引がなされることを踏まえ、「一棟の区分所有建物」は、同号に規定する区分建物の登記がされたものに限られる。

　したがって、区分建物の登記をすることが可能な家屋であっても、課税時期において区分建物の登記がされていない「一棟所有の賃貸マンション」は、個別通達の適用対象から除外されている。

　(注) 上記は「Q & A」問3を抜粋し引用している。

4　二世帯住宅の取得

(1) 二世帯住宅を取得した場合の節税効果

　二世帯住宅を取得した場合にも、前記の個別通達が適用されないことから、前記**2**(1)と同様の節税効果がある。

(2) 二世帯住宅の範囲

　二世帯住宅とは、「居住の用に供する専有部分一室の数が3以下であってその全てを区分所有者等の居住の用に供するもの」をいうが、「居住の用に供する専有部分一室の数が3以下」とは、例えば、3階建ての区分所有建物について各階が1戸（室）ごと区分所有されている場合に、その各階が居住の用に供する専有部分であったときには、二世帯住宅に該当する（340ページの図の左欄・上段を参照）。

　また、5階建ての区分所有建物について各階が1戸（室）ごと区分

所有され、そのうち4階と5階のみが居住の用に供する専有部分で、それ以外は事業用のテナント物件であった場合も、居住の用に供する専有部分一室の数は3以下となるため、二世帯住宅に該当する（340ページの図の左欄・下段を参照）。

そして、「その全てを区分所有者又はその親族の居住の用に供するもの」とは、具体的には、区分所有者が、その区分所有者等の居住の用に供する目的で所有しているものをいい、居住の用以外の用又はその区分所有者等以外の者の利用を目的とすることが明らかな場合（これまで一度も区分所有者等の居住の用に供されていなかった場合など）を除き、これに該当するものとして差し支えない。

これは、個別通達の適用対象となる不動産は、その流通性・市場性や価格形成要因の点で分譲マンションに類似するものに限定されるべきところ、これと異なるものとしていわゆる二世帯住宅を除く趣旨であるため、評価対象となる不動産がこの二世帯住宅に該当するものであるかどうかは、課税時期において、区分所有建物に存する居住の用に供する専有部分一室の全て（の戸（室））を被相続人（若しくは贈与者）又はその親族がそれらの者の居住の用に供する目的で所有していたかどうかで判断することになる。

したがって、例えば、被相続人が被相続人及びその子の居住の用に供する目的で、一室の区分所有権等を2戸（室）所有し、それぞれ居住の用に供していたものの、その子は仕事のため、一時的に居住の用に供することができず、課税時期において貸付けの用に供しているような場合には、その2戸（室）全ての専有部分が「区分所有者又はその親族の居住の用に供するもの」に該当するものとして差し支えない。

Ⅲ　相続税評価額の生前引下げ策

【「居住の用に供する専有部分一室の数が3以下であってその全てを区分所有者又はその親族の居住の用に供するもの」の例（甲（被相続人）所有の一室の区分所有権等を評価する場合）】

該当する場合（本通達の適用無）	該当しない場合（本通達の適用有）
甲所有 （甲の居住用） 乙所有 （乙の居住用） 丙所有 （丙の居住用） 甲、乙、丙の敷地利用権 （各1/3の敷地権割合） 甲所有 （甲の居住用） 乙所有 （乙の居住用） A所有 （事務所） B所有 （事務所） C所有 （事務所） 甲、乙、A、B、Cの敷地利用権 （各1/5の敷地権割合）	甲所有 （甲の居住用） 乙所有 （乙の居住用） X所有 （Xの居住用） A所有 （事業用テナント） 甲、乙、X、Aの敷地利用権 （各1/4の敷地権割合）
※ 甲、乙、丙は親族とし、それ以外は親族以外とする。	

（注）上記は「Q&A」問4を抜粋し引用している。

5 低層階の分譲マンションの取得

　低層階の分譲マンションであれば、個別通達が適用されないことから、前記**2**(1)と同様の節税効果があるが、低層階の分譲マンションとは、「地階」を除く総階数2以下の低層の集合住宅などが該当し、「地階」とは登記簿上の「地下」の記載により判断される。

　なお、低階層の分譲マンションは、用途地域の中でも「第一種低層住居専用地域（一種低層）」や「第二種低層住居専用地域（二種低層）」に建設されているケースが多く、その用途地域では、住居地域の中でも建築可能な建物の高さや種類が厳しく制限されており、住環境のよいエリアといえことから、閑静な住環境が保証されている。

6 あえて従来どおりの分譲マンション節税策も一考

　見直し後の分譲マンションの評価方法は、市場価格の6割相当額であれば適正な評価額の範囲とされることになったことから、分譲マンションの市場価格（1億円とする）の6割相当額（個別通達による評価額6,000万円）との差額4,000万円（1億円－6,000万円）に対する節税効果は、許容される仕組みになった。

　上記を前提とすると、市場価格1億円の分譲マンションを銀行借入金など取得すれば、約4,000万円の相続税の課税価格の引下げが確保できることになる。

　分譲マンションの評価方法が見直されても、上記のレベルの節税効果が確保することができ、また相続税の申告にあっては小規模宅地等の減額特例の適用も可能となるため、依然として一定水準の節税効果が得られることになる。

　あえて、従来どおりの分譲マンション節税を行うことも一考に値しよう。

2 "鉄則"に従わない場合の留意点

　「個別通達の適用がないもの」とされている前記「"鉄則"に従って

はいけないケース」1～4の物件だが、総則6項の適用には注意を払う必要がある。

❶ 総則6項の適用

(1) 分譲マンションの評価について適用される

　評価基本通達6（この通達の定めにより難い場合の評価）（以下「総則6項」とする）は、評価基本通達の定めによって評価することが著しく不適当と認められる場合には、個々の財産の態様に応じた適正な時価評価が行えるよう定めており、これは、個別通達を適用した場合であっても同様に適用があるため、一室の区分所有権等に係る敷地利用権及び区分所有権の価額について、総則6項の定めにより、個別通達を適用した価額よりも高い価額により評価することもあり得る。

　また、マンションの市場価格の大幅な下落その他個別通達の定める評価方法に反映されない事情が存することにより、一室の区分所有権等に係る敷地利用権及び区分所有権適当でないと認められる場合にも、個別に課税時期における時価を鑑定評価その他合理的な方法により算定することができる。

　(注)　上記は「Q&A」問9を抜粋し引用している。

(2) 事業用のテナント物件等にも適用される

　上記(1)から、個別通達により評価された「分譲マンション」であっても総則6項が適用されるが、「事業用のテナント物件」・「一棟所有の賃貸マンション」・「二世帯住宅」についても、同様に総則6項が適用されることに留意しなければならない。

❷ 総則6項の運用基準

　最高裁令和4年4月19日判決を踏まえ、国税庁では次のような「総則6項の運用基準」を作成した模様である（税務通信「総則6項の今後の運用体制を国税庁に取材」No.3719他）。

　総則6項の適用を検討する際は、次ページの表の①から③の運用基準を総合的に勘案して判断することとし、1つでも満たさなければ総則6項が適用されないということではないようである。

運用基準①	評価通達に定められた評価方法以外に、他の合理的な評価方法が存在するか。
運用基準②	評価通達に定められた評価方法による評価方法と他の合理的な評価方法による評価額との間に著しい乖離が存在するか。
運用基準③	課税価格に算入される財産の価額が、客観的な交換価値としての時価を上回らないとしても、評価通達の定めによって評価した価額と異なる価額とすることについて合理的な理由があるか。

　運用基準①の「他の合理的な評価方法」とは、土地や建物であれば不動産鑑定士による鑑定評価・非上場上株式であれば株式評価の専門家による DCF 法（ディスカウント・キャッシュ・フロー）や収益還元法などによる企業価値評価が挙げられている。

　運用基準②の「著しい乖離」とは、「乖離率 3 倍」が 1 つのメルクマールとして認識されているようであるが、具体的な数値の指標はないようである。

　税務調査事案では評価額の「乖離の程度」だけでなく、税額に与える影響も考慮されるようであり、例えば、市場価格3,000万円の不動産を通達評価額1,000万円で評価した事案と、市場価格 3 億円の不動産を通達評価額 1 億円で評価した事案では、いずれも乖離率は 3 倍であるが、税額へのインパクトから後者の方が総則 6 項により否認されるリスクは高いとみられる。

　また、運用基準③の「合理的な理由」とは、評価通達の定めによって画一的な評価を行うことが「実質的な租税負担の公平に反するというべき事情」（「特段の事情」）がある場合を指すようである。

3　「特段の事情」と具体例

　最高裁令和 4 年 4 月19日判決（国側が勝訴）及び東京地裁令和 6 年 1 月18日判決（国側が敗訴し控訴している）では、次のように「特段の事情」の具体例が示されていることから、実務上の参考となる。

Ⅲ　相続税評価額の生前引下げ策

(1) 最高裁令和4年4月19日判決

　最高裁令和4年4月19日判決では、不動産の評価に関する「特段の事情」について、次の①・②の具体例を掲げて、総則6項の適用を認めている。

① 　不動産（マンション2棟）の取得・銀行借入れが行われなければ、相続に係る課税価格は6億円を超えるものであったにもかかわらず、不動産の取得・銀行借入れが行われたことにより、相続税の総額が0円になった。

② 　被相続人及び相続人は、不動産の取得・銀行借入れが近い将来発生することが予想される被相続人の相続において相続人の相続税の負担を減じさせるものであることを知り、かつ、これを期待して、あえて本件取得・銀行借入れを企画して実行した。

(2) 東京地裁令和6年1月18日判決（国側が控訴）

　東京地裁令和6年1月18日判決では、非上場株式の評価に関する争い対し、被相続人が生前に売却手続を完了することができたにもかかわらず、相続税の負担を回避するため売却時期を被相続人の死後に設定したとか、最高裁令和4年判決の事例のように、納税者側が、それがなかった場合と比較して相続税額が相当程度減額される効果を持つ銀行借入れによる不動産等取得といった積極的な行為を相続開始前にしていたという事情（「特段の事情」）が存在していない。

　また、原告（納税者）に相続株式を評価通達による評価額を超える価格で課税しなければ相続開始後に相続株式を売却しなかった他の納税者と比較して租税負担に看過し難い不均衡があるということは困難であり「特段の事情」は見当たらないため、被告（国側）が主張する総則6項の適用を否定して、原告の主張を認めた。

　なお、令和6年8月28日東京高裁においても、国側の控訴が棄却され、同年9月12日に上告を断念したことから国側の敗訴が確定した。

Ⅳ 同族会社に対するアクション

鉄則1 同族会社への不動産の遺贈は避ける

理由 課税関係が複雑になり税負担が多くなるケースがあるため

　同族会社の役員であった被相続人から、同族会社に対して土地を遺贈すると課税関係が複雑になり、土地の遺贈を行わない場合と比較して、税負担が多くなるケースがありえるため、同族会社への不動産の遺贈は避けるべきである。

　土地を同族会社へ遺贈すると、その被相続人が所有していた土地に相続税は課税されないが、次の課税が行われる。

(1) 被相続人に対するみなし譲渡所得課税（譲渡所得税は債務控除できる）
(2) 同族会社に対する受贈益課税
(3) 同族会社の株主に対するみなし贈与課税

1 被相続人に対するみなし譲渡所得課税

　被相続人が所有していた土地を法人に遺贈した場合には、相続開始時の時価でその資産の譲渡があったものとみなされ、その財産の含み益に対して被相続人に所得税15.315％（復興税含む）が課税される。これをみなし譲渡所得課税という（所法59①一）。

　みなし譲渡所得が発生した場合には、相続人が被相続人に代わり準確定申告及び納付を行うが、この所得税等については被相続人の債務

Ⅳ　同族会社に対するアクション

として、相続税の計算上、債務控除の対象となる（相法13、14）。

設例 1

土地を同族会社に遺贈した場合のみなし譲渡所得税の計算。
＜前提条件＞
・土地（宅地・居住用以外）……取得価額　1,000万円
　　　　　　　　　　　　　　　時　　価　2,500万円

（2,500万円 － 1,000万円）× 15.315% ＝ 229万円

被相続人が時価2,500万円で土地を同族会社へ譲渡したものとみなされ、229万円の譲渡所得税が発生する。この譲渡所得税は、被相続人の債務として相続税の課税価格の計算上債務控除の対象となる。

2 同族会社に対する受贈益課税

法人が無償により資産を譲り受けた場合には、その資産の時価を受贈益として収益に計上され法人税等の負担が生じる（法法22②）。

土地を同族会社に遺贈した場合には、相続発生時の時価を受贈益として収益に計上するため、繰越欠損金がない同族会社であれば受贈益部分の金額がそのまま課税所得を構成することになり、法人税等が課税される。

設例 2

土地を同族会社に遺贈した場合の受贈益課税の計算。
＜前提条件＞
・土地（宅地・居住用以外）……取得価額　1,000万円
　　　　　　　　　　　　　　　時　　価　2,500万円
・法人税実行税率……30%

2,500万円 × 30% ＝ 750万円

同族会社は時価2,500万円の土地の遺贈を受けたことにより750万円の法人税等が発生する。

3 株主に対するみなし贈与課税

同族会社に対し無償で財産の提供があった場合において、その同族会社の株式評価額が増加したときは、その財産を提供した者からその

346

株主に対して、その増加部分に相当する金額の贈与があったものとして取り扱われる。これをみなし贈与課税という（相法9、相基通9−2）。

　相続開始前から相続人がその同族会社の株主だった場合に、不動産を遺贈したことによりその同族会社の株式評価額が増加したときは、被相続人からその株主である相続人に対し、その増加した金額の贈与があったものとして贈与税が課税される。

設例 3

　土地を同族会社に遺贈した場合のみなし贈与課税の計算。

＜前提条件＞

・相 続 人……配偶者、子

・遺　　産……土地（宅地・居住用以外）：取得価額　1,000万円

　　　　　　　　　　　　　　　　　　時　　価　2,500万円

・同族会社……株主：被相続人80％、配偶者20％

　　　　　　　株式評価方法：純資産価額方式

　　　　　　　法人税実行税率：30％

【遺贈前の貸借対照表】株式評価額　500万円

現預金	2,000万円	借入金	1,500万円
		資本金	500万円

【遺贈後の貸借対照表】株式評価額　2,250万円

現預金	1,250万円※	借入金	1,500万円
土　地	2,500万円	資本金	500万円
		利益剰余金	1,750万円※

※受贈益に対する法人税等（2,500万円×30％＝750万円）を控除している。

　現　預　金……遺贈前残高2,000万円−法人税等750万円＝1,250万円

　利益剰余金……受贈益2,500万円−法人税等750万円＝1,750万円

　{(2,250万円 − 500万円) × 20%[※1] − 110万円} × 15% − 10万円 = 26万円

　※1　配偶者の持分割合

　被相続人が土地を遺贈したことにより同族会社では2,500万円の受贈益が計上されるため、株式評価額は500万円から2,250万円に増加する。この増加分のうち配偶者の持分割合に相当する金額は、被相続人から配偶者への

347

Ⅳ　同族会社に対するアクション

贈与とみなされ贈与税が課税されることになる。

　なお、増加分のうち被相続人の持分割合に相当する金額は、次のようになる。

　（(2,250万円－500万円)×80%[2]＝1,400万円

　　※2　被相続人の持分割合は、被相続人の相続財産として相続税が課税される。

設例 4

　土地を同族会社に対して、①遺贈を実行しない場合（鉄則）と、②遺贈を実行する場合の比較。

＜前提条件＞

・相 続 人……配偶者、子

・同族会社……株主：被相続人80%、配偶者20%

　　　　　　　　遺贈前の株式評価額の総額：500万円

　　　　　　　　遺贈後の株式評価額の総額：2,250万円

　　　　　　　　法人税実行税率：30%

・相続財産……現預金：5,000万円

　　　　　　　　土地（宅地・居住用以外）：取得価額 1,000万円

　　　　　　　　　　　　　　　　　　時　　価 2,500万円

　　　　　　　　　　　　　　　　　　相続税評価額 2,000万円

　　　　　　　　　　　　　　　　　　固定資産税評価額 1,800万円

　　　　　　　　同族会社株式：遺贈前 400万円（500万円×80%）

　　　　　　　　　　　　　　　遺贈後 1,800万円（2,250万円×80%）

・その他……相続人は相続財産を均等に相続

　　　　　　　配偶者は税額軽減の特例を適用。

---

(1)　遺贈を実行しない場合（鉄則）

　①　相続税総額

　　（(5,000万円（現預金）＋2,000万円（土地）＋400万円（株式)）－4,200万円)×1/2＝1,600万円

　　（1,600万円×15%－50万円)×2人＝380万円

　②　配偶者の税額軽減

　　380万円×(2,500万円＋1,000万円＋200万円)/(5,000万円＋2,000万円＋400万円)＝190万円

　③　納付相続税額　①－②＝190万円

348

(2) 遺贈を実行する場合
① 相続税総額
((5,000万円（現預金）＋ 1,800万円（株式））－ 4,200万円）× 1／2
＝ 1,300万円
(1,300万円 × 15% － 50万円) × 2人 ＝ 290万円
② 配偶者の税額軽減
290万円 × (2,500万円 ＋ 900万円) ／ (5,000万円 ＋ 1,800万円) ＝ 145万円
③ 納付相続税額　①－②＝ 145万円

【遺贈の実行の有無に伴うトータルの税負担の比較】

税目	(1)遺贈しない場合（鉄則）	(2)遺贈する場合	差額（(2)－(1)）
相続税	190万円	145万円	△45万円
所得税等	0	229万円（設例1参照）	229万円
法人税等	0	750万円（設例2参照）	750万円
贈与税	0	26万円（設例3参照）	26万円
不動産取得税	0	27万円	27万円
登録免許税	7万円	36万円	29万円
合計	197万円	1,213万円	1,016万円

このように遺贈することにより相続税は減額となるが、他の税負担が新たに発生しトータルでは税負担が多くなるケースがある。

"鉄則"に従ってはいけないケース

次に該当する場合には、あえて同族会社に土地を遺贈することも一考である。

1　土地に含み益がない場合
2　同族会社に土地の受贈益を上回る青色欠損金がある場合

Ⅳ　同族会社に対するアクション

3　同族会社の１株当たりの株式評価額が「マイナス」である場合

"鉄則"に従ってはいけない理由と効果

　相続財産である土地を同族会社に遺贈すると、相続人は被相続人から土地を相続した場合と比較して、その土地に係る相続税相当額の負担がなくなるとともに、土地の受贈益に相当する同族会社の青色欠損金を有効に活用できることになる。

１　土地に含み益がない場合

　みなし譲渡所得課税は含み益に課税されるものであるので、遺贈する土地の取得価額が時価を下回るなど、土地に含み益がない場合には譲渡所得税等は発生しない。

２　同族会社に土地の受贈益を上回る青色欠損金がある場合

　同族会社に青色欠損金がある場合には、土地の遺贈による受贈益がその青色欠損金の範囲内であれば、法人税等は課税されない。

３　同族会社の１株当たりの株式評価額が「マイナス」である場合

　同族会社の１株当たりの株式評価額が、土地の遺贈を受ける前及び遺贈を受けた後のいずれも「マイナス」である場合は、土地を遺贈してもみなし贈与課税はされない。

設例 **5**

　土地を同族会社に対して、①遺贈を実行しない場合と、②遺贈を実行する場合の比較。

＜前提条件＞

　設例 **4** の条件を下記のとおり変更・追加する。

・土地の取得価額……2,500万円

・同族会社の繰越欠損金……△3,000万円

350

1　同族会社への不動産の遺贈は避ける

【遺贈前の貸借対照表】株式評価額　0円

現預金	1,500万円	借入金	4,000万円
		資本金	500万円
		利益剰余金	△3,000万円

【遺贈後の貸借対照表】株式評価額　0円

現預金	1,500万円※	借入金	4,000万円
土　地	2,500万円	資本金	500万円
		利益剰余金	△500万円※

※受贈益は繰越欠損金と相殺され、法人税等は発生しない。

　繰越欠損金……遺贈前残高△3,000万円＋受贈益2,500万円＝△500万円

【遺贈の実行の有無に伴うトータルの税負担の比較】

税目	(1)遺贈しない場合	(2)遺贈する場合（従ってはいけないケース）	差額（(2) − (1)）
相続税	160万円	40万円	△120万円
所得税等	0	0	0
法人税等	0	0	0
贈与税	0	0	0
不動産取得税	0	27万円	27万円
登録免許税	7万円	36万円	29万円
合計	167万円	103万円	△64万円

　同族会社へ土地を遺贈したとしても、所得税、法人税、贈与税は発生しないため、トータルで税負担が軽減される。

2　"鉄則"に従わない場合の留意点

1　遺贈を実行する場合の流通税（不動産取得税・登録免許税）

　不動産を移転させた場合には、不動産取得税や登録免許税が課税される。クライアントは見落としがちな税目であるため、移転後しばらくたって通知書が届いて初めて知り、事前に教えてほしかったとトラ

Ⅳ 同族会社に対するアクション

ブルとなることも考えられる。流通税の負担についても説明がもれないよう留意すべきである。

(1) 不動産取得税

相続で取得した場合には不動産取得税は非課税となるが、遺贈の場合には下記のとおり非課税にはならない。

区分	税額の計算方法
住宅用	固定資産税評価額 × 1/2 × 3% − 減額措置
住宅用以外（宅地）	固定資産税評価額 × 1/2 × 3%
住宅用以外（宅地以外）	固定資産税評価額 × 3%

(2) 登録免許税

所有権の移転登記に係る登録免許税は、相続による移転とその他の原因（売買等）による移転とで下記のとおり税率が異なっており、相続による移転の方が税負担は少なくなっている。

内容	課税標準	税率
相続又は法人の合併による移転登記	不動産の価額 （＝固定資産税評価額）	0.4%
共有物の分割による移転登記		0.4%
その他の原因（売買等）による移転登記		2.0% （特例あり）

2 みなし譲渡課税の準確定申告期限

相続税の申告期限は相続開始を知った日の翌日から10か月以内であるが（相法27）、みなし譲渡課税が発生する場合には、相続人は相続開始を知った日の翌日から4か月以内に準確定申告書を提出し譲渡所得税を納付しなければならない。

被相続人が同族会社の事業に係る土地を所有しているなど、同族会社への遺贈を検討している場合には、同族会社の株式評価額など毎期決算で確認し税負担のシミュレーションを行っておくことで、いざ相続が発生したときにスムーズに意思決定ができる。

●事業用資産の生前譲渡

　同族会社のオーナーが同族会社に貸し付けている事業用資産を生前に譲渡するケースがある。その場合には、譲渡対価によっては遺贈と同様に、みなし譲渡所得課税、受贈益課税及びみなし贈与課税が発生することがあるので注意が必要である。

設例

　個人（売主）が法人（買主）に土地を譲渡した場合の課税関係。
　＜前提条件＞
　・土地……相続税評価額：8,000万円
　　　　　　時価：1億円
　・法人税等の実効税率……30％
　・土地の所有期間が5年超のため長期譲渡所得に該当

【ケース①】時価1億円で譲渡した場合
　時価1億円で譲渡した場合には、法人に受贈益課税の問題は生じず、従来どおり個人に譲渡所得が発生するのみである。

	総収入金額	取得費	差引所得金額	所得税等又は法人税	課税関係
売主（個人）	1億円	5,000万円	5,000万円	1,015万円	譲渡所得課税
買主（法人）	－	－	－	－	受贈益課税なし
税負担の合計	－	－	－	1,015万円	－

【ケース②】8,000万円で譲渡した場合
　相続税評価額の8,000万円で譲渡した場合には、法人は、時価との差額を受贈益として2,000万円（1億円－8,000万円）を収益に計上する。また、この譲渡により法人の株式評価額が増加した場合には、みなし贈与課税の問題が生じるので注意が必要である。
　個人から法人への譲渡については、相続税評価額での譲渡に限らず、譲渡対価をケース①からケース③の間とした場合はこの課税関係となるが、個人から個人へ譲渡した場合には、その譲渡対価が著しく低い価額である場合はみなし贈与課税が発生する可能性がある。

IV　同族会社に対するアクション

　なお、裁判例（東京地裁平成19年8月23日判決・TAINS Z257-10763）では、土地の相続税評価額は、時価とおおむね一致すると考えられる地価公示価格と同水準の価格の約80％とされており、この80％の割合は著しく低い割合とはみられないとして、相続税評価額での譲渡は、原則として「著しく低い価額」の対価による譲渡ということはできないとした。

	総収入金額	取得費	差引所得金額	所得税等又は法人税	課税関係
売主（個人）	8,000万円	5,000万円	3,000万円	609万円	譲渡所得課税
買主（法人）	－	－	2,000万円	600万円	受贈益課税ありみなし贈与課税に注意
税負担の合計	－	－	－	1,209万円	－

【ケース③】4,000万円で譲渡した場合
　個人が、時価の2分の1未満の対価で法人に譲渡した場合には、時価で譲渡したものとしてみなし譲渡所得課税が発生する（所法59・所令169）。
　4,000万円で譲渡した場合には、時価の2分の1未満の対価での譲渡となるので、個人は時価1億円で譲渡したものとして譲渡所得税を計算し、法人は時価と譲渡対価との差額6,000万円（1億円－4,000万円）を受贈益として収益に計上する。また、この譲渡により法人の株式評価額が増加した場合には、みなし贈与課税の問題が生じるので注意が必要である。

	総収入金額	取得費	差引所得金額	所得税等又は法人税	課税関係
売主（個人）	1億円	5,000万円	5,000万円	1,015万円	みなし譲渡所得課税
買主（法人）	－	－	6,000万円	1,800万円	受贈益課税ありみなし贈与課税に注意
税負担の合計	－	－	－	2,815万円	－

　なお、時価の2分の1以上の対価で譲渡した場合であっても、その譲渡が同族会社の行為又は計算の否認に該当する場合には、株主等の所得税を不当に減少させるとして、みなし譲渡所得課税が課される可能性がある（所法157）。

1　同族会社への不動産の遺贈は避ける

【個人が法人に土地を譲渡した場合の課税関係のまとめ】

	譲渡対価≧時価	時価＞譲渡対価 ≧時価の1/2	時価1/2＞譲渡対価
売主（個人）	譲渡所得課税	譲渡所得課税	みなし譲渡所得課税 ※同族会社の行為計 算否認規定あり
買主（法人）	－	受贈益課税あり	受贈益課税あり
法人株主	－	みなし贈与課税あり	みなし贈与課税あり

355

Ⅳ　同族会社に対するアクション

Ⅳ　同族会社に対するアクション

鉄則2　回収が危ぶまれる同族会社への貸付金は相続開始前に放棄する

 相続財産を圧縮でき、また同族会社の繰越欠損金を有効活用できるため

　同族会社の業績が悪化するなどでオーナーが同族会社へ資金を融通することはよく行われていることであり、同族会社への貸付金は遺産に含まれるため、相続税の課税の対象となる。そのため、回収が危ぶまれる貸付金を生前に放棄することで、次のメリットを得られる。

- (1)　相続財産を圧縮できる。
- (2)　同族会社に繰越欠損金がある場合には有効に活用できる。

1　相続財産を圧縮できる

　回収の見込みがつかない貸付金については、相続開始前に放棄することで相続財産が圧縮され、相続税が減額される。

(1) 貸付金債権の評価

　相続財産とされる貸付金債権の評価は、次に掲げる元本の価額と利息の価額との合計額によって評価する（評基通204）。

① 　貸付金債権等の元本の価額は、その返済されるべき金額
② 　貸付金債権等に係る利息の価額は、課税時期現在の既経過利息として支払いを受けるべき金額

(2) 貸付金債権の放棄が否認された裁判例

　被相続人が生前に貸付金債権の放棄を行ったとして、相続人は相続

財産に含めずに相続税の申告をしたが、放棄されていたと認められず
に相続財産として課税された裁判例がある。

① 「同族会社に対する貸付金は債権放棄もしくは贈与されたもので
ある」という納税者側の主張であったが、「被相続人が同族会社に
対して債権放棄や贈与の意思表示を行っていない」と判示された（平
成20年3月4日裁決［TAINS F0-3-235］)。

② 「被相続人と同族会社は、被相続人の死亡を不確定期限とする債
務免除の合意をしたとして、貸付金は存在していない」という納税
者側の主張であったが、「合意の時期や内容を明らかにする合意書
等の書面はなく、また、同族会社の決算報告書及び内訳書上、被相
続人の死亡後も借入金が消滅していることを前提とした記載になっ
ていない」と判断された（平成27年11月5日裁決［TAINS F0-3-
449])。

③ 「被相続人が代表を務めていた会社に対する貸金債権は、本件会
社に対して債務免除の意思表示をしたために存在しない」という納
税者側の主張であったが、その主張を裏付ける契約書などの客観的
な証拠が見当たらないこと、また、被相続人が死亡後も、本件会社
の「借入金及び支払利息の内訳書」には、本件債権が継続して記載
されていたことや、被相続人の後任の代表取締役が調査担当者から
の「貸付金等照会書」において本件会社に相続開始時現在、債権者
を被相続人名義とする借入金があった旨回答したこと等から、被相
続人が債務免除の意思表示をしたとは認められないと判示された
（東京地方裁判所平成30年3月27日判決（棄却、控訴）［TAINS
Z268-13136]、東京高等裁判所平成30年9月27日判決（棄却）［TAINS
Z268-13197])。

(3) 疎明資料の作成及び保存

上記の事例からも分かるように、オーナー（債権者）が同族会社（債
務者）に対する貸付金を放棄する場合には、オーナー（債権者）が同
族会社（債務者）に対し債務を免除する旨の意思表示が明確ではない

Ⅳ　同族会社に対するアクション

ことから否認が行われている。

　つまり、オーナー（債権者）による債務免除の意思表示が明確であれば、同族会社（債務者）の同意は不要とされ、その債権は消滅する（民法519）わけであり、実務上は次のような疎明資料の作成及び保存が必要と考えられる。

作成者	作成及び保存すべき疎明資料
オーナー（債権者）	・債権放棄通知書 ・贈与契約書　など
同族会社（債務者）	・取締役会議事録（債務免除を受入れる旨の決議） ・決算報告書及び内訳書（オーナーの借入金が消滅しているもの）　など

② 同族会社に繰越欠損金がある場合には有効に活用できる

(1) 繰越欠損金の有効活用

　オーナー（債権者）が同族会社（債務者）に対する貸付金を放棄すると、同族会社では債務免除益が計上され法人税等が課税される。

　しかし、債務免除益を超える繰越欠損金がある場合には、債務免除益は相殺されるため法人税等は課税されない。業績不振で毎期欠損金が積み上がっていくような会社にあっては、借入金の債務免除を受けることで繰越欠損金を有効に活用することができる。

設例 1

　同族会社に対する貸付金を、①放棄しない場合と、②放棄する場合（繰越欠損金あり）の比較。
＜前提条件＞
・相続人……配偶者、子
・相続財産
　　同族会社への貸付金……1億円（回収可能性の見込みなし）
　　同族会社株式の評価額……A社：3億円
　　　　　　　　　　　　　　　B社：8,000万円
　　　　　　　　　　　　　　　C社：0円（放棄前及び放棄後）
　　　　　　　　　　　　　　　同族会社C社の株主
　　　　　　　　　　　　　　　　　　　　：被相続人100％

2　回収が危ぶまれる同族会社への貸付金は相続開始前に放棄する

法人税等実効税率：30％

株式評価方式：純資産価額方式

【債権放棄前の貸借対照表】株式評価額総額　０円

現預金	2,000万円	借入金	1億3,000万円
		資本金	1,000万円
		利益剰余金	△1億2,000万円

【債権放棄後の貸借対照表】株式評価額総額　０円

現預金	2,000万円	借入金	3,000万円
		資本金	1,000万円
		利益剰余金	△2,000万円※

※利益剰余金（繰越欠損金）

　　△1億2,000万円 ＋ 1億円（貸付金の債務免除益）＝ △2,000万円

・その他……相続人は遺産を均等に相続

　　　　　　配偶者は税額軽減の規定を適用

(1) 放棄しない場合

　① 相続税総額

　　（（3億円（A社株式）＋ 8,000万円（B社株式）＋ 1億円（貸付金）－ 4,200万円）× 1／2 ＝ 2億1,900万円

　　（2億1,900万円 × 45％ － 2,700万円）× 2人 ＝ 1億4,310万円

　② 配偶者の税額軽減

　　1億4,310万円 ×（1億5,000万円 ＋ 4,000万円 ＋ 5,000万円）／（3億円 ＋ 8,000万円 ＋ 1億円）＝ 7,155万円

　③ 納付相続税額　① － ② ＝ 7,155万円

(2) 放棄する場合（繰越欠損金あり）

　① 相続税総額

　　（（3億円（A社株式）＋ 8,000万円（B社株式）＋ 0円（貸付金）－ 4,200万円）× 1／2 ＝ 1億6,900万円

　　（1億6,900万円 × 40％ － 1,700万円）× 2人 ＝ 1億0,120万円

　② 配偶者の税額軽減

　　1億0,120万円 ×（1億5,000万円 ＋ 4,000万円 ＋ 0円）／（3億円 ＋ 8,000万円 ＋ 0円）＝ 5,060万円

　③ 納付相続税額　① － ② ＝ 5,060万円

Ⅳ　同族会社に対するアクション

【①放棄しない場合と②放棄する場合（繰越欠損金あり）の相続税比較】

税目	①放棄しない場合	②放棄する場合 （繰越欠損金あり）	差額（②－①）
相続税	7,155万円	5,060万円	△2,095万円

　貸付金債権の放棄により、相続財産が圧縮され（4億8,000万円→3億8,000万円）、相続税が2,095万円減少した。貸付先の同族会社に繰越欠損金がある場合には、放棄したことによる債務免除益は繰越欠損金と相殺され、法人税は課税されない。また、貸付金債権の放棄前と放棄後の株式評価額がいずれもマイナスである場合には、みなし贈与税も課税されない。

　貸付金債権の放棄による債務免除益のすべてを相殺できる繰越欠損金が、その同族会社にない場合であっても、繰越欠損金の範囲内での一部放棄も相続対策としては効果があるので検討すべきである。

(2) 期限切れ欠損金がある同族会社の清算結了に伴う貸付金の放棄

　法人が解散した場合において、残余財産がないと見込まれるときは、その清算中に終了する事業年度前の各事業年度において生じた欠損金額（期限切れ欠損金額）に相当する金額は、青色欠損金等の控除後の所得の金額を限度として、その事業年度の所得金額の計算上、損金の額に算入される（法法59④）。

　これは、現行の税制では清算中の所得に対して各事業年度所得課税（損益法）が行われるが、債務免除等があった場合には残余財産がないにもかかわらず税額が発生する場合があることから、このような場合に対応するため、残余財産がないと見込まれるときには、所得金額を限度として、期限切れ欠損金を損金算入することにより税額が生じないようにするためである。

　貸付金の放棄が同族会社の清算結了に伴うものである場合には、設立当初からの欠損金額も有効活用できる。

"鉄則"に従ってはいけないケース

次に該当する場合には、あえて貸付金を放棄しないことも一考である。

1 貸付金が回収不能等であると判断できる場合
2 繰越欠損金がなく、みなし贈与税が発生する場合
3 貸付金債権を生前贈与する場合
4 DES（デッド・エクイティ・スワップ）を行う場合

1 "鉄則"に従ってはいけない理由と効果

1 貸付金が回収不能等であると判断できる場合

貸付金が回収不能等であると判断できる場合には、その回収不能等である金額は貸付金の評価額に含めないとされている。つまり、法的に貸付金の放棄を行わずとも、その貸付金債権等の全額又は一部の回収が不能等と見込まれるときは、それらの金額を評価額から控除して相続税を申告することができる。

(1) 「貸付金の回収が不能等である」場合とは

財産評価基本通達205（貸付金債権等の元本価額の範囲）に、回収不能等の具体的事由が列挙されている。

(1) 債務者について次に掲げる事実が発生している場合におけるその債務者に対して有する貸付金債権等の金額（その金額のうち、質権及び抵当権によって担保されている部分の金額を除く。）

イ　手形交換所（これに準ずる機関を含む）において取引停止処分を受けたとき

ロ　会社更生法の規定による更正手続開始の決定があったとき

ハ　民事再生法の規定による再生手続開始の決定があったとき

ニ　会社法の規定による特別清算開始の決定があったとき

ホ　破産法の規定による破産手続開始の決定があったとき

ヘ　業況不振のため又はその営む事業について重大な損失を受けたため、その事業を廃止し又は6カ月以上休業しているとき

(2) 更生計画認可の決定・再生計画認可の決定・特別清算に係る協定の認可の決定又は法律の定める整理手続によらないいわゆる債権者集会の協議により、債権の切捨て・棚上げ・年賦償還等の決定があった場合において、これらの決定のあった日現在におけるその債務者に対して有する債権のうち、その決定により切り捨てられる部分の債権の金額及び次に掲げる金額

イ　弁済までの据置期間が決定後5年を超える場合におけるその債権の金額

ロ　年賦償還等の決定により割賦弁済されることとなった債権の金額のうち、課税時期後5年を経過した日後に弁済されることとなる部分の金額

(3) 当事者間の契約により債権の切捨て・棚上げ・年賦償還等が行われた場合において、それが金融機関のあっせんに基づくものであるなど真正に成立したものと認めるものであるときにおけるその債権の金額のうち(2)に掲げる金額に準ずる金額

しかし、実務上は、会社が存続している場合には、貸付金債権等が回収不能等と判断するのは尚早とみなされる可能性が高く、また、回収不能等の事実認定は難しいため、裁判例等を参考に慎重に判断しなければならない。

(2) 貸付金債権等の回収不能等の判断が否認された裁判例

① 「本件会社は被相続人から借り入れることにより不足する資金を補って事業を続けてきたにすぎず、借入金の返済に充てる資金を確保していくことができる状況になかった」として貸付金の回収見込額を相続開始日後に返済された額とする納税者側の主張であった。

しかし、相続開始日においても、経営の整理・縮小等により、経費を見直すことで、事業活動を継続していくことが可能であったと考えられることから、その経営状況が破綻していたとは容易には認められず、貸付金債務についてその債権者から強制執行などの回収手段を講じられることによって強制的に重要な会社財産を失う可能性は低かったといえるため、債務超過であったものの、その資産状況が破綻しているとは容易には認められず、経営状態の悪化が著しく、貸付金の回収見込がないことが客観的に明白であるとは認められないことから、財産評価基本通達205柱書「その他その回収が不可能又は著しく困難であると見込まれるとき」に該当するものではないと判断された（平成31年1月11日裁決［TAINS F 0 - 3 -671]）。

② 「本件協働組合は、貸借対照表上、常に債務超過であり、損益も損失であり、決算時期の預貯金も極めて少額であって、被相続人が経営トップであった会社に対する買掛金を未納にし、親族からの借入金で金融機関への返済や人件費等を支払っていたという、通常の企業ではほとんどあり得ない状況であった」として、財産評価基本通達205柱書の「その他その回収が不可能又は著しく困難であると見込まれるとき」に該当するという納税者側の主張であった。

　しかし、相続開始後、解散決議までの間、事業を継続し、毎年一定の売上を計上し、金融機関からの借入れも約定どおり弁済していたことから、相続開始日における本件協働組合の経営状況が財産評価基本通達205の列挙事由と同視できる程度に客観的に破綻していることが明白であって、貸付金債権の回収の見込みのないことが客観的に確実であったとはいえないと判示された（函館地方裁判所令和元年5月15日判決（棄却、控訴）［TAINS Z269-13270]、札幌高等裁判所令和元年11月15日判決（棄却、上告）［TAINS Z269-13341]、最高裁判所第三小法廷令和2年7月2日判決（上告棄却）・[TAINS Z270-13432]）。

③ 「同族会社の売上総利益は年々減少し、毎事業年度において営業

Ⅳ　同族会社に対するアクション

損失を出し、ほとんどの事業年度で経常損失及び当期損失を計上している。また、貸借対照表上も大幅な債務超過であり、その額も急速に増加しているなど、相続開始時において、短期的にも長期的にも全く経営安定性が望めない状態であり、いつ倒産してもおかしくない経営状態であった」として貸付金債権を零円と評価すべきであるとする納税者側の主張であった。

　しかし、相続開始時において債務超過の状態が継続していたとはいえ、負債の大部分を占める貸付金債権に係る債務について直ちに強制執行を受けることにより、あるいは利息の支払いにより、運転資金を欠く可能性がある状況であったとは認められず、金融機関からの借入れや、同族会社が経済的に破綻していることが客観的に明白といい得る状況にあったとは認められないと判示された（大阪地方裁判所令和3年1月13日判決（棄却、控訴）[TAINS Z271-13503]、大阪高等裁判所令和4年2月9日判決（棄却、上告）[TAINS Z272-13668]、最高裁判所第一小法廷令和4年9月29日判決（上告棄却・不受理）：[TAINS Z272-13760]）。

❷　繰越欠損金がなく、みなし贈与税が発生する場合

　オーナーが貸付金を放棄した場合には、同族会社には債務免除益が計上され、法人税が課税される。さらに貸付金の放棄によりその同族会社の株式評価額が増加した場合には増加した部分に相当する金額を、オーナーからオーナー以外の株主が贈与を受けたとみなされ、みなし贈与税が課税される。

　課税関係は、同族会社への不動産を遺贈した場合の受贈益課税とみなし贈与課税と同様となる（第2章Ⅳ「鉄則1　同族会社への不動産の遺贈は避ける」の 設例 2 、 設例 3 (346～348ページ) 参照）。

❸　貸付金債権を生前贈与する場合

(1) 貸付金債権の生前贈与

　贈与の対象となる相続人や相続人以外の者がいる場合には、貸付金債権を贈与することにより相続財産を減らすことができる。相続人へ

364

の贈与であれば、同族会社に現預金がある場合には、相続発生時に貸付金の返済を受け納税資金に充てることができる。

なお、贈与後7年以内に相続が発生した場合には、贈与によって取得した者が相続人である場合には、その贈与によって取得した貸付金債権の額をその人の相続税の課税価格に加算することになるが、相続人以外の者であれば加算されない。

(2) 債権譲渡の対抗要件

貸付金債権は目に見えない債権であるため、生前贈与する場合には、疎明資料として、贈与契約書の作成、贈与税の申告・納付、民法467条の債権譲渡の対抗要件を具備するための書類を整備し、保管することが重要である。また、同族会社側では内訳書の「借入金」欄の氏名変更も必要となる。

【債権譲渡の対抗要件】

貸付金を贈与した場合においては、客観的に贈与の事実を立証できることが望ましいが、債権譲渡の対抗要件を満たす書類を整備、保管することが有用となる。民法467条は債権譲渡の対抗要件について定めており、1項は債務者に対する対抗要件、2項は債務者以外の第三者に対する対抗要件である。

債務者（同族会社）に対しては、債務者（同族会社）が承諾をすれば通知（「債権譲渡通知書」等の送付）がなくとも対抗できるが、第三者に対しては通知をし、さらにその通知が確定日付のある証書（内容証明郵便等）でなければならないとされている。

なお、債権譲渡通知書には、譲渡人（被相続人）及び譲受人（受贈者）、債務者（同族会社）の住所・氏名、譲渡債権（貸付金）とその債権額を特定できるような表示（「令和○○年○月○日に貸し付けた×××万円」等）の記載が必要となる。

民法第467条【債権の譲渡の対抗要件】

1　指名債権の譲渡は、譲渡人が債務者に通知をし、又は債務者が承諾をしなければ、債務者その他の第三者に対抗することができない。

2　前項の通知又は承諾は、確定日付のある証書によってしなければ、債務者以外の第三者に対抗することができない。

4 DES（デット・エクイティ・スワップ）の検討

(1) DESとは

　DESとは、貸付金を現物出資して、株式に交換する（資本に組み入れる）ことをいい、一般的には、債務超過の解消や有利子負債の削減等の企業の再建支援策として利用されている。

　貸付金が株式に転化されることにより、貸付金の評価から取引相場のない株式の評価になり、相続税額が減少する場合があるため、相続対策として利用されることがある。

(2) 債務消滅益に対する法人税とみなし贈与課税

　法人が現物出資を受けた場合には、債権の「券面額」ではなく「時価」によるものとされ、現物出資する債権の「額面額」と「時価」の差額は「債務消滅益」として認識される。例えば貸付金1億円の代わりに取得した株式の評価がゼロ円であった場合には、1億円の債務消滅益が計上される。

　その結果、法人税が課税され、株式評価額が増加すればみなし贈与税も課される。

　なお、債務消滅益が繰越欠損金の範囲内であれば法人税の課税はないが、みなし贈与税は発生する可能性があるので確認が必要となる。

【DESの仕組み】

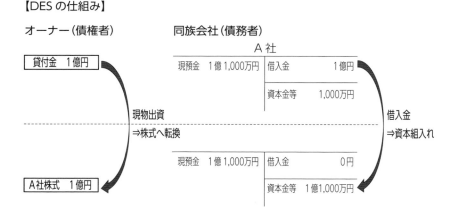

また、DESに節税以外の合理性が認められない場合には租税回避とみなされ、「同族会社の行為計算の否認」（相法64①）が適用され、貸付金の額で課税される可能性がある。

オーナー（債権者）の貸付金1億円を現物出資することで、貸付金債権はA社株式に転換される。また、同族会社（債務者）は、借入金1億円が資本に組み入れられる。

2 "鉄則" に従わない場合の留意点

1 手続や疎明資料の整備など事前対策が重要

上記の裁判例にみるように、貸付金債権の放棄については、相続間際に安易に動かして否認される事例が多くみられる。手続や疎明資料の整備など事前対策が必要となる。

また、遡って放棄したものとして相続財産に含めずに申告し、否認される事例もみられる。事前対策ができなかった場合には、「放棄する」という対策を断念し、他の節税対策を検討したい。

2 同族会社に「借入金」以外の債務はないか確認する

社長の役員報酬に対する未払金や、社長が所有する不動産の賃借料に対する未払金・未払費用など、法人の勘定科目が「借入金」となっていない債権についても確認、検討する。

【著者略歴】

中島　孝一（なかじま　こういち）
　東京都生まれ
　中島税理士事務所 所長、日本税務会計学会 相談役、東京税理士会 会員相談室
　運営委員、日本税務研究センター 税務相談室相談員、MJS 税経システム研究
　所 客員研究員
　＜著書等＞『令和 6 年度税制改正と実務の徹底対策』（日本法令・共著）
　　　　　　『税制改正と税理士の心得』（税務経理協会）
　　　　　　『税賠事故事例から学ぶ 税目別 税理士実務の落とし穴』（ぎょうせ
　　　　　　い）
　　　　　　『目的別 相続対策選択ガイドブック』（新日本法規出版・共著）　他

西野　道之助（にしの　みちのすけ）
　東京都生まれ。中央大学経済学部卒業
　西野会計事務所 所長、日本税務会計学会 常任委員、東京税理士会 会員相談室
　電話相談委員、MJS 税経システム研究所 客員研究員
　＜著書等＞『令和 6 年度税制改正と実務の徹底対策』（日本法令・共著）
　　　　　　『最新 賃上げ促進税制のすべて』（日本法令・共著）
　　　　　　『「事業承継税制の特例」完全ガイド』（税務研究会出版局・共著）
　　　　　　他

飯田　昭雄（いいだ　あきお）
　長野県生まれ。明治大学商学部卒業
　税理士法人飯田会計 代表社員税理士
　＜著書等＞『業種別 税務・会計実務処理マニュアル』（新日本法規出版・共著）
　　　　　　『相続税 修正申告と更正の請求の実務』（税務研究会出版局・共著）
　　　　　　『法人税 別表作成全書200』（税務経理協会・共著）　他

佐々木　京子（ささき　きょうこ）
東京都生まれ。学習院大学経済学部卒業
税理士法人平川会計パートナーズ 税理士、MJS 税経システム研究所 客員研究員
＜著書等＞『令和 6 年度税制改正と実務の徹底対策』（日本法令・共著）
　　　　　『消費税 複数税率の申告実務―区分経理からインボイスまで―』（ぎょうせい）
　　　　　『改訂版 資産をめぐる複数税目の実務』（新日本法規出版・共著）他

高野　雅之（たかの　まさゆき）
新潟県生まれ。中央大学商学部卒業
税理士法人スバル合同会計長岡事務所 所長
＜著書等＞『令和 6 年度税制改正と実務の徹底対策』（日本法令・共著）
　　　　　『業種別 税務・会計実務処理マニュアル』（新日本法規出版・共著）
　　　　　『目的別 相続対策選択ガイドブック』（新日本法規出版・共著）　他

若山　寿裕（わかやま　としひろ）
東京都生まれ。明治大学商学部卒業
税理士法人 TOC 英和 社員税理士
＜著書等＞『令和 6 年度税制改正と実務の徹底対策』（日本法令・共著）
　　　　　『最新 賃上げ促進税制のすべて』（日本法令・共著）
　　　　　『目的別 相続対策選択ガイドブック』（新日本法規出版・共著）　他

佐久間　美亜（さくま　みあ）
東京都生まれ。大妻女子大学社会情報学部卒業
ゆずりは税理士事務所 所長
＜著書等＞『令和 6 年度税制改正と実務の徹底対策』（日本法令・共著）
　　　　　『目的別 相続対策選択ガイドブック』（新日本法規出版・共著）
　　　　　『事業承継税制ナビ』（税務経理協会・共著）　他

改訂　相続税実務の "鉄則" に従ってはいけないケースと留意点

2024年11月15日　発行

著　者　中島　孝一／西野道之助／飯田　昭雄／佐々木京子
　　　　高野　雅之／若山　寿裕／佐久間美亜

発行者　小泉　定裕

発行所　株式会社　清文社

東京都文京区小石川１丁目３－25（小石川大国ビル）
〒112-0002　電話03（4332）1375　FAX03（4332）1376
大阪市北区天神橋２丁目北２－６（大和南森町ビル）
〒530-0041　電話06（6135）4050　FAX06（6135）4059
URL https://www.skattsei.co.jp/

印刷：㈱精興社

■著作権法により無断複写複製は禁止されています。落丁本・乱丁本はお取り替えします。
■本書の内容に関するお問い合わせは編集部までFAX（03-3518-8864）またはe-mail（edit-e@skattsei.co.jp）
　でお願いします。
＊本書の追録情報等は、当社ホームページ（https://www.skattsei.co.jp）をご覧ください。

ISBN978-4-433-72834-2